岭南好风尚丛书

岭南家训

顾作义 主编

南方日报出版社
NANFANG DAILY PRESS
中国·广州

图书在版编目（CIP）数据

岭南家训 / 顾作义主编. — 广州 ：南方日报出版社，2018.2（重印）
ISBN 978-7-5491-1364-4

Ⅰ. ①岭… Ⅱ. ①顾… Ⅲ. ①家庭道德—广东省Ⅳ. ①B823.1

中国版本图书馆 CIP 数据核字(2016)第 025633 号

LINGNAN JIAXUN
岭南家训

主　　编：顾作义
出版发行：南方日报出版社
地　　址：广州市广州大道中 289 号
责任编辑：阮清钰　郑　颖
装帧设计：肖晓文
责任技编：王　兰
责任校对：王　燕
经　　销：全国新华书店
印　　刷：佛山市浩文彩色印刷有限公司
开　　本：787mm*1092mm　1/16
印　　张：22
字　　数：300 千字
版　　次：2016 年 4 月第 1 版
印　　次：2018年 2月第 4次印刷
定　　价：58.00 元

投稿热线：（020）87373998-8503　读者热线：（020）87373998-8502

网址：http://www.nanfangdaily.com.cn/press　http://www.southcn.com/ebook

前言

古语有云："一家仁，一国兴仁；一家让，一国兴让"，"家齐而后国治，国治而后天下平"。这些简短的话语道出了家与国的密切联系，显示了家庭在国家治理中的重要地位，体现了绵延至今"家国一体"的传统理念。

中国人自古聚族而居，为敦睦亲族、训示子孙，各姓族人形成了指导本族子弟言行举止、品德修为、从业治学等方方面面的行仪规范，简而言之，即是"家训"。训者，劝导之义，家训便是教导后世子孙，使其立身处世、持家治业皆有所本，择善而从。这也就是"中华家训之祖"《颜氏家训》所说的"整齐门内，提撕子孙"。

物换星移，日新月异。如今，我国已经进入社会经济文化高速发展的新时期，作为社会基本细胞的家庭，始终在其中发挥着重要的作用；作为家族精神传承的家训却随着家庭单元的细分化日渐淡出视野。

习近平总书记说："家庭是社会的基本细胞，是人生的第一所学校。不论时代发生多大变化，不论生活格局发生多大变化，我们都要重视家庭建设，注重家庭、注重家教、注重家风，紧密结合培育和弘扬社会主义核心价值观，发扬光大中华民族传统家庭美德，促进家庭和睦，促进亲人相亲相爱，促进下一代健康成长，促进老年人老有所养，使千千万万个家庭成为国家发展、民族进步、社会和谐的重要基点。"

家有训，国有典。家训家风是中华传统文化的重要组成部分，蕴含着丰厚的思想内涵，是一笔可供挖掘的宝藏。《岭南家训》就是在广搜博采基础上所做的一次文化梳理，是一部立足于岭南地域的特色家训普及读本。

本书所选的家训主要面向广东全省征集而来，同时搜寻了部分古书、县志、族谱上所记载的姓氏家训。然而有的姓氏家族众多，家训多达十数条，这里只能择其优者录之。另外，不同姓氏虽各有其训，有的却不免雷同，在编选时我们也尽量避免。因此这些家训既有古代传承，也有当代新立；既有名人所撰，也有今贤所拟，旨在较为完整、多面地反映岭南地区古往今来115个姓氏的家训文化。

其中有教人处世之道，如“忠信为立身之本，人不忠信则事皆无实，为恶则易，为善则难”；有授人持家之本，如“务孝悌为先，务长幼有序，务和睦乡党，务勤俭持家”；有导人向善之心，如“积德之事，何日可为？惟于不富不贵之时，能力行善，此其事为尤难，其功为尤倍也”；有树人立业之志，如“宁可人穷，不可志穷”。这些家训深切地契合了社会主义核心价值观对文明、和谐、敬业、诚信、友善等精神品质的追求。

本书在编排体例上也尽量借鉴传统，兼顾古今。全书按照《百家姓》的姓氏排序，除了收入各姓的代表家训之外，我们还搜集整理了各大姓氏的图腾、源流、名人和故事。名人多系古圣先贤、忠义之士、道德典范、先进人物，故事也以裨益人心、引人向善、趣味生动、简短易读为主。

《岭南家训》不仅仅是为了出版，更重要的是传播、传承和创新。河源市家训主题公园，把家训与书法艺术融为一体，已成为当地的艺术景观，也发挥着潜移默化的教育功能。下来，我们要把《岭南家训》融入到文化祠堂建设之中，组织书法家书写家训，开展“家训进万家、进厅堂”的活动，开展“好家训”传唱活动，让好家训进入千家万户。

虽是家族训，终归切己身。希望广大读者通过本书更好地了解中华姓氏文化，继承优秀传统文化，观照已身，端肃家风，在学养、德行、立身、处世上都有所进益，共致社会之和，共育文化之美。

目录

姚 YAO
赖 LAI
魏 WEI
HUA
YIN
白 BAI
QIN 秦
刘 LIU
杨 YANG
CHI 池
HUANG 黄
苏 SU
ZHENG
SHEN
HE
赵 ZHAO
张 ZHANG
朱 ZHU
HAN 韩
叶 YE
黎 LI
XU
YAN
曹 CAO
冯 FENG
LI
WU
SUN
KONG 孔
WANG 王
JIANG
ZHENG
SUN
ZHOU
LU

赵

赵姓图腾

【源流】

源于东夷，始祖为造父。相传西周时周穆王赐赵城（今山西洪洞县北）给造父，其后裔以封地为姓。秦灭赵，赵氏出现了天水赵氏和涿郡赵氏两支。

秦末汉初真定人赵佗建立南越国，把赵姓活动范围推广至今两广和越南北部。南朝时，天水赵氏一支迁居江南，一支在北魏时徙居南郑（今陕西汉中），后又徙洛阳。唐初，有赵姓将士在平“蛮獠啸乱”中开赴福建并定居。五代时，有赵姓随刘龑南汉政权在广州定居。赵匡胤建立宋朝后，赵姓发展达到鼎盛时期。“靖康之乱”后，北宋宗室从汴京逃出，分布各地。其中一支赴临安（今杭州）建立南宋，成为赵姓家族在江南地区繁衍的主要支脉之一。从清康熙年间开始，闽粤等地的赵氏族人陆续迁到台湾、南洋，更有人漂洋过海移居到欧美各国。

【家训】

敦孝悌，睦宗族，力本业，慎交游，和兄弟，

训子弟，尚勤俭，戒争讼，遵法律，禁非为。

【名人】

赵佗（？—前137），亦称尉佗，河北真定（今河北正定）人。秦时为南海龙川令、南海尉。秦亡建南越国，自为南越武王。汉初受招抚封为南越王。吕后时背汉自立为帝。文帝复遣陆贾招抚。景帝时，归汉称臣。被毛泽东称为“南下干部第一人”。在位期间，和辑百越，开发岭南，促进了早期广东的经济文化发展。

赵云（？—229），字子龙，常山真定（今河北正定）人。三国蜀汉著名大将。初依公孙瓒，后归刘备。曹操攻荆州时，刘备大败于当阳长坂，他力战救出甘夫人及刘禅。后随刘备取成都，定益州，夺汉中，骁勇善战，屡立大功。刘备称赞他“一身都是胆”。官至镇东将军，卒谥顺平侯。

赵匡胤（927—976），字元朗，祖籍涿郡（今河北涿州）。宋朝开国皇帝，又称宋太祖。曾任后周殿前都点检，从征南唐，多有功绩。在“陈桥兵变”中被拥立为帝，始建宋朝，定都开封。在位十六年，加强中央集权，提倡文人政治，开创了中国的文治盛世。

赵孟頫（1254—1322），字子昂，吴兴（今浙江湖州）人。号松雪道人。元初著名书法家、画家、诗人。宋太祖赵匡胤十一世孙。书法和绘画成就最高，开创元代新画风，被称为“元人冠冕”。书法诸体皆善，尤以楷、行书著称于世。与欧阳询、颜真卿、柳公权并称“楷书四大家”。

【故事】

赵佗和辑百越

“广东之文始尉佗”（屈大均语）。公元前214年，年轻的秦朝将领赵佗披甲执锐，用勇猛和谋略征服了桀骜不驯的百越，为秦平定岭南立下赫赫战功。其后，他接过龙川县令的任命，并很快得以继任南海尉。秦灭后，赵佗即剑指岭南，取桂林郡和象郡，置南越国，成就一方霸业。

赵佗像

赵佗在经略岭南时就一直采用“和辑百越”“与越杂处”的策略，禁止越人“好相攻击”的恶俗，推行“书同文、车同轨”和“统一度量衡”等制度，使中原文化和百越文化在碰撞中融合。

首先，尊重当地风俗。《史记》上说，汉高祖时，赵佗接见名士陆贾，梳着锥形发髻，岔开两腿坐在席上，并自称“蛮夷大长老”。其时，赵佗已摒弃秦朝冠带，从越俗。他还经常身着葛衣，剪发结髻，打扮成越人模样，走访山寨，体察民情。

第二，鼓励汉越通婚。赵王室从自身做起，带头与越人通婚。明王婴齐就娶越女为妻，生子建德，封为高昌侯。丞相嘉连相三王，其宗族中“男尽尚王女，女尽嫁王子弟宗室”，甚至还与远离番禺的苍梧王赵光联姻。这说明上层统治者中普遍实行汉越通婚。南越国的上层统治者既然如此，汉越民间通婚就更加普遍了。

第三，让越人参政。赵佗建立南越政权时，起初是以“中国人相辅”，“以其党为假守”，后来发现长此下去，会与当地的越人首领发生利害冲突，于是开始注意到吸收当地有威望的越人首领到南越国的中央来参加政权管理。越人首领吕嘉颇得岭南越人信服，赵佗就任用他为丞相，直接参与处理王国大事，吕嘉的弟弟也被封为将军，吕嘉宗族中“为长吏者七十余人”。

第四，以越人“自治”。交趾一带地广人稀，山林密布，部落势力很强盛，有雒王、雒侯、雒将等组织，要彻底铲除这些部落势力，改造其社会组织，在当时很难办到。赵佗在击破“安阳王”后，仅仅派遣官吏前去“典主”，亦即主持当地的政事，而对其社会组织的中下层结构，则是仍其旧状，没有根本的触动。后来，南越王朝仿照汉廷中央分封诸侯王，在交趾地区分封了一个西于王。这个西于王，是秦时西呕君的后裔，在当地有相当的影响和号召力。南越王朝封他为王，让他“自治”一块地方，以安抚他不致反叛，并通过他来约束当地越人。

钱

钱姓图腾

【源流】

系出多源。一是寿星彭祖的后代。《世本》说他"姓篯，名铿，在商为守藏史，在周为柱下史，年八百岁"。其后有子孙将"篯"字去"竹"头简化为"钱"，成为钱姓。另一支则源于官位，出自西周时期官吏九府泉人（古时"钱""泉"字同，取泉之不绝之意）。其后裔子孙中，有以先祖官职称谓为姓氏者，称钱氏、泉氏，后泉氏亦多改称钱氏，世代相传至今。还有由少数民族改姓而来。

钱姓早期除部分分布于今山东、河南等省外，主要是在江南繁衍发展。唐初，光州固始人陈政、陈元光父子入闽开辟漳州，有中原钱姓将佐随往，在福建安家落户；宋元时期，钱氏发展到今广东、四川、安徽、湖南等省；明清时期，今上海、云南、湖北、湖南、河南、河北、广东、辽宁等省市均有钱氏后代的聚居点。

【家训】

后生家每临事，辄曰："吾不会做。"此大谬也。凡事做则会，不做则安能会耶？又做一事，辄曰："且待明日。"此亦大谬也。凡事要做则做，若一味因循，大误终身。

——［清］钱泳《履园丛话》

【名人】

钱镠（852—932），五代政治家，吴越国的创立人。居梁时被封为吴越王。在位期间，曾征发民工，修建钱塘江海塘。又在太湖流域，普造堰闸，以时蓄洪，不畏旱涝，并建立水网区的维修制度，有利于这一地区的农业经济。

钱起，生卒年不详，字仲文，吴兴（今浙江湖州）人。唐代诗人，“大历十才子”之一。天宝十载（751年）进士，大书法家怀素和尚之叔。曾任考功郎中，世称钱考功。代宗大历中为翰林学士。又与郎士元齐名，时谓“前有沈宋，后有钱郎”。

钱学森（1911—2009），生于上海，祖籍浙江杭州，吴越王钱镠第三十三世孙。世界著名科学家，空气动力学家，中国载人航天奠基人。曾任美国麻省理工学院和加州理工学院教授。1955年回国效力，致力于新中国的两弹研制，被誉为“中国航天之父”“中国导弹之父”等。

钱钟书（1910—1998），字默存，号槐聚，江苏无锡人。中国现代作家、文学研究家。1937年获牛津大学学士学位。学贯中西，知识广博，在文学研究和文学创作方面成就卓越，著有《围城》《谈艺录》《写在人生边上》《管锥编》等。

【故事】

钱镠的“警枕”

钱镠原来出身贫穷，年轻时候做过盐贩，后来因为抵抗黄巢起义军有功，被提拔为镇海节度使。为官一方后他就摆起阔绰来，在临安盖起豪华的住宅，出门车马随从，他的父亲对他这样的做法很不满意，每次都有意避开。

钱镠心里不安，有一次步行到他父亲的家里。老人说：“我家世世代代都

钱镠像

是靠打鱼种庄稼过活的，没有出过有财有势的人。现在你挣到这个地位，周围都是敌对势力，还要跟人家争城夺池。我怕我们钱家今后要遭难了。”

钱镠听了，把父训谨记在心。在混乱动荡的环境里，钱镠养成了保持警惕的习惯。他夜里睡觉，为了不让自己睡得太熟，用一段滚圆的木头做枕头，叫作“警枕”，倦了就斜靠着它休息；如果睡熟了，头从枕上滑下，人也惊醒过来了。他又在卧室里放了一个盛着粉的盘子，夜里想起什么事，就立刻起来在粉盘上记下来，免得白天忘记。

他不但自己保持警惕，对他的将士要求也严格。有一天夜里，钱镠穿了便服，打北门进城。城门已经关闭了，钱镠在城外高喊开门，管门的小吏不理他。钱镠说：“我是大王派出去办事的，现在急着要回城。”小吏说：“夜深了，别说是大王派的人，就是大王亲自来，也不能开。”第二天，他把管北门的小吏找来，称赞他办事认真，并且给了他一笔赏金。

因此，钱镠一直保持了在吴越的统治地位。吴越国虽然小，但是长期没有遭到战争的破坏，经济逐渐繁荣起来。

孙

孙姓图腾

【源流】

春秋初，楚王蚡冒之孙芳贾，芳贾之子芳艾腊，也称孙叔敖，孙叔为其字，曾出任楚庄王的令尹，其子孙以其字为氏。孙叔敖居于期思，即今河南淮滨东南。

孙姓自商末周初立姓之后，一直活跃在河南和山东一带。春秋初，姬姓孙氏一直世袭卫国上卿，权倾一国。到春秋末，孙氏失宠，北迁晋国。发源在山东的妫姓孙氏一直蓬勃发展，尤其在战国时期出了军事家孙武，其子孙明因父功而封富春侯，封地在今浙江富阳，形成了孙氏的南方郡望吴郡。秦汉以后，妫姓孙氏由山东向四周拓展，西进山西太原，南达浙江南部，向西南达到湖北。三国时，孙坚父子在江南建立吴国，在魏晋南北朝时，北方、中原和江南的孙氏都得到了迅速发展，出现了一批孙氏名家大族。到了唐宋时期，孙姓已遍布于大江南北、五湖四海。明末清初，孙姓进入台湾。

【家训】

风波之来，固自不幸，然要先论有愧无愧。如果无愧，何难坦衷中当之！此等世界，骨脆胆薄，一日立脚不得。尔等从未涉世，做好男人，须经磨炼。

生于忧患，死于安乐，千古不易之理也。孟浪不可，一味愁闷，何济于事？患难有患难之道，自得二字，正在此时理会。

——［清］孙奇逢《孝友堂家训》

【名人】

孙阳，春秋时秦国人，是最早在史书上出现的一位孙姓名人，以善相马闻名，人称“伯乐”。后世以“伯乐”来表示有知人之明的人。

孙武（约前545—前470），字长卿，齐国乐安（今山东广饶）人。春秋时期著名的军事家、政治家。后人尊称为孙子、兵圣、百世兵家之师。经伍员举荐，向吴王阖闾进呈所著兵法十三篇，受到重用。所著《孙子兵法》十三篇，为后世兵法家所推崇，被誉为“兵学圣典”，置于《武经七书》之首。

孙权（182—252），字仲谋，祖籍吴郡富春（今浙江富阳）。三国时期吴国的开国皇帝，亦称吴太祖。曾与刘备联盟，大败曹操于赤壁，形成三足鼎立局面。后称帝，建立吴国，实行屯田，设置郡县，促进江南经济的发展。在位52年，是三国在位最久、最长寿的帝王。

孙中山（1866—1925），名文，号逸仙，化名中山樵，常以中山为名。广东香山（今中山市）人。近代民主革命先行者，中华民国的缔造者。首举彻底反封建的旗帜，“起共和而终二千年帝制”。1905年成立中国同盟会。辛亥革命后被推举为中华民国临时大总统。1925年逝世于北京。

【故事】

伯乐相马

第一个被称作伯乐的人本名孙阳，春秋时代秦国人。由于他对马的研究非常出色，人们便称他为伯乐。

有一次，伯乐受楚王委托，去寻找千里马。他跑了好几个国家，都没发现中意的良马。一天，伯乐从齐国返回，看到一匹马拉着盐车，吃力而迟缓地

伯乐相马雕塑

在陡坡上行进。那匹马见伯乐走近，突然昂头瞪眼，大声嘶鸣。伯乐立即判断出，这是一匹难得的骏马，便对驾车的人说："这匹马驰骋疆场，任何马都比不过它，但用来拉车，却不如普通的马。你还是把它卖给我吧。"

驾车人觉得这匹马拉车没气力，骨瘦如柴，毫不犹豫地同意了。伯乐骑着千里马，直奔楚国王宫。楚王听到马嘶声，走出宫外。伯乐指着马说："大王，我把千里马给您带来了。"楚王一见这马瘦得不成样子，认为伯乐愚弄他，有点不高兴地说："你买的是什么马呀，这马连走路都很困难，能上战场吗？"

伯乐说："这确实是匹千里马，不过拉了一段车，又喂养不精心，所以看起来很瘦。只要精心喂养，不出半个月，一定会恢复体力。"

楚王将信将疑，但仍命马夫好好喂养。不久，这马变得精壮矫健。楚王跨马扬鞭，但觉两耳生风，转瞬工夫已跑出百里之外。后来这匹千里马为楚王驰骋沙场，立下不少功劳。

李

李姓图腾

【源流】

李姓来源主要有三。一为颛顼帝高阳氏的后裔，源出嬴姓，相传皋陶曾担任大理（掌管刑狱的官）职务，其后子孙三代世袭，以官为氏，称理氏。商纣时后裔理徵因直谏获罪，子孙逃难时以食李充饥活命，改姓李氏。二是由少数民族改姓而来，三是来自赐姓。

战国末，李姓活动地域已扩大到山西、河北、陕西、四川、湖北等地。秦始皇平定南越时，始入两广地区。李耳的后裔入甘肃，发展为陇西李姓望族，居河北则成为赵郡李姓的名家。唐朝是李姓的鼎盛时期，人口迅速膨胀。唐初李姓开始大批进入福建和海南。唐后播迁更加频繁，分布地更为广泛。明朝时，始入台湾。如今李氏后裔遍布全国十几个省市及东南亚各国。

【家训】

敦孝弟以重人伦，笃宗族以昭雍睦。和乡亲以息争论，重农桑以足衣食。高节俭以异财用，隆学校以端士习。点异端以崇正学，讲法律以惩愚顽。明礼让以厚风俗，务正业以定民志。训子弟以禁非为，息诬告以全善良。诚匿逃以免连株，完银粮以省催科。联邻居以弭盗贼，解仇忿以重身命。

【名人】

李耳（前571—前471），道家学派创始人，古代著名哲学家和思想家，世界文化名人，又名老子、老聃，楚国苦县人。存世有《道德经》（又称《老子》），主张无为而治，其学说对中国哲学发展具有深刻影响。被唐朝帝王追认为李姓始祖。

李世民（598—649），又称唐太宗，杰出的政治家、战略家、军事家、诗人。祖籍陇西成纪。为帝之后，对内以文治天下，虚心纳谏，厉行节约，劝课农桑，使百姓能够休养生息，国泰民安，开创了中国历史上著名的“贞观之治”。

李白（701—762），字太白，号青莲居士，又号“谪仙人”。唐代伟大的浪漫主义诗人，被后人誉为“诗仙”，与杜甫并称为“李杜”。其人爽朗大方，爱饮酒作诗，喜交游。

李清照（1084—约1156），号易安居士，齐州章丘（今山东章丘）人。宋代女词人，婉约词派代表，有“千古第一才女”之称。其夫赵明诚。晚年流寓在浙江金华、绍兴。著有《李易安集》《易安居士文集》《易安词》，均已佚。后人有《漱玉词》辑本。

【故事】

李白一斗诗百篇

唐代开元盛世时，大诗人李白在长安担任翰林之职。有一天，唐玄宗在后宫欣赏歌舞，可全是早已听腻的老歌，颇觉乏味，便宣召李白进宫填写新词，来增加点娱乐的气氛。

侍从们火速赶到李白住处，却不见踪影，又调集大批侍从在城里搜寻，最后在一家酒馆里找到了他。此时的李白已经烂醉如泥。

侍听说皇帝宣他进宫，李白乜斜着眼睛说：“皇帝？我是天上的神仙，他管得了我？”那些侍从、太监们顾不上脸面了，一个劲儿地哀求李白。好说歹

梁楷《李白行吟图》

说，李白才进了宫，李白的酒劲儿更大了，旁若无人，对皇帝的话不予理睬。唐玄宗又气又急，只好让宫女们往他身上泼凉水，让他醒酒。

李白迷迷糊糊拿着递上来的笔，跌跌撞撞地走到桌子旁边，在铺好的纸上奋笔疾书，不一会儿便写出了十多首新诗。写完，把笔一扔，倒地大睡。唐玄宗拿过诗稿一看，赞叹连连。后来，杜甫所写的《饮中八仙歌》特别描述了这一段趣事：

李白一斗诗百篇，长安市上酒家眠。
天子呼来不上船，自称臣是酒中仙。

周

周姓图腾

【源流】

出于姬姓，始祖为农神姬稷。周为秦灭后，周赧王的后裔以国为姓，称为周氏。春秋时，周公旦的后代黑肩企图杀死周庄王，事泄被杀，其后代也称周氏。据史籍《河图运录法》记载，黄帝时期有一位叫周昌的大将，至商代又有一名叫周任的太史，其后裔子孙都以周为姓。此外唐代避唐玄宗李隆基名讳，姬姓朝臣也改姓周，五代时后梁赐讷姓周。外族改姓周的姓氏有北魏时鲜卑皇族普氏、代北地区贺鲁氏、北周普屯氏等。

周姓发源于今陕西渭河平原。周初分封诸侯国，广布于黄河中下游及江淮地区，主要以河南、陕西为两大中心。战国秦汉时，迁徙到今河南南部、江苏北部等地，形成汝南周氏、沛国周氏两大望族。魏晋南北朝时，大举南迁。唐宋战乱，南迁至闽浙粤。北宋末年，河南固始县周姓迁至闽汀宁化（今福建宁化），元初继续南迁入今广东梅州。另有一支则是在宋南渡后居广东南雄珠玑巷，后居新会桥亭。

【家训】

忠信为立身之本，人不忠信则事皆无实，为恶则易，为善则难。盖忠信者德之基也，礼之质也，人能以忠信为主，庶几人心正、风俗淳、奸伪除、倾危之患息矣。

——［清］番禺《茅冈周氏族谱》

【名人】

周亚夫（？—前143），沛县（属今江苏）人。西汉名将。周勃之子，初封条侯。文帝时，匈奴东进，他以河内守为将军，防守细柳（今陕西咸阳），军令严整，被誉为“真将军”。景帝时，任太尉，平定七国之乱，迁丞相，谢病免。后以子私买御物所累下狱，绝食死。

周处（约236—297），字子隐，义兴阳羡（今江苏宜兴）人，西晋著名将领。吴时为东观左丞，晋平吴后，任新平太守，迁御史中丞，后任建威将军，封平西将军、周孝侯。当地至今流传他改恶从善、射南山虎、斩长桥蛟的传说。

周瑜（175—210），字公瑾，庐江舒县（今安徽庐江西南）人，三国吴之名将。建安十三年（208年）火烧赤壁，大败曹军，创造了以弱胜强的著名战役。精音乐，时称“曲有误，周郎顾”。

周树人（1881—1936），字豫才，笔名鲁迅，浙江绍兴人。现代著名的文学家、思想家、革命家。五四新文化运动的重要参与者，中国现代文学的奠基人，著有《呐喊》《彷徨》等作品。毛泽东曾评价：“鲁迅的方向，就是中华民族新文化的方向。”

周恩来（1898—1976），字翔宇，化名伍豪等，浙江绍兴人，生于江苏淮安。中华人民共和国第一任总理。为了党和人民的事业，鞠躬尽瘁，无私奉献，赢得了中国人民和世界人民的爱戴和尊敬。

【故事】

周处除三害

周处还没到二十岁，就臂力过人，好骑马驱驰田猎，不修小节，纵情肆欲，州里乡曲的人以他为祸患。周处知道为人所厌恶后，便十分感慨，有改过砥砺自己的志向，对父老说："现在时政和谐年成丰收，何苦不快乐呢？"父老感叹道："三个祸害未除，哪有什么快乐呢？"周处说："指的是什么？"父老回答道："南山有白额猛虎，长桥下有蛟龙，加上你就是三害了。"周处说："像这样的祸患，我能除掉它们。"父老说："你如能除掉三害，那就是一郡的大庆，不只是除害而已。"周处便进入深山射死了猛虎，又跳到水中与蛟龙搏斗，蛟龙时沉时浮，游了几十里，而周处同它一道，经过三天三夜的搏斗，人们认为周处也死了，都彼此庆贺。

周处斩蛟

周处果真杀死了蛟龙回来，听说乡里互相庆贺，才知道别人特别厌恶自己，便到吴国寻找陆机、陆云。当时陆机不在，见到陆云，便以实情相告，说："我想修养操行而年纪已大，恐怕来不及了。"陆云说："早上明白了道理，哪怕晚上死去也没有遗憾。你前途还可以，应担心志向不立，何必忧虑美名不彰呢？"于是周处便磨砺意志发奋好学，终于成为一名忠臣。

吴

吴姓图腾

【源流】

上古时已有吴姓。一是舜的后代被封在虞，因“虞”“吴”音相近，故舜后有吴姓。一是颛顼帝时有吴权，其后亦有吴氏。一是少康帝时有神箭手吴贺，其后有吴姓。

吴国灭亡后，太子吴鸿被流放江西，夫差之后繁衍于江浙、安徽、山东、河南境内。隋唐时期，吴氏已广泛分布于大江南北。唐高宗时有吴姓将佐随陈政、陈元光父子入闽开辟漳州；唐僖宗时，又有吴姓将佐随王审知入闽，皆在福建安家落户。宋明以后，吴氏称雄于东南。其中吴宣是后蜀驸马，家族显赫一时。其五世孙吴吉甫是吴氏入粤始祖。

【家训】

善日积而名彰，恶日滋而身灭。纵淫欲，习财博，败家即在眼前。用机巧，行乖张，享乐只在瞬间。礼义廉耻存半点，不愧为良民。士农工贾成一家，无害于大众。

——海丰县陶河镇《港口村吴氏族谱》

【名人】

吴广（？—前208），字叔，阳夏（今河南太康）人。秦末农民起义领袖。秦二世元年（前209年）七月，朝廷征发闾左屯戍渔阳，陈胜、吴广为屯长。行至大泽乡（今安徽宿州市东南）为大雨所阻，不能按期到达，按秦律要杀头。陈胜、吴广遂发动戍卒起义，点燃了抗击暴秦的起义之火。

吴道子（约680—759），名道玄，阳翟（今河南禹州）人。唐代著名画家，被奉为“画圣”。其画线条遒劲雄放，变化丰富，一变古来沿袭的高古游丝描的细笔，发展了线描的艺术方法，故表现出来的物象富有运动感、节奏感，人们称为“吴带当风”。

吴敬梓（1701—1754），字敏轩，号粒民、文林山人，安徽全椒人。清代最伟大的小说家之一。一生创作了大量的诗歌、散文和史学研究著作，今存《文木山房诗文集》四卷。代表作长篇讽刺小说《儒林外史》。

吴沃尧（1866—1910），字小允，号茧人，后易“茧”为“趼”。生于北京，祖籍广东佛山，自称我佛山人。近代著名小说家。代表作品有《二十年目睹之怪现状》《痛史》《瞎骗奇闻》等，《二十年目睹之怪现状》为“四大讽刺小说”之一。

吴昌硕（1844—1927），原名俊，字昌硕，别号缶庐、苦铁、老缶等，浙江湖州人。民国时期著名国画家、书法家、篆刻家，“诗、书、画、印”四绝的一代宗师，与任伯年、蒲华、虚谷并称“清末海派四大家”。

【故事】

画圣吴道子

吴道子人称“画圣”，关于他的传奇故事非常多。一次，吴道子到一个寺院里，向僧人讨杯茶喝，僧人没有理会他。于是他要来笔墨，在寺院的墙壁上画了一头驴后，便离开了这个寺院。一天夜里，这个寺院僧人房里的家具都被踏坏，僧人又气又恼，不堪忍受。僧人知道这是吴道子在报复他们，恳请他原谅，吴道子才将壁上画的驴涂去。

吴道子还曾为一禅师画了一幅没有尾巴的《立马图》。所画之马越看越觉得活灵灵的，好像嘶鸣着要跳下来。有一次，山下十来个农人闹闹嚷嚷地冲进寺院来，怒冲冲地对禅师说："你们寺里的秃尾巴马，天天晚上来吃我们的庄稼，这次被我们追着，它一直跑进你们寺里了，你们得赔还我们的庄稼。"

禅师真是丈二和尚摸不着头脑，说："佛家养什么马？不信请你们遍寺搜一搜。"农人们到处去找，却连马的影子也没见到，他们想一定是禅师藏了，便和他纠缠不休。禅师想了半天，忽然想起那幅画来，便对农人们说："众位乡邻，老僧确实无马，倒有一幅吴道子大师画的立马图，请进屋来看看。"农人们一看那图上的马，都大吃一惊，这秃尾马竟跟他们尾追而来的秃尾马一模一样，它的嘴里还衔着几根青麦苗呢！

吴道子的一生，主要从事宗教壁画的创作，如《地狱图》《天王送子图》等。

吴道子《天王送子图》（局部）

郑

郑姓图腾

【源流】

出自姬姓。始祖为郑桓公。周宣王封小弟姬友于郑，居棫林（今陕西华县东），迁徙拾地，史称郑桓公。郑国东迁新郑后，为韩国所占据，郑人遂以原国名为氏。

秦时，郑袭迁司州洛阳，郑其举族迁回开封。秦汉以后，郑姓已迁入邻近地区，以今山东、安徽、陕西、山西等境为其分布的主要地区。因汉武帝令“强宗大族，不得聚居”，南迁至浙江会稽山阴。大举南迁则始于“永嘉之乱”之时，成为“入闽八族”之一。

【家训】

崇祀以敦孝思，耕读以务正业，孝悌以隶家风，睦族以念同宗，尊师友以习礼仪，戒争论以敦和好，择配偶以选良家，戒赌博以遏游荡。

【名人】

郑玄（127—200），字康成，北海高密（今山东高密）人，东汉末年的经学大师。博览群经，力主博通，几千人从远方来拜他为师。深受北海相孔融敬重，特意在其家乡设立“郑公乡”，又扩建他的门闾以通车马，称为“通德门”。

郑虔（691—759），字趋庭，又字若齐，河南荥阳人。盛唐著名文学家、诗人、书画家。学富五车，精通经史，书画成就卓然一家，亦精通天文、地理、博物、兵法、医药等，是近乎百科全书式的一代通儒，杜甫称赞他“荥阳冠众儒”“文传天下口”。

郑成功（1624—1662），本名森，字明俨，号大木，福建南安人。明末名将，著名民族英雄。弘光时监生，隆武帝赐姓朱，号“国姓爷”。清兵入闽，起兵反清。后与张煌言联师北伐，震动东南。1662年率将士数万人，渡海击败荷兰殖民者，收复台湾。

郑板桥（1693—1765），原名燮，字克柔，板桥为其号，江苏兴化人。“扬州八怪”之首，清代著名书画家。康熙秀才，雍正十年（1732年）举人，乾隆元年（1736年）进士。曾为山东范县、潍县县令，有政声，“以岁饥为民请赈，忤大吏，遂乞病归”。擅画兰竹，所创“六分半书”在书坛独树一帜。

【故事】

郑板桥自创“六分半书”

郑板桥自幼酷爱书法，古代著名书法家的各种书体他都临摹，经过一番苦练，几乎可以乱真。但是大家对他的字并不怎么欣赏，他自己也很着急，比以前学得更加勤奋，练得更加刻苦了。

一个夏天的晚上，他和妻子坐在外面乘凉，他用手指在自己的大腿上写起字来，写着写着，就写到他妻子身上去了。妻子生气地把他的手打了一下，说：“你有你的体（身体），我有我的体，为什么不写自己的体，而写别人的体？”

晚上睡觉时，郑板桥突然想到，各人有各人的身体，写字也各有各的字体，本来就不一样嘛！我为什么老是学着别人的字体，而不走自己的路，写自己的体呢？即使学得和别人一样，也不过是别人的字体，没有创新，没有自己的风格，又有什么意思？

从此，他取各家之长，融会贯通，以隶书与篆、草、行、楷相杂，用作画的方法写字，终于形成了雅俗共赏、受人喜爱的“六分半书”，也就是人们常说的“乱石铺街体”，成了清代享有盛誉的著名书画家。

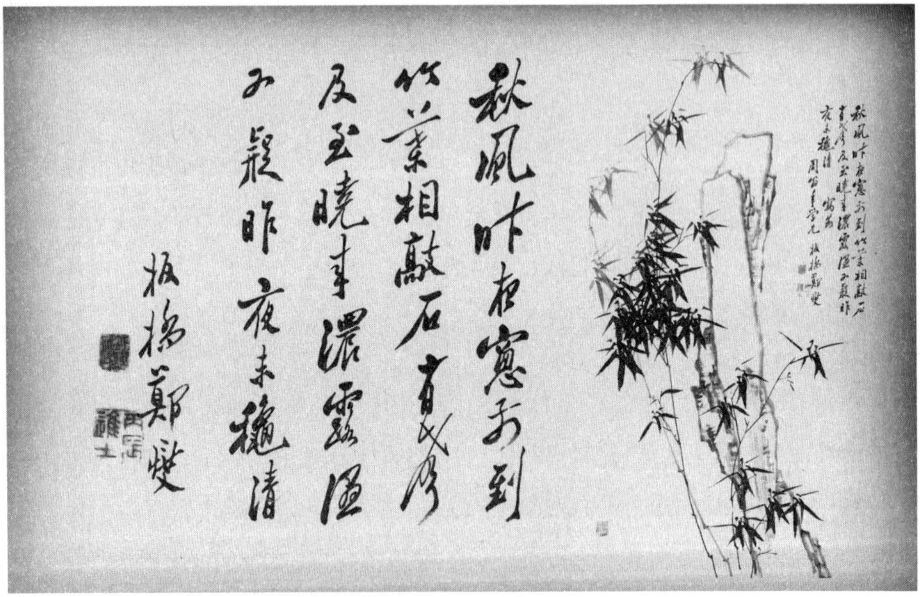

郑板桥《竹石图》

王

王姓图腾

【源流】

王姓所出多源。一源出姬姓。周灵王之子太子晋因直谏被废后，其子宗敬仍在朝任职，时人因其是王族后代称为“王家”，族人遂以王为氏。先秦时活跃于河南洛阳一带，秦末汉初徙至山东琅琊、山西太原，发展成琅琊和太原两大望族。一源出子姓。商朝末年，比干犯颜强谏纣王而被杀，其子孙因比干原是王子，乃以王为氏。从先秦至汉唐，一直居于河南地区，形成汲郡王姓望族，后来散播到甘肃、山东、河北和山西等地。一源出妫姓。奉虞舜为祖先。秦灭齐后，由齐国田姓改为王姓，以北海和青州为郡望，汉朝王莽就源自此支。其他还有源出燕国太子丹之后和少数民族。

王姓在先秦、汉晋时期一直以华北地区为主要活动地区。隋朝时期，王姓各支派向各地迁播。河南固始人王审知南迁福建，建立闽国，成为五代十国之一，是福建王姓的总开山祖，史称开闽王氏。明朝永乐年间，这支王姓开始进入台湾地区。

【家训】

立志之始，在脱习气。习气熏人，不醪而醉。其始无端，其终无谓。袖中挥拳，针尖竞利，狂在须臾，九牛莫制。岂有丈夫，忍以身试！彼可怜悯，我实惭愧。前有千古，后有百世。广延九州，旁及四裔，何所羁络？何所拘执？焉有骐驹，随行逐队？无尽之财，岂我之积？目前之人，皆吾之治。特不屑耳，岂为我累？潇洒安康，天君无系，亭亭鼎鼎，风光月霁。以之读书，得古人意。以之立身，踞豪杰地。以之事亲，所养惟志。以之交友，所合惟义。惟其超越，是以和易。光芒烛天，芳菲匝地。深潭映碧，春山凝翠。寿考维祺，念之不昧。

——［清］王夫之《姜斋文集补遗》卷一《尺牍十首·示子侄》

【名人】

王昭君（约前52—约15），名嫱，昭君为其字，南郡秭归（今湖北宜昌兴山）人。中国古代四大美女之一。汉建昭元年（前38年），被选入宫。后奉命和亲，嫁与匈奴单于呼韩邪为妻，号为宁胡阏氏。二人共同生活三年，育有一子伊屠智伢师，后为匈奴右日逐王。

王羲之（303—361，一说321—379），字逸少，祖籍琅琊（今山东临沂），后迁会稽山阴（今浙江绍兴）。东晋著名书法家，人称“书圣”。其书法兼善隶、草、楷、行各体，精研体势，广采众长，自成一家。风格平和自然，笔势委婉含蓄，遒美健秀。代表作《兰亭序》被誉为“天下第一行书”。

王维（701—761，一说699—761），字摩诘，世称“王右丞”，河东蒲州（今山西运城）人。唐朝著名诗人、画家。精通诗、书、画、音乐等，与孟浩然合称“王孟”。早年信道，后期因社会打击彻底禅化。今存诗400余首，代表诗作有《相思》《山居秋暝》等。

王安石（1021—1086），字介甫，号半山，临川（今江西抚州）人。北宋著名思想家、政治家、文学家，“唐宋八大家”之一。宋代革新派人物，主张变法，但以失败告终。其诗长于说理与修辞，晚年诗风含蓄深沉、深婉不迫，自成一家，世称“王荆公体”。有《王临川集》《临川集拾遗》等存世。

王守仁（1472—1529），字伯安，浙江余姚人。明代著名思想家、文学家、哲学家和军事家，陆王心学之集大成者。曾筑室于会稽山阳明洞，自号阳明子，学者称为阳明先生，亦称王阳明。精通儒家、道家、佛家，因平定宸濠之乱军功而被封为新建伯，隆庆年间追赠新建侯。谥文成，后人又称王文成公。

【故事】

王羲之写字换鹅

王羲之像

东晋大书法家王羲之出身士族，才华横溢，曾当过右军将军，故世称王右军。

许多艺术家都有自己的爱好，有的爱种花，有的爱养鸟。王羲之的癖好是爱鹅。不管哪里有好鹅，他都有兴趣去看，或者把它买回来玩赏。

山阴有一个道士，他想让王羲之为他写一卷《黄庭经》。可是他知道王羲之是不肯轻易替人抄写经书的。后来，他打听到王羲之喜欢白鹅，就特地养了一批品种好的白鹅。王羲之听说道士家有好鹅，真的跑去观看。当他走近那道士屋旁，正见到河里有一群鹅在水面上悠闲地浮游着，一身雪白的羽毛，映衬着高高的红顶，实在逗人喜爱。王羲之在河边看着看着，简直舍不得离开，就派人去找道士，要求把这群鹅卖给他。那道士笑着说："既然王公这样喜爱，就用不着破费，我把这群鹅全部送您好了。不过我有一个要求，就是请您替我写一卷经。"王羲之毫不犹豫地为道士抄写了一卷经，那群鹅就被他带回去了。后来传为书坛佳话。李白《送贺宾客归越》中的"山阴道士如相见，应写黄庭换白鹅"用的就是这则典故。

冯

冯姓图腾

【源流】

据《世本》载，春秋时郑国有大夫冯简子，因封邑在冯而得姓。后冯邑被晋国所夺，成为魏氏子弟长卿的封邑，长卿的后裔也称冯氏，是为河南冯氏。

战国时有冯亭，入赵，拒秦战死，其宗族分散，子孙有许多为将相。至西汉文帝时，车骑都尉冯唐徙居安陵，其弟冯骞自上党徙居京兆杜陵。此外，先秦时，冯氏已有徙居今山东者。三国以前，冯氏还有迁至今四川的射洪、中江、渠县等地及湖北公安者。唐末黄巢起义时，有一支避难南迁福建宁化石壁，宋代分出上杭、漳州、武平等支脉。宋末元初，上杭冯氏又南迁至广东平远、潮州、揭阳，后再迁至丰顺、梅州等地。清康熙至乾隆年间，广东、福建冯氏有数支移居台湾，此后又远播海外。

【家训】

以己之心，度人之心，公德也；己所不欲，勿施于人，公德也；互相利赖，尽其在我，公德也；千万人之事，应遵千万人共守之纪律，公德也；有利于社会国家之事，率先倡之行之，有害于社会国家之事，率先改之除之，是尤公德之大者也。凡此所举，自小及大，勉而行之，进乎上德矣。

——［民国］冯玉祥《冯氏族约》

【名人】

冯道（882—954），字可道，号长乐老，瀛州景城（今河北沧州西北）人，五代时历任四朝宰相，在相位二十余年。在后唐任宰相期间，倡议由田敏等人在国子监校定《九经》文字，并组织刻工雕印，至后周完成，后世称“五代监本”，官府大规模刻书自此始。

冯梦龙（1574—1646），明代文学家、思想家、戏曲家。擅长对小说、戏曲、民歌、笑话等通俗文学加以搜集、整理、编辑、创作，最有名的作品为“三言”（即《喻世明言》《警世通言》《醒世恒言》），与明代凌濛初的《初刻拍案惊奇》《二刻拍案惊奇》合称“三言二拍”，是中国白话短篇小说的经典代表。

冯子材（1818—1903），字南干，号萃亭，广西钦州人。晚清抗法名将，民族英雄。同治间累擢广西提督，中法战起，起用为广西关外军务帮办，大败法军于镇南关，后授云南提督。甲午战争间奉调驻守镇江。治军四十余年，寒素如故。

冯玉祥（1882—1948），字焕章，原名基善，籍贯安徽巢县（今巢湖）。国民革命军陆军一级上将，西北军阀首领，爱国民主人士。有“基督将军”“爱国将军”“倒戈将军”等称号。1933年任抗日同盟军总司令，多次击败日寇，收复许多失地。新中国成立前夕，因乘船失火，受伤身死。

【故事】

老将冯子材大败法军

1884年，法国侵略军通过越南向我国广西边境进犯，还一度打进镇南关（今友谊关），想夺占广西、云南的大片土地。中法战争爆发。年近七十的老将冯子

冯子材跃马像

材，不顾年老有病，毅然重返前线，率军与侵略者在镇南关摆下战场。

由于法军烧毁了镇南关，使中国军队无关可守，冯子材下令建起一道长墙做屏障。1885年3月，法军在大炮的掩护下，向长墙猛扑。冯子材大喊："如果说法寇入关，我等有何面目见两广父老！"将士们杀出长墙，与敌人激战到夜晚，终于击退入侵者。第二天，法军又来进攻，有的已经越过了长墙。紧要关头，冯子材大喝一声："跟我来！"他身穿布衣，脚穿草鞋，跳出长墙，和敌人拼杀起来。将士们见老将军如此英勇，激动万分，争先恐后，呐喊着冲了上去，杀得敌人胆战心惊，尸横遍野。镇南关一仗，中国军队取得了完全的胜利，保卫了祖国的南疆。

陈

陈姓图腾

【源流】

出于陈国公族后裔。陈国在陈胡公妫满死后，其子孙有以国为氏，就是陈氏。除胡公满的子孙陈完这支主系外，还有三支：（一）陈哀公之子留，避居陈留。（二）陈泯公之长子陈衍，避居阳武户牖乡。（三）陈泯公次子全温之后陈孟琏，居于固始，其后因无子，便以颍川陈寔为嗣子，遂融入颍川陈氏。

陈氏入粤，始于南宋。陈氏入台，始于明末，福建同安人陈永华于明末随郑成功入台湾，为陈氏入台始祖。陈氏迁入越南的历史比较久远。李朝女皇李昭皇之夫陈煚，于1228年创建越南陈朝，传八世十三王，历时一百七十五年。

陈氏移居日本，始于明初，大都是明太祖朱元璋派去的水手，此后有的在琉球群岛落户。明清以后，闽粤等沿海地区的陈氏，有许多人出海谋生。例如，陈臣留率亲族百余人迁居马来西亚和新加坡。另有一些人迁至菲律宾、泰国、印度尼西亚和美、英、法、澳等国。

【家训】

事亲必孝，待长必敬。兄友弟恭，夫义妇顺。冠婚丧祭，秉礼必慎。学文必功，习武必勤。治国必忠，治家必严。居功毋骄，见恩必谢。士农工商，择术必正。毋听妇言，而伤同气。毋作非法，而犯典刑。毋以众而暴寡，毋以富而欺贫。毋以赌博而荡产业，毋以谣辟而坠家声。制行唯严以律己，处世当宽以绳人。苟能行之于久久，当必报之以冥冥。兹训词实系废兴，诵之再三，尔其敬听。

【名人】

陈平（？—前178），阳武户牖乡（今河南原阳）人，西汉开国功臣之一。与张良齐名，史称“良平”。少时家贫，好读书，后归刘邦，多次用计使刘邦脱离逆境，转危为安。其一生充满传奇色彩，在《史记》列入世家。

陈寿（233—297），字承祚。巴西郡安汉县（今四川南充）人。三国蜀汉及西晋著名史学家。少时好学，师事学者谯周，在蜀汉时曾任东观秘书郎、观阁令史、散骑黄门侍郎等职。因不肯屈从宦官黄皓，屡遭遣黜。晋灭吴后，历经10年完成史学巨著《三国志》。

玄奘（602—664），俗名陈祎，“玄奘”是其法名，唐代著名高僧，被尊称为“三藏法师”，法相宗创始人，洛州缑氏（今河南洛阳偃师）人，与鸠摩罗什、真谛并称为中国佛教三大翻译家。撰有《大唐西域记》。

陈抟（871—989），字图南，号扶摇子，生于亳州真源或普州崇龛。北宋著名道家学者、易学家和内丹家。因考进士名落孙山，后隐居武当山九石岩，决意从道。著有《龟鉴》《心相学》《太极图》等。曾受周世宗、宋太宗召见，分赐“白云先生”“希夷先生”称号。

陈天华（1875—1905），原名显宿，字星台，亦字过庭，别号思黄，湖南新化人。清末革命烈士，辛亥革命时期杰出的革命家和宣传家，华兴会创始人之一，同盟会会员。一生救亡图存，宣传革命。所著《猛回头》和《警世钟》两书是当时宣传革命的号角和警钟。

【故事】

陈平智对汉文帝

汉文帝刘恒即位，陈平和周勃分任左右丞相。汉文帝颇赏识这两位忠心耿耿的大臣。

一次，文帝笑问右丞相周勃："周爱卿，你是先帝托孤之臣。你可知，汉朝天下，一年要判多少案件？"周勃心里一慌，忙低声答道："臣直话相告，实是不知。"

文帝略皱皱眉，再问一句："那爱卿可知道天下一年钱币和粮食要进进出出多少？"周勃支支吾吾，最后还是摇摇头。

文帝心中大为不快，转问左丞相陈平。不想陈平利索地回话："陛下，恕臣直言。陛下要知道判刑的大事，请只管问廷尉；陛下要打听钱币粮食的大事，请只管问治粟内史。"

文帝听罢肝火大旺，马上拉下脸："陈爱卿真是高见！既然各自有主管的官员，要你这位丞相干什么？"

陈平忙抢步走出大臣行列，深施一礼，然后高声回答："陛下，请恕臣直言之过。为臣的再斗胆进一言，做宰相的，对上要辅佐天子料理国家大事，顺应四季天时考虑各种大事；对外要威服、抚顺外邦和各路诸侯；对内要让民心归附亲如一家，使卿大夫们各司其职。"

听罢此言，汉文帝心想，这陈平不仅机智，擅长辞令，更深悟从政要诀——总理大政，把握关键，因此对陈平赞不绝口。侍立一旁的周勃则自叹不如。

蒋

蒋姓图腾

【源流】

出自姬姓，以国名为姓。西周初期，周公的第三个儿子伯龄被封在蒋，建立蒋国。后来蒋国被楚国所灭，其后代子孙就以原国名为姓。

蒋氏后代除部分留居河南外，大部分外迁。其中，一支汉时已迁居陕西省境内，一支于东汉迁往山东东莱郡。西汉哀帝时，杜陵人（今陕西西安市长安区东南）蒋诩被封为兖州（今属山东）刺史，其子孙东汉初渡江散居江南各地，其中一支于南朝宋时徙居阳羡（今江苏宜兴），一支徙居毗陵（今江苏常州）之滆湖，一支迁至今浙江奉化。

【家训】

为民者遵纪守法，勤劳致富；从商者诚信第一，货真价实；研究者一丝不苟，不断创新。

【名人】

蒋诩（前69—前17），字元卿，杜陵（今陕西西安）人，西汉兖州刺史，以廉直著称，因不满王莽专权而辞官归隐。时人谚曰：“楚国二龚，不如杜陵蒋翁。”他在家门前开辟三条小路，唯与高士求仲、羊仲往来。后世用“三径”指代隐士的家园。

蒋琬（？—246），字公琰。零陵湘乡（今属湖南）人。三国时期蜀汉宰相。初随刘备入蜀，后为诸葛亮所重，任丞相长史。诸葛亮攻魏时，他主持兵源粮饷的供应，被诸葛亮誉为“社稷之器”。诸葛亮死后，他接替执政，任大将军、录尚书事等职。

蒋百里（1882—1938），名方震，浙江嘉兴人。民国著名军事理论家、军事教育家。留学日本陆军士官学校。曾任保定陆军军官学校校长及代理陆军大学校长等。著有军事论著《国防论》，今有《蒋百里全集》传世。

蒋介石（1887—1975），名中正，介石为其字。浙江奉化人。毕业于保定军官学校，后留学日本，加入同盟会。曾任陆军军官学校校长、南京国民党政府主席、军事委员会主席等职， 1948年被推选为中华民国总统。1949年冬，退守台湾。

蒋光鼐（1888—1967），字憬然，广东东莞人。国民党高级爱国将领，抗日名将。“一·二八”事变后，率十九路军英勇抗日，1933年发动反蒋政变，旋即失败。新中国成立后，历任中国纺织工业部部长、全国政协常委等职务。

【故事】

宰相肚里能撑船

蒋琬是三国时蜀汉杰出的政治家和军事家，其担任丞相十二年，很有容人的雅量。人们常说的“宰相肚里能撑船”，那个“宰相”就是他。

他的部下东曹掾杨戏为人坦诚直爽，从不随声附和。蒋琬与他谈论，他常常不予回应。侍卫单镐乘机进言：“您身为大司马，位崇言尊，连后主也要谦让几分，而府中杨戏官不大，架子却不小，竟然连您讲话也爱理不理。对这种傲慢无礼之官，若不治罪，岂不过于宽容？”蒋琬却说：“人们的思想，正如每个人的长相，各自不同。当面表示顺从，一味奉承，而背后又说反对的话，这是古人所反对的。对于杨戏这个人，我是了解他的，他从不违心地恭维别人，我说的话，也不可能句句在理。他要赞许我吧，又不是他的本心；要反对我吧，又宣扬了我的错误，所以他就默默不语了，这正是他的耿直之处。而我正是从他不理我言之中觉察到自己的不足，这有何不好呢？”单镐听后说：“丞相真是虚怀若谷，雅量过人！”

蒋琬雕像

另外，府中督农官杨敏曾私下说蒋琬做事糊涂，不如前人。有人将这话汇报给蒋琬，请求对杨敏追究治罪，蒋琬却平静地说：“我实在不如前人，没有什么罪可以追究他的。”后来，杨敏因犯罪下狱，众人都以为他必死无疑，谁知蒋琬心无亲疏厚薄，依法秉公处理此案，使他得免重罪，丝毫没有借机报复，并说：“敢于直言参政的人，正是我求之不得的！”其公正无私、宽厚容人的胸怀着实令人钦佩。

沈

沈姓图腾

【源流】

沈姓源流主要有四：一源出嬴姓；二源出姒姓；三出自姬姓，西周初分封周公之后于沈，为蔡国所灭后，子孙以国名为氏；四出自芈姓，春秋时，楚庄王封孙叔敖之子于沈，又封其公子贞于沈鹿，两地后代均以沈为氏。

沈氏最早起源于今河南、安徽两省之间。春秋战国时期，逃至楚国的沈氏族人，仕楚为左司马，并世袭此官，长期居于叶邑（今河南叶县）。先秦时主要活动于河南、湖北地区，在山西、安徽、陕西、甘肃、四川等地也有沈氏的足迹。东汉时进入浙江，子孙昌盛，一直到隋朝，浙江武康沈姓发展成望族。唐朝的两次中原南下移民潮中，沈氏作为其中一姓进入福建，随后移民广东，明末沈姓始入台湾。

【家训】

敬祖宗，溯本源。孝父母，报春晖。敦孝友，全人伦。重祭祀，尚报本。和乡党，息争斗。勤读书，明事理。重敬贤，行礼义。训子弟，禁非为。务本业，足衣食。

【名人】

沈约（441—513），字休文，吴兴武康（今浙江湖州）人，南朝史学家、文学家。出身门阀士族家庭，然骤遭零落，孤贫流离，笃志好学，博通群籍，擅长诗文。历仕宋、齐、梁三朝。在宋任记室参军、尚书度支郎。著有《晋书》《宋书》等，除《宋书》外，多已亡佚。

沈括（1031—1095），字存中，号梦溪丈人，浙江钱塘（今杭州）人，北宋政治家、科学家。出身仕宦之家，幼年随父宦游各地。晚年移居润州，隐居梦溪园。一生致志于科学研究，被誉为“中国整部科学史中最卓越的人物”，代表作《梦溪笔谈》集前代科学成就之大成，在世界文化史上有着重要的地位。

沈万三（1296？—1376），本名富，字仲荣，俗称万三，浙江湖州南浔人。元末明初商人、巨富。元代中期随其父迁至周庄，以躬耕起家，后来凭借周庄特有的地理优势通番，进行海外贸易活动，最终成为“资产巨万、田产遍天下”的江南首富。

沈周（1427—1509），字启南，号石田、白石翁等，长洲（今江苏苏州）人。明代杰出书画家。不应科举，专事诗文书画，是明代中期文人画“吴派”的开创者，与文征明、唐寅、仇英并称“明四家”。传世作品有《庐山高图》《秋林话旧图》。著有《石田先生集》《客座新闻》等。

沈从文（1902—1988），原名岳焕，笔名休芸芸等。当代著名作家。十四岁投身行伍，1924年开始文学创作，撰写出版了《长河》《边城》等小说，曾在青岛大学、西南联大、北京大学任教。新中国成立后，主要从事中国古代历史的研究。

【故事】

爱刨根究底的小沈括

沈括是北宋著名的文学家、科学家，小时候他就有一个爱刨根问底的习惯，喜欢琢磨一些别人想不到的问题。

四月的一天，沈括读到白居易的《大林寺桃花》一诗：“人间四月芳菲尽，山寺桃花始盛开……”突然，一阵风吹来，将院中树上的桃花吹落在地。他心想：为什么山下的桃花四月都已经凋谢了，而山上的桃花却刚刚开放呢？

沈括及其代表作《梦溪笔读》册页

为了弄清楚这个问题，在母亲的安排下，沈括邀请了几个同伴一起到山上散心。他们来到山上，果然满山的桃花正在怒放，这可把小沈括难住了。同样是桃花，为什么这里的却开得这么晚呢？突然，一阵冷风吹来，他顿时恍然大悟，拍着自己的脑门大声说：“我明白了！原来是山上地势高，温度低，所以花开得就晚啦，这是由气候条件决定的！”

小沈括回到家后，立即把这一“重大发现”记录下来。从此，沈括对气象产生了浓厚的兴趣，开始阅读有关气象的书籍，注意气象的变化。

后来，沈括博览群书，对天文、地理、文学、历史无所不通。晚年写下了《梦溪笔谈》这本巨著，该书记载了当时气象科技发展的最高成就，为后人留下了珍贵的科学遗产。

杨

杨姓图腾

【源流】

出自姬姓。周宣王之子尚父，幽王时被封为杨侯，春秋时为晋所灭，成为晋国羊舌肸的封地。晋武公时封次子伯侨于杨，亦称杨侯，是为杨姓受姓始祖。公元前514年，晋灭羊舌氏，伯石有子逃往华山仙谷，遂居华阴，称为杨氏。

杨姓发源地在今山西省境内。杨为晋所灭后，其子孙便向西发展繁衍，首先是迁入陕西，后再迁入山西省霍县一带，而后繁衍至河南省境内，成为后世杨姓发展的主流。至汉代时，已广泛分布于我国北方大部分地区。春秋战国时，已有杨氏族人南迁入江汉地区（今湖北潜江一带）。隋唐以前，除集中繁衍于今河南、山西、陕西三省以外，还有以甘肃天水为中心的一线，以湖南、江西为中心的另一线。此后便逐渐向今河北、山东、内蒙古、安徽、湖南、浙江、福建、广东、四川、贵州、云南、广西等地发展，直至遍及全国各地。

【家训】

五务：务孝悌为先，务长幼有序，务和睦乡党，务勤俭持家，务耕读为本。

五戒：戒奸淫邪盗，戒酗酒聚赌，戒挑唆词讼，戒结党营私，戒以强凌弱。

——乳源汤盆《杨氏族谱》

【名人】

杨震（？—124），字伯起。弘农华阴（今陕西华阴东）人。东汉名臣。通晓经籍，博览群书，被众儒生称赞为“关西孔子杨伯起”。五十岁时始步入仕途，历荆州刺史、东莱太守。为官清廉，人欲贿金，以“天知地知你知我知”拒之，传为佳话。

杨炯（650—？），字盈川，华州华阴（今属陕西）人，唐代著名诗人，“初唐四杰”之一。曾受牵连被贬为梓州司法参军。后回到洛阳在司艺馆任教。他在盈川大约三年多时间，卒于任所。后归葬于洛阳。

杨玉环（719—756），号太真。姿质丰艳，被后世誉为中国古代四大美女之一。善歌舞，通音律。先为唐玄宗儿子寿王李瑁王妃，受命出家后，被唐玄宗册封为贵妃。安禄山发动叛乱后，随李隆基流亡蜀中，在马嵬坡死于乱军之中。

杨万里（1127—1206），字廷秀，号诚斋，吉州吉水（今属江西）人。南宋著名文学家、爱国诗人，名列“南宋四大家”“中兴四大诗人”。其诗语言浅近明白，清新自然，富有幽默情趣，被称为诚斋体。官至宝谟阁直学士，封庐陵郡开国侯，卒赠光禄大夫。著有《诚斋集》等。现存诗四千二百首。

杨深秀（1849—1898），字漪村，又字仪村，山西闻喜人。清末维新变法人士，“戊戌六君子”之一。光绪进士。精通中西数学。授刑部主事，累迁郎中，后授山东道监察御史。1898年6月上疏请定国是，戊戌政变中不避艰危，援引古义，请慈禧撤帘归政，遂遇害。

【故事】

杨震暮夜却金

东汉廉官杨震早年研究经学，暮年才出仕。由于他知识渊博，当时读书人都十分推崇和敬重杨震，大家称他为“关西孔夫子”。杨震像当年的孔子一

杨震雕像

样，学成之后就一直在家乡华阴县教书，一直教到五十岁。

东汉安帝时，杨震出任东莱太守，途中经过昌邑县，正好昌邑县令王密是他早年的学生。师生久别重逢，一起用餐，共叙旧事，都很高兴。当时天色已暗，王密起身告辞时，从怀里取出一块黄金要送给老师作为答谢之礼。

杨震一看，突然脸色一沉，大声道："快拿走！"王密小声说："恩师，天色已晚，又没有别人，我送金子的事，不会有人知道的，请您放心收下吧。"杨震严肃地说："这件事，天知，地知，你知，我知，怎么能说没人知道呢？"王密见状赶快把金子收起来，老老实实地向老师承认自己的错误。

永宁元年（120年），杨震出任司徒太尉。他因大胆直谏奸臣的所为，反被奸臣造谣中伤有谋反的心思。安帝听信谗言，把杨震遣归家乡。临行前，学生都来送杨震。面对西沉的斜阳和血一样红的晚霞，杨震感慨万千，他举起酒杯，对弟子悲壮地说："人有生就有死，我活着反对奢侈腐化，死后化作鬼魂也不会放过那些穷奢极欲的昏官。我现在不能把他们消灭，没有颜面再见日月，所以我要向你们告别了。"说罢，就将准备好的毒酒一饮而尽，悲愤辞世，时年七十余岁。

朱

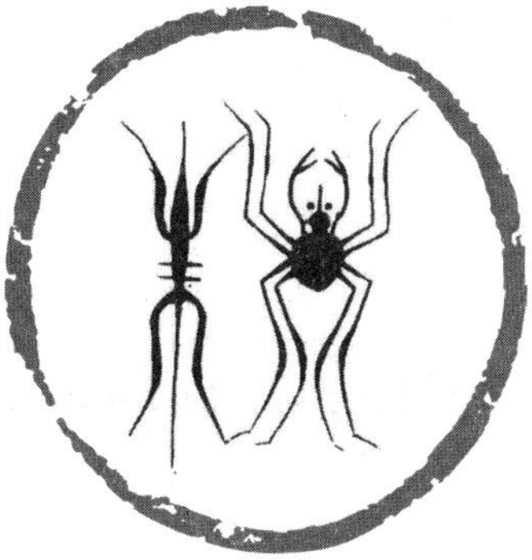

朱姓图腾

【源流】

朱姓始成于西周，以国名为氏。传周武王封曹挟于邾国，建都于邾。战国时邾国为楚所灭，后代四处逃散，为不忘祖国，去掉耳旁，改姓朱。古代的邾氏族主要集中生活在今山东省邹县一带。另有朱姓源于子姓，以先祖宋微子启的后裔公子朱为氏。还有源于祁姓（源自尧帝之子丹朱），源于朱氏族（也称为朱襄氏，为远古帝喾时期大臣朱虎之后裔）。另有鲜卑族、蒙古族或其他少数民族改姓而来。

朱姓发源于今江苏省、安徽省和河南省一带。战国中叶，楚宣王灭邾国，迁邾人于楚（今湖北黄冈西北）。秦汉时期，朱姓已遍布于中原和华东地区。魏晋时期，朱姓继续南迁，但主要繁衍地仍在淮河及长江下游大部分地区。唐朝时，朱姓已出现在广东。明朝是朱姓的鼎盛时期，朱姓迅速地向全国发展，居住在闽、粤等沿海地区的朱氏，陆续有人移居台湾。清朝时，进而又有人远徙东南亚及欧美一些国家和地区。

【家训】

积德之事，人皆谓惟富贵，然后其力可为。抑知富贵者，积德之报。必待富贵而后积德，则富贵何日可得？积德之事，何日可为？惟于不富不贵之时，能力行善，此其事为尤难，其功为尤倍也。

人有喜庆，不可生嫉妒心；人有祸患，不可生欣幸心。善欲人见，不是真善；恶恐人知，便是大恶。

——［民国］清远《两岳朱家族谱》

【名人】

朱熹（1130—1200），字元晦，号晦庵，晚称晦翁，世称朱文公、朱子。祖籍徐州，后徙江西婺源，出生于福建尤溪。宋朝著名理学家、思想家、教育家，儒学集大成者，是唯一非孔子亲传弟子而享祀孔庙的。曾任江西南康、福建漳州知府及浙东巡抚，做官清正有为，振举书院建设。官拜焕章阁待制兼侍讲，为宋宁宗皇帝讲学。

朱元璋（1328—1398），原名重八，后取名兴宗。濠州钟离（今属安徽）人，明朝开国皇帝。幼时贫穷，曾为地主放牛，后入皇觉寺为僧，二十五岁时参加郭子兴领导的红巾军反抗元朝，后领导红巾军击破各路农民起义军后，在应天府称帝，国号大明，年号洪武。结束了蒙元在中原的统治，最终统一中国。

朱耷（1626—约1705），名由桵，字雪个，号八大山人等，江西南昌人。明末清初著名画家。明宁王朱权后裔，明亡后削发为僧，后改信道教，住南昌青云谱道院。擅书画，花鸟以水墨写意为主，形象夸张奇特，笔墨凝练沉毅，风格雄奇隽永。擅书法，能诗文。存世作品有《水木清华图》《荷花水鸟图》等。

朱执信（1885—1920），原名大符，字执信，祖籍浙江萧山，生于广州。近代资产阶级革命家、思想家。1904年官费留学日本，结识孙中山、廖仲恺等人。1905年被选为中国同盟会评议部议员兼书记。先后担任过《民报》《建设》等刊物编辑，从事资产阶级革命理论宣传工作。1920年被桂系军阀杀害。

朱德（1886—1976），字玉阶，原名代珍。伟大的马克思主义者，无产阶级革命家、政治家和军事家，中国共产党，中国人民解放军和中华人民共和国的主要缔造者和领导人之一。中华人民共和国十大元帅之首。

【故事】

朱熹六劾贪官

朱熹像

朱熹既是思想家、教育家，也是正气凛然的官员。他任浙东巡抚时曾六次弹劾贪官台州知府唐仲友。

1182年七月初，朱熹到台州巡视灾情，接到反映知府唐仲友为官不正的举报。这唐仲友是宰相王淮的亲家，朱熹的浙东常平茶盐公事之职就是王淮推荐的。经过思想斗争，朱熹决定进行彻查。没几天，他就查明唐仲友的8条违法乱纪行为，当即把与案情有关的蒋辉、严蕊等人捉拿归案，并向朝廷递交了弹劾唐仲友的第一份报告，案情有所进展后，他接连寄出第二份、第三份弹劾报告。

唐仲友急了，暗中唆使地痞闯进司理院闹事。朱熹怒不可遏，又写了第四份报告，强烈要求严厉查处。但在王淮的运作下，唐仲友不但没有被追究责任，反被提拔到江西任提刑。当时朱熹已到缙云县巡视灾情，随即又写了第五份报告，指出唐仲友之所以无视法纪、贪赃枉法，完全是仗着弟媳王氏。他发誓，如果朝廷不处置唐仲友，他就辞职。

王淮无奈，只好向孝宗奏请免去唐仲友的江西提刑职务，移交浙西提刑查办，最后按提前退休论处，让唐仲友告“老”还乡。

这让朱熹十分气愤，又递交了第六状，要求依法追究唐仲友的刑事责任，以平民愤。为缓解朱、唐之间的矛盾，王淮请吏部尚书郑丙出面提名朱熹到江西任提刑。朱熹却毅然递交了《辞免江西提刑奏状》，带着家眷回武夷山去了。后人为了纪念朱熹，武夷山脉数千平方公里的山水被命名为朱山、朱溪。

许

许姓图腾

【源流】

出自姜姓，以国为氏，始祖为文叔，也称为许文叔。周成王时分封诸侯，许国是姜姓诸侯国之一，战国初期被楚所灭。其后子孙以国为氏，称许氏。

许氏的发源地在今河南许昌东。春秋战国时期，许国为郑、楚等国所逼，曾多次在今河南及安徽北部一带迁都。许国被楚灭后，除部分迁居今湖北荆州和湖南芷江等地外，多数就地繁衍或迁徙北上。许姓北上最初迁徙之地是冀州高阳（今河北高阳），后有许氏复迁回河南宝丰等地。秦汉之际已遍布今河南、河北两省。此后，北方许姓主要分布于今河南、河北、安徽、陕西、山西等广大地区。许姓南迁始于魏晋南北朝。唐初，陈政、陈元光父子奉命入闽，有河南许姓将佐随同前往，在福建安家落户。唐代以后，大举南迁繁衍于今江苏、浙江、湖北、福建、广东等省。宋末元初，许氏有一支徙居广东。明代移居台湾，进而移居海外。迁至湖南、广东、广西、福建的许氏，有的融入侗、壮、布依、土家等少数民族。

【家训】

宅尔宅，田尔田，念先人创业艰难，克俭克勤即是敬宗尊祖。亲其亲，长其长，愿后嗣居家和睦，无虞无诈便为孝子贤孙。

——汕头沟南村许氏家族家训

【名人】

许由（约前2323—前2244），字道开，号武仲，尧时平民。兄弟七人，皆为清高隐士。自幼农田躬耕，不营世利，讲道义，守规矩，邪膳不食，邪席不坐。夏天树上筑巢而寝，冬天挖地窖居住。食山果，饮河水，手捧而饮。

许行（约前372—前289），战国著名农学家、思想家。楚国之随人，约与孟子同一时代，在《孟子·滕文公上》记载许行其人“为神农之言”，所以被归为农家，后世也将其视为先秦时代农家的代表人物，但因没有著作流传于世，详细思想内容与其他事迹皆不可考。

许劭（约150—约195），字子将。汝南平舆（今河南平舆）人。东汉末年著名人物评论家。据说他每月都要对当时人物进行一次品评，人称为“月旦评”。曾经评价曹操为“君清平之奸贼，乱世之英雄”。汉末南渡投靠刘繇，后随其逃往豫章，在豫章去世。

许地山（1894—1941），笔名落华生。籍贯广东揭阳，生于台湾。北京大学文学院毕业并留校任教。“五四”前后从事文学活动，后转入英国牛津大学曼斯菲尔学院研究宗教学、印度哲学、梵文等。1935年应聘为香港大学文学院主任教授，遂举家迁往香港。一生著作颇多，有《道教史》《落花生》等。

许世友（1905—1985），原名仕友，河南省新县人。早年在少林寺学习武术，后加入中国共产党。曾任红四军军长、红四方面军骑兵司令员等。参加了长征。抗日战争时期，任中国人民抗日军政大学校务部副部长等。1955年授上将军衔。著有《许世友回忆录》《我在山东十六年》。

【故事】
许由洗耳

许由洗耳图

传说的三皇五帝时代，是氏族社会后期。那时候，部落首领老了，就通过用推荐或选举的办法来产生新的首领，这叫作“禅让”。

当时的部落联盟首领尧感到自己年事已高，处理事务力不从心时，就召集各个部落的首领开会，商议找一个继承人的事。

有人推荐尧的儿子丹朱，尧不同意。他说：“丹朱的品行不好，常和别人争吵，不能以身作则，成为天下人的表率。”又有人推选负责联盟水利事务的首领共工。尧也认为不妥，他说：“共工表面说一套，背地里又是一套，把联盟交给他，让人不放心。”

尧心目中的人选是许由，认为他为人谦和、贤能，足以担当领导联盟的大任。部落领袖会议也同意对许由进行考察。谁知，许由听到这一消息后，立刻远走高飞，躲进嵩山山区，在颍水北岸的箕山脚下隐居，再也不愿意与世俗社会交往。

尧派人找到了他，退而求其次想请他出任九州长官，负责联盟全部地区的行政事务。许由不仅坚决不肯任职，而且跑到颍水边，手捧河水，反复冲洗耳朵，表示不愿意听这种话。许由以自己淡泊名利的崇高节操赢得了后世的尊敬，从而被奉为隐士的鼻祖。

尧知道许由心意已决，就转而推荐舜作为接班人。许由终身隐居不出，死后也葬在箕山。西汉时期，司马迁周游全国，还在山上看到了许由墓。

何

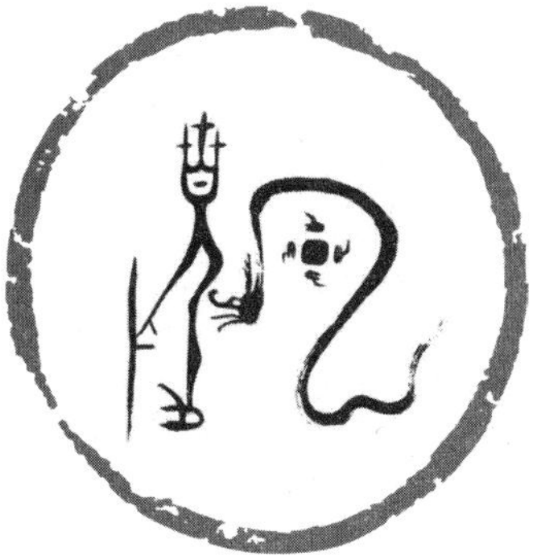

何姓图腾

【源流】

出自姬姓。秦始皇灭六国，韩氏族裔遁逃江淮之间，因改姓何。

西汉时有蜀郡何氏，东汉时有扶风何氏、南阳何氏，魏晋时有陈郡何氏，四川、安徽、陕西、河南均有何姓分布。西晋末年，中原何氏有移居福建者，为永嘉入闽八族之一。唐代，中原何氏又有两次入闽：一是随陈元光入闽；二是随王潮、王审知入闽。宋代还有一支自庐江迁往福建、江苏、江西。至宋末元初，有一支由福建武平经江西寻邬（今寻乌）、定南、龙南入广东翁源，另一支由武平入广东蕉岭、大埔、梅县，再分支各地。明末始有何姓入台，进而远徙东南亚及欧美国家和地区。

【家训】

尽己为忠，中心为忠，忠之时，义大矣哉。有诸己之谓信，神圣之始基也，昔孔子以輗𫐐车，喻信之不可无。人禽之别，礼教攸关，凡在百行，安可无礼。以义制事，动合时宜，见义不为，实曰无勇，圣贤立身行己，可舍生而取义。语云贪夫殉财，烈士殉名。故为富不仁，贻讥阳虎；见得思义，特重子张。临财不苟谓之廉，廉者察也。人不可以无耻，人而无耻，则凡卑污、苟且、鲁莽灭裂之事，何所不为。

【名人】

何进（？—189），字遂高，南阳宛（今河南南阳）人。东汉灵帝时外戚，官至大将军。因异母妹有宠于灵帝，随之升迁。黄巾起义时为大将军，总镇京师，被封为慎侯。灵帝驾崩后，独揽大权，后与袁绍等谋诛宦竖，事泄遭杀身之祸。

何承天（370—447），东海郯（今山东郯城）人。南朝宋著名天文学家、无神论思想家，自幼聪明好学，博览诸子百家，历官衡阳内史、御史中丞等。元嘉时为著作佐郎，撰修《宋书》未成而卒。精天文律历和计算，对天文律历造诣颇深。

何绍基（1799—1873），字子贞，号东洲，晚号蝯叟，湖南道州（今道县）人。晚清诗人、画家、书法家。道光十六年（1836年）进士。曾简四川学政，历主山东泺源、长沙城南书院。通经史，精小学金石碑版。书法自成一家，尤长草书。著有《惜道味斋经说》等。

何叔衡（1876—1935），谱名启璇，学名瞻岵，湖南宁乡人。清末秀才。无产阶级革命家。新民学会骨干会员，长沙共产主义小组成员。曾任共产国际救济总会和全国互济会主要负责人。后赴中央苏区，任中华苏维埃共和国中央执行委员等职。红军主力长征后，留在根据地坚持斗争。1935年2月牺牲。

【故事】

何绍基字可当金

清代晚期大书法家何绍基因上疏《条政时务》得罪皇帝，被罢官免职。由于俸少时艰，何绍基每日闷闷不乐，经常到住地附近的酒楼“广和居”喝酒解闷。

这“广和居”是北京城内享有盛名的餐馆，最有名的菜肴就有清蒸干贝、炒腰花、四川辣鱼粉皮、潘氏清蒸鱼等等。这里的美酒佳肴曾吸引了曾国藩、张之洞、翁同龢、谭嗣同等当时名流来品尝，与曾国藩交好的何绍基也不例外。

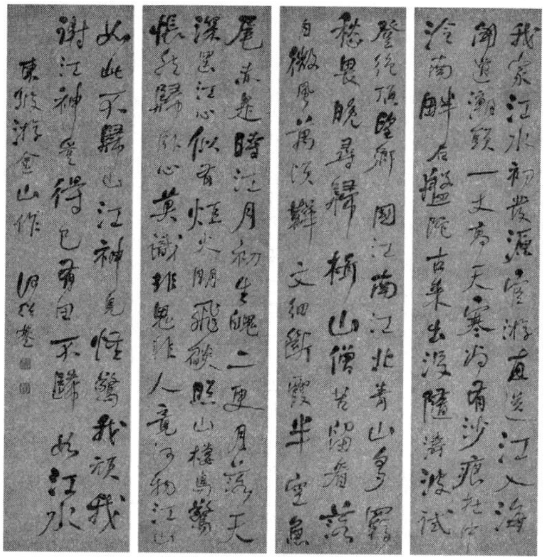

何绍基书法四条屏

罢官后的何绍基几乎天天到“广和居”，日子一久竟欠下一笔酒菜钱来，粗略估算有二十多两银子。一日何绍基又来此饮酒，吃毕又要老板记账，这酒店老板也知道何绍基是闻名遐迩的书法家，当即就对他说：“先生所欠小店酒债，何不为小店写副对联来抵之？”

何绍基听老板此言，也不推辞，说道：“那就拿纸笔来吧！”店家见状马上拿出狼毫、纸砚放在桌上。两个小二展开宣纸，何绍基走上前来，凝神悬腕，他握笔的姿势与众不同，手背在前，手心在后，如猿臂弯弯，笔如刻刀，力度很大，转眼之间，十个苍劲大字跃然纸上：

名酿传千里，佳肴香半楼。

后来老板将此对联装裱挂在店中，果然有许多顾客专门来饭店观赏何绍基的真迹，饭店的名声大振，生意也越做越兴旺。到清末民初“广和居”的声名已远播全国了。

吕

吕姓图腾

【源流】

出自姜姓，以国为氏。吕部族是姜姓“四岳”之一，首领在夏朝被封为吕侯，建立吕国（在今河南南阳），春秋时为楚国所灭，其后子孙以国为氏。古时在今河南新蔡，又有一吕国，史称东吕，春秋时为宋所灭，其后裔也以国为氏。

吕姓播迁频繁，分布比较广泛。南阳吕国灭亡后，部分遗民迁至今湖北蕲春。新蔡吕国亡国后，遗民主要分布于今河南南部及安徽北部。齐国吕氏（吕尚后代）在康公失国前已散居韩、魏、齐、鲁之间，后在陕西、甘肃发展繁衍。两汉时还分布于今河北、山西、内蒙古的一些地方。北宋初有一支徙居福建，分布于泉、漳二州，后有部分移居广东等地。清初闽粤吕氏有多支移居浙江和台湾，进而远徙海外，分布于新加坡、菲律宾、马来西亚、印尼、泰国、文莱、越南、美国、加拿大等国。

【家训】

孝顺为吕家之本，忠勇为报国之本。信义为处世之本，礼让为交友之本。友爱为兄弟之本，自强为立身之本。精专为科研之本，和睦为婆媳之本。谅解为夫妇之本，有恒为学习之本。信誉为商贸之本，勤劳为谋生之本。慎言为守身之本，择朋为守身之本。廉洁为理财之本，劳苦为立志之本。节俭为治家之本，学问为济世之本。助人为快乐之本，敬宗为敦睦之本。敬祖为报恩之本，立谱为追源之本。

——揭阳《棉湖吕氏家谱》

【名人】

吕不韦（前292—前235），卫国濮阳（今河南安阳滑县）人。战国末年著名商人、政治家、思想家，官至秦国丞相，封文信侯，门下有食客三千人。曾主持编纂《吕氏春秋》（又名《吕览》），有八览、六论、十二纪共二十余万言，汇合了先秦各派学说，故史称“杂家”。

吕雉（前241—前180），字娥姁，通称吕后。单父（今山东单县）人。汉高祖刘邦的皇后，高祖死后，被尊为皇太后，是实行皇帝制度之后，第一个临朝称制的女性，开汉代外戚专权的先河。被司马迁列入“本纪”，后来为班固《汉书》沿用。

吕布（？—199），字奉先，五原郡九原县（今在内蒙古包头）人。东汉末年名将，汉末群雄之一，先后为丁原、董卓的部将，也曾为袁绍效力，后占据徐州，自成一方势力。后被曹操击败。由于《三国演义》的演绎，其“三国第一猛将”的形象为人所熟知。

吕蒙正（944—1011），字圣功，河南洛阳人。北宋初年宰相。早年贫苦，住破寒窑，后太平兴国二年（977年）中状元，授将作监丞，通判升州。后三次登上相位，封许国公。为人宽厚正直，对上遇礼敢言，对下则宽容有雅度。

吕留良（1629—1683），又名光轮，字庄生，号晚村等，浙江崇德（今属桐乡）人。明末清初杰出的学者、思想家和时评家。长年隐居不出。康熙间拒应清廷鸿博之征，后削发为僧。死后遭文字狱，子孙及门人罹难甚多。著述多毁，现存《吕晚村先生文集》《东庄诗存》。

【故事】

吕蒙正寒窑苦读

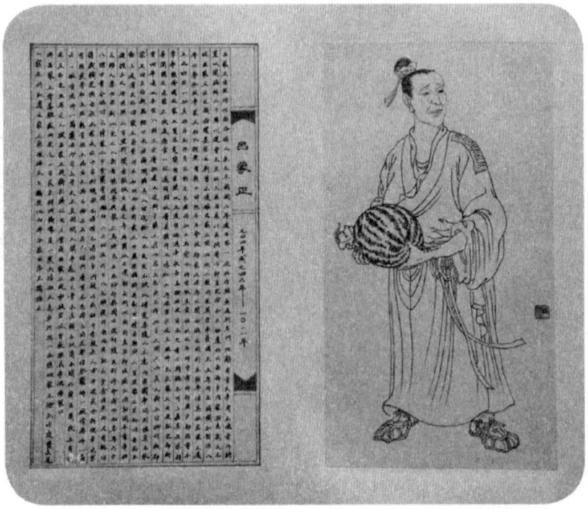

吕蒙正像

北宋宰相吕蒙正幼年贫苦，变卖家产，寄于尼姑庵中学习佛家经典。久而久之，尼姑庵的住持开始嫌恶吕蒙正，吕蒙正只好流落街头，以乞食为生，夜晚就在洛阳城外的破窑内休息睡觉。

一年春节，吕蒙正在破窑外贴了一副对子：“二三四五，六七八九。”横额仅题“南北”二字。大年初一，引来许多人围观，议论纷纷。这时，村里一位靠给别人放羊度生的穷老汉走过来，看完哈哈一笑：“这不是写他家的生活嘛：缺衣（一）少食（十）没东西！”众人恍然大悟。

传说，当时的相爷之女刘月娥在城中奉旨搭建彩楼抛绣球招亲，她没在绣楼之下发现自己的意中人，故意将绣球投向台下乞丐模样的吕蒙正，想给些银子打发他，解决奉旨出嫁一事。后来刘月娥看见吕蒙正举手投足之间有股才气，将来必成大器，于是不顾家人反对与吕蒙正一同寄宿破窑。吕蒙正不忍千金小姐与他一同受苦，小姐却劝他多读诗书以便日后能有一番作为。后来吕蒙正金榜题名，位列三公。

吕蒙正的经典之作《破窑赋》列举了古来诸多名人的命运和磨难，摆事实讲道理，尽管有过分认命的观点，但确有不少醒世恒言。他以此文教化太子，使其从此虚心向学，太子便是后来的真宗皇帝。

张

张姓图腾

【源流】

出自黄帝之后。据《新唐书·宰相世系表》所载："黄帝少昊青阳氏弟五子挥为弓正，始制弓矢，子孙赐姓张氏。"可知张姓始祖为重要武器弓的发明者挥，是为河北张氏。

唐中和年间，河南固始人张睦随王潮、王审知入闽，被封为梁国公。福建张氏大致以居住地分为鉴湖、金坡、板桥等派，此后有的又迁往广东，均称其始祖来自河南固始。从清初开始，闽、粤张氏陆续有人移居台湾，进而到海外谋生。

【家训】

孝悌忠恕，笃守伦常。尊师尚学，修身勤上。宜习正业，奋发农桑。戒赌戒淫，惩恶扬善。法礼不违，伦理不乱。

——大埔《张公仲野宗谱》

【名人】

张良（？—前186），字子房，颍川城父（今安徽亳州）人，秦末汉初杰出的谋士。和萧何、韩信等人并称为“汉初三杰”，辅佐刘邦创建了西汉王朝，封留侯。刘邦称他“运筹帷幄之中，决胜于千里之外”。

张骞（前164—前114），字子文，汉中郡城固（今陕西固县）人，汉代杰出的外交家。曾奉汉武帝之命，出使西域，打通了汉朝通往西域的南北道路，被封为博望侯。他是丝绸之路的开拓者，既将中原文明传播至西域，又从西域诸国引进汗血马、葡萄、苜蓿等物种，促进了东西方文明的交流。

张衡（78—139），字平子，南阳西鄂（今河南南阳石桥镇）人，东汉天文学家、数学家、发明家、文学家。与司马相如、扬雄、班固并称“汉赋四大家”。历任郎中、太史令、侍中、河间相等职。曾发明了浑天仪和地动仪。著有《灵宪》《浑仪图注》《算罔论》《二京赋》等。

张仲景（约150—约215），名机，字仲景，南阳邓州人。东汉末年著名医学家，被尊称为“医圣”。曾任太守，坐堂上为百姓治病，医生坐堂之说由此而出。他广泛收集医方，写出了传世巨著《伤寒杂病论》。其所确立的六经辨证的治疗原则，受到历代医学家的推崇。

张飞（？—221），字益德，幽州涿郡（今河北涿州）人氏，三国蜀汉名将。与刘备、关羽桃园三结义，勇敢善战，对蜀汉贡献极大，官至车骑将军、领司隶校尉，封西乡侯，后被刺杀。后主追谥为“桓侯”。因小说和戏剧等民间艺术的演绎，其勇猛、鲁莽、疾恶如仇的形象已深入人心。

【故事】

张良拜师

秦朝末年，张良散步到下邳圯（桥）上，遇到一个奇怪的老头。老头见张良经过，故意把自己的鞋子扔到桥下，然后让张良帮他去捡。张良本来是个

张良拜师像

脾气暴躁的人，当年他就是想在博浪锥杀秦始皇，未成才隐姓埋名乡下。

张良本想揍老头一顿，但看到老头衣衫褴褛，十分可怜，便忍住了。自己到桥下帮这老头把鞋子捡起来。没有想到这老头变本加厉伸出脚来，让张良再帮他穿上。张良一想，反正都已经捡了，只好帮他穿上。老头很满意，笑眯眯地走了，边走边回头看。

不一会儿，老头又折回来了，说了一句莫名其妙的话："孺子可教也。五天后清晨，在这里等我。"张良非常奇怪，一转眼那老头已经不见了。

五天后，张良怀着强烈的好奇心来赴约。老头却已经在那里等着他，见面第一句话却是："看来你没诚心，这么晚才来。五天后，你还在这里等我。"

五天后，张良天未亮就来了，没有想到老头还是先到了，把张良训了一顿，又约好再过五天见面。

这一次张良学了乖，在四天后的夜里就到桥边等候。等一会儿老头才过来，他对毕恭毕敬的张良甚为满意，从破衣服里拿出一本书交给他。张良一看，是《太公兵法》。原来那老头就是黄石公。从此他认真研习，熟读兵书，最终受刘邦重用，名列"汉初三杰"之中。

孔

孔姓图腾

【源流】

出自子姓，商族始祖契的后代。成汤（名天乙）时其子孙有一支以商族的子姓同他名中的“乙”组合为姓，就是孔氏。

其发源地之一在今河南商丘一带。孔父嘉的后代因避祸逃到鲁国，在鲁定居。从此鲁地成为孔氏繁衍的居住地。从汉代开始，随着孔子地位的不断提高，孔氏成为一个显赫的家族。同时由于官职调遣、战乱等，有许多人向其他省迁徙。东汉时，河北、河南、广东都有孔氏家族的足迹。北宋末年，中原孔氏有一支随宋氏南渡，赐地衢州。宋、明时期，北方的山西、辽宁等省，南方的江苏、云南、贵州、四川等省都有孔氏之族。清代以后，遍布全国，还有不少人移居海外。今天美国、加拿大以及东南亚、西欧一些国家都有孔姓华人。

【家训】

人之进道，唯问其志，取必以渐，勤则得多。山霤至柔，石为之穿；蝎虫至弱，木为之弊。夫霤非石之凿，蝎非木之钻，然而能以微脆之形，陷坚刚之体，岂非积渐之致乎？训曰：“徒学知之未可多，履而行之乃足佳。”

——［汉］孔臧《与子琳书》

【名人】

孔子（前551—前479），名丘，春秋鲁国人，春秋末期的思想家、政治家和教育家，儒家的创始人，被尊称为圣人。壮年周游列国，曾任大司寇等。晚年致力于教育，曾删修《春秋》，整理《诗》《书》等。在哲学、政治上，建立了一套以“仁”为核心的思想体系，自汉以后成为两千余年封建文化的正统，影响极大。

孔稚圭（447—501），一作孔圭，字德璋，会稽山阴（今浙江绍兴）人。南朝齐骈文家。刘宋时，曾任尚书殿中郎。齐武帝永明年间，任御史中丞。齐明帝建武初年，上书建议北征。东昏侯永元元年（499年），迁太子詹事。死后追赠金紫光禄大夫。

孔祥熙（1880—1967），字庸之，号子渊，山西省太谷县人，祖籍山东曲阜，孔子的第七十五世孙。中华民国南京国民政府行政院长，兼财政部长，与宋子文、蒋介石为姻亲关系，长期主理国民政府财政，主要政绩有改革中国币制，建设中国银行体系、加大国家对资本市场的控制等。

孔繁森（1944—1994），山东聊城人，孔子第七十四世孙。优秀共产党员，焦裕禄式的好干部。十八岁参军，1966年加入中国共产党。1979年主动报名赴藏工作，任中共岗巴县委副书记。1988年，再次赴藏，后任阿里地委书记，最终魂留藏区。

【故事】

孔子教徒

孔子是一个大思想家、大教育家，传说他有72个徒弟，个个出类拔萃，非同常人。

其中有一个弟子叫冉耕，很出色。一次他过河的时候，看到一个少女掉到河里，就冒着生命危险将女孩救了起来。后来女孩的父亲为了表示对冉耕的感谢，就给他送了一头牛，冉耕毫不客气地收下了。后来人们都纷纷指责冉耕，说他怎么这么没有风度呢，救了人还收人家东西。冉耕很为难很委屈，就去问孔子怎么办，孔子对他说，你收得好，你要不收的话，以后就没有人冒着危险帮助别人，也没有见义勇为的人了。

孔子还有一个弟子叫颜回。当时战乱纷飞，一个国家俘虏了别国的士兵，就在他们脸上刺字，变成奴隶使用，鲁国有很多战俘在别国当奴隶。鲁国政府为了解救这些奴隶，就出台一个优惠政策，如果人们将鲁国籍的奴隶赎回的话，不但可以到政府报销赎金，还可以领赏。颜回在齐国赎回了很多奴隶，但他既不去报销也不去领赏，赢得了人们的称赞。

但是孔子却很生气地告诉他，你这个举动将鲁国的俘虏们害苦了，以后没有人敢赎他们了。颜回很吃惊，孔子说，你是富有阶层，有大批的钱赎奴隶，不要报酬，但是大部分的鲁国人没有这么多钱，如果他们以后赎回奴隶后去报销领赏的时候，人们肯定会拿你做比较，会瞧不起他们，但是如果不去报销领赏的话，经济上又负担不起。颜回醒悟后马上去报销领赏了。

孔子授徒图

严

严姓图腾

【源流】

由庄姓得来，楚庄王的谥号为“庄”，其子孙有一支以庄为姓，世代相沿。相传到东汉明帝时，因明帝名为刘庄，为避讳，遂改庄姓为严。

严姓一开始就分布广泛。东汉时，严姓多居山东、湖北、安徽、浙江一带。随着后世战乱更朝换代，进而导致严姓多南迁，中原严姓渐沉寂，而南方严姓日益繁盛。明清时期，严姓多居于安徽、江苏、浙江、福建沿海一线，云南、广东等地亦有为数较少的严姓居民。

【家训】

有志之士，须以济世立业为务，不宜溺于文饰，玩物丧志，又薄身后之名。

【名人】

严光（前39—41），又名遵，字子陵，会稽余姚（今浙江余姚）人。原姓庄，因避东汉明帝刘庄讳而改姓严。东汉著名隐士。少有高名，与东汉光武帝刘秀为同学。公元25年，刘秀即位后，多次延聘他，但他隐姓埋名，退居富春山。后人称富春山为“严陵山”。北宋政治家范仲淹重修严先生祠堂，并撰写《严先生祠堂记》，内有“先生之风，山高水长”赞语。

严挺之（673—742），名凌，字挺之，华阴（今属陕西）人。少年好学，气质高雅清秀，举进士并擢制科。曾任右拾遗。玄宗开元中任给事中，典掌贡举，时号平允。因冒犯宰相李元纮，出为濮、汴二州刺史，后累迁至太府卿、尚书左丞，但被李林甫所排挤，贬洛州刺史。后又诏归东京（今洛阳）以为员外郎詹事。

严复（1854—1921），原名宗光，字又陵，后改名复，字几道，福建侯官（今福州）人，近代著名启蒙思想家、翻译家、教育家。早年留学英国，回国后在北洋水师学堂任教，培养了中国近代第一批海军人才。翻译有《天演论》《群己权界论》等书，影响了当时许多进步青年的思想。他所提出“信、达、雅”的翻译标准，对后世翻译工作也影响深远。

【故事】

严光与刘秀

严光，字子陵，年少多才，曾是刘秀在太学读书时的同学。两人关系极好，常常一同出游。后来刘秀当了皇帝，严子陵则一直在余姚隐居。刘秀想请他入朝为官，都被决然回绝。刘秀没法，亲自到他的住处去请，岂料他竟躺在床上假寐不起。刘秀走到他的身边，抚着他肚子说：“你这个怪人，难道不肯助我治理天下吗？”他忽然翻身坐起，答道：“即使从前尧帝有德有能，也还有巢父那样的隐士不肯出去做官。读书人有自己的志趣，你何必一定要逼我进入仕途呢？”刘秀听了直叹气。

沈周扇面写严光故实

然而，刘秀不死心，仍然把他请到洛阳宫中，促膝谈心，向他请教治国之道。严光谈古论今，说理精辟，两人一直谈到深夜，光武帝就留他同床睡觉。严子陵也不推辞，躺在御床上沉沉入睡。睡到半夜，竟把一条腿搁到皇帝身上。刘秀为了不惊动他，竟一夜没有睡好。

次日清晨，严光还在梦乡，刘秀就起了床。钦天监惊慌失措地闯进宫门，奏道："臣昨夜仰观天象，发现有客星冲犯帝座，恐怕于万岁不利，特进宫面禀。"刘秀沉思片刻，恍然大笑道："哪里是什么客星冲犯帝座，是朕与好友子陵昨夜同床而眠，他的一条腿搁到朕身上了。"从此，严光"客星"的雅号就名扬四海。他家乡的陈山被称为"客星山"，桥被叫作"客星桥"。严子陵视富贵如浮云的气节，千百年来一直受到人们的敬仰。

华

华姓图腾

【源流】

华姓主要有两个分支：一支出自㜪姓，一支出自子姓。二姓同出于颛顼高阳氏。

先秦时期，华姓活动于河南一带。宋朝时期，主要集中于江苏、安徽、浙江、河南等。明朝时期，主要集中于江苏，其次分布于浙江、湖北等。全国形成了以江苏为中心的华姓聚集区。如今，华姓人口大约有67万，主要集中于江苏、吉林、陕西、河南、浙江等，其次分布于江西、广东、安徽、福建、上海。

【家训】

祭祖尽孝，尊长爱幼，敬贤重才，守法立德，明荣知耻，以人为本，和谐共处，持续发展。

【名人】

华佗（约145—208），字元化，一名旉，沛国谯县（今安徽亳州）人，东汉末年著名医学家，与董奉、张仲景并称为“建安三神医”。少时曾在外游学，钻研医术。他医术全面，尤其擅长外科，精于手术，并精通内、妇、儿、针灸各科。发明了“麻沸散”，还有五禽戏。晚年因遭曹操怀疑，下狱被拷问致死。被后人称为“外科圣手”“外科鼻祖”。

华歆（157—232），字子鱼。平原高唐（今山东德州禹城）人。汉末魏初时名士，曹魏重臣。曾被举为孝廉，因病去官。又被何进征召为尚书郎。后任豫章太守，甚得民心。曹操讨孙权，以华歆为军师。后为魏国御史大夫、相国、太尉等，晋代封博平侯。去世后谥敬侯。

华罗庚（1910—1985），出生于江苏省常州市，祖籍江苏省丹阳市。世界著名数学家，中国科学院院士，美国国家科学院外籍院士，第三世界科学院院士，联邦德国巴伐利亚科学院院士。

华国锋（1921—2008），山西交城人。中国共产党的优秀党员，久经考验的忠诚的共产主义战士，无产阶级革命家，曾担任党和国家重要领导职务。

【故事】

华佗刮骨疗毒

华佗画像

三国初期的华佗是一位杰出的医学家，他为关羽刮骨疗毒的故事，直到今天，仍然在民间传诵不绝。

传说有一次，关羽到樊城去攻打曹操，右臂被毒箭射中。回到军营，伤口渐渐肿大，十分疼痛，不能动弹。正当大家在为关羽的伤势担忧的时候，华佗提着药箱来见关羽，要为他疗毒。他细心地为关羽检查后，说：“办法倒是有，只是怕您忍受不了疼痛。”关羽听后笑了笑说：“我是一个久经沙场、出生入死的军人，千军万马尚且不怕，疼痛有什么了不起！”

华佗说：“那就好了。您中的箭是乌头毒箭，现在毒已入骨。我准备在房梁上钉上一个铁环，把您的右臂伸进铁环中去，再把您的眼睛蒙上，然后给您动手术。”关羽说：“不用什么铁环，您就给我治吧！”说完，他一面伸出右臂，一面和朋友下棋。

华佗拿起尖刀，小心翼翼地剖开皮肉，刮着骨头上的毒，发出“刷刷”的声音，在场的人听到刮骨的声音，一个个吓得脸青唇白，可是，关羽却连眉头也不皱一下，照旧和朋友下棋、谈天。不一会儿，骨头上的毒都刮干净了，华佗替关羽涂上药，然后缝合复原。不久，关羽的胳膊便像平常一样能够活动了。关羽向华佗道谢，并称赞他说：“现在我的右臂不疼了，您真是妙手回春啊。”

魏

魏姓图腾

【源流】

出自姬姓，以邑为氏，或以国为氏。周文王后代毕万在毕国被西戎攻灭后，投奔到晋国，成为大夫，因功，被赐魏地为邑，其后子孙以邑为氏，称为魏氏。公元前445年，毕万的后代魏斯建立魏国，后为秦所灭，魏国王族以国为氏，形成魏姓最重要的一支，史称魏姓正宗。

魏氏早期主要在今山西、河南、山东省境内发展繁衍，也有部分分居于今湖北、湖南省境。秦始皇统一六国后，曾“徙天下豪富于咸阳十二万户”，魏氏有部分人迁至今陕西省境内。东汉时，江南一些地方已有魏姓居民。唐初，陈政、陈元光父子入闽开辟漳州，随行将佐有魏有人、魏仁浦，均在福建安家。后又向广东、台湾等地发展繁衍。

【家训】

父母恩深孝莫轻，兄当弟友弟恭兄，克勤克俭才知瞻，无傲无骄礼义身；史书流传宜苦读，田园保惜务深耕，早完图谋余无事，家道丰饶自有征。

教家尊事务宜和，和气自然瑞气多；德意同时通肺腑，恩情深处化偏颇；宁知忒好衾同寝，毋效相扰室操戈；嫌隙不生皆蔼蔼，天伦无愧乐如何。

人生处世务忠良，行要端方品要庄；君子宅心备至性，仁人举止尽经常；休令知友讥谅德，宁使乡邻抱谦光；持此教家家道盛，儿孙继世福绵长。

【名人】

魏无忌（？—前243），魏昭王少子，安釐王的异母弟，战国时期魏国著名的军事家、政治家，世人称其为信陵君，与春申君黄歇、孟尝君田文、平原君赵胜并称战国四君子。魏无忌处于魏国走向衰落之时，他效仿孟尝君田文、平原君赵胜的辅政方法，延揽食客，养士数千人，自成势力。他礼贤下士、急人之困，曾在军事上两度击败秦军，分别挽救了赵国和魏国危局。但屡遭魏安釐王猜忌而未被予以重任。公元前243年，信陵君因伤于酒色而死，十八年后魏国被秦所灭。

魏延（？—234），字文长，义阳人。三国蜀汉名将，深受刘备器重。刘备入川时因数有战功被任命为牙门将军，刘备攻下汉中后又将其破格提拔为镇远将军，领汉中太守，镇守汉中，成为独当一面的大将。

魏征（580—643），字玄成，巨鹿郡（今属河北）人，唐朝政治家、思想家、文学家和史学家，被后人称为“一代名相”。以直谏闻名。官至光禄大夫，封郑国公，谥号“文贞”。著有《隋书》序论以及《梁书》《陈书》《齐书》的总论等。其言论多见《贞观政要》。其中最著名并流传下来的是《谏太宗十思疏》。

魏源（1794—1857），清末思想家、史学家、文学家。与龚自珍同为今文经学派，主张抵御外来侵略。曾编撰《海国图志》，提出“师夷长技以制夷”的著名思想，倡导改革变法。他是中国最早放眼看世界的杰出人物之一。

【故事】

魏征忠谏

魏征是唐朝著名的谏诤之臣。李世民曾问魏征：“君主怎样能够明辨是

魏征像

非，怎样叫昏庸糊涂？”魏征答：“广泛地听取意见就能明辨是非，偏信某个人就会昏庸糊涂。从前帝尧明晰地向下面民众了解情况，所以有苗作恶之事得以及时掌握。舜帝耳听四面，眼观八方，故共工、鲧、驩兜都不能蒙蔽他。秦二世偏信赵高，在望夷宫被赵高所杀；梁武帝偏信朱异，在台城因受贿被下臣侮辱；隋炀帝偏信虞世基，死于扬州的彭城阁兵变。所以人君广泛听取意见，则宦官不敢蒙蔽，下面的情况得以反映上来。”

有一天，李世民怒气冲冲地回到后宫，对皇后长孙氏说，总有一天，要杀掉这个“乡巴佬”。长孙皇后问其故。李世民说，魏征常常在朝堂上当众刁难他，使他下不了台。皇后听了，连忙道喜说：“魏征之所以敢当面直言，是因为陛下乃贤明之君啊！明君有贤臣，欢喜还来不及，怎能妄开杀戒呢？”李世民恍然大悟，此后更励精政道，虚心纳谏，对魏征倍加敬重。魏征也进谏如故，君臣共同开创了大唐“贞观之治”的辉煌盛世。

魏征一生的谏诤多达“数十余万言”。其次数之多，言辞之激切，态度之坚定，都是其他大臣所无可比拟的。他死后，太宗恸哭长叹：“以铜为镜，可以正衣冠；以古为镜，可以知兴替；以人为镜，可以明得失。魏征殂逝，朕亡一镜矣。”他还令公卿大臣们把魏征遗表中的一段话写在朝笏上，作为座右铭，以魏征为榜样，做到“知而即谏”。

谢

谢姓图腾

【源流】

出自姜姓，是炎帝后裔申伯的后代。殷商时期南迁居谢水。至周代，其地为申伯封邑，公元前668年为楚所灭，其子孙以新都之邑为姓，称谢氏。望出陈留、会稽。

谢氏起源于洛阳、南阳一带，西周末至春秋时期，迁往山东、湖北、湖南、四川等地，汉代谢氏的聚居地增加了会稽郡、江西九江、章陵等处。其中会稽郡的谢氏人丁兴旺，已相当有名望。三国后期，谢氏逐渐由中原向东南江左繁衍播迁。晋代成郡谢氏发展成为名门大族，其中最著名的是阳夏谢氏以及由此迁出的康乐谢氏。西晋末年，黄河流域战乱频繁，中原人大量迁往江南，阳夏人谢衡因避战乱迁往会稽始宁东山，在此繁衍，成为谢氏最重要的一支。经过一千多年的发展，江西、福建、广东三省相邻地带成为谢氏后裔的大本营。

【家训】

举止要安和，毋急遽怠缓；言语要诚实，毋欺妄躁率。内外亲族，无论尊长同列，皆当以礼接之。毋得简傲笑谑，不恭不敬。治家之余，日取经史传记三五百言读之，以养德性，以长识见。毋博弈嬉戏，虚费时日。

【名人】

谢安（320—385），字安石，山东琅琊人。东晋政治家。多才多艺，善行书，通音乐。年四十余岁出仕，位至宰相，在淝水之战中打败苻坚，使晋朝转危为安。治国以儒、道互补；作为高门士族，能顾全大局，以谢氏家族利益服从于晋室利益。王俭称其为“江左风流宰相”。

谢道韫，生卒年不详，字令姜，山东琅琊人。东晋女诗人，谢安侄女，嫁王羲之的儿子王凝之为妻。《世说新语》记载：谢安在一个雪天和子侄讨论可用何物比喻飞雪，谢朗说道“撒盐空中差可拟”，谢道韫则说“未若柳絮因风起”，因其比喻精妙而受到众人的称许。

谢灵运（385—433），陈郡阳夏人，后移居会稽。南朝著名画家、文学家。谢玄子孙，曾任永嘉太守等职。博览群书，文学称“江左第一”。其诗歌开创了文学史上的山水诗派，许多佳句为后人所传诵。

谢朓（464—499），字玄晖，陈郡阳夏（今河南太康）人。南朝齐杰出的山水诗人，与“大谢”谢灵运同族，世称“小谢”。曾任骠骑咨议、领记室。建武二年（495年），出为宣城守。两年后，复返京为中书郎。永元元年（499年）因事下狱，死于狱中，时年三十六岁。

谢赫（479—502），南朝齐、梁间画家、绘画理论家。善作风俗画、人物画。著有《古画品录》，为我国最古的绘画论著，提出中国绘画上的“六法”，成为后世画家、批评家、鉴赏家们所遵循的原则。

【故事】

谢安教子侄

谢安是东晋后期著名的政治家。他在40岁以前，无意从政，经常与王羲之等人流连于山水之间。另一方面，他重视教育子女，倾注了大量精力。

晋谢太傅图

谢安很会运用启发诱导的方法对子女进行教育，不像有些人那样总是板起面孔来训斥。

一次，在一个下雪的日子里，谢安把子侄们召集起来，为他们讲解怎样写文章，讲了一会，雪突然大起来了。谢安想试一下孩子们的文思，启发他们学会比兴的方法，便说：“你们看，白雪纷纷何所似？”

谢安的二哥谢据的长子，名叫谢朗，性格活泼，心直口快，吟道：“撒盐空中差可拟。”谢安手捻胡须，笑而不答。这时谢安大哥谢奕的女儿道韫，笑着说：“叔叔，我看‘未若柳絮因风起’。”谢安一听连声说好。谢道韫后来被誉为中国历史上有名的才女。

一次，谢安问：“孩子们，你们认为怎样为人处事才是最好的呢？”谢玄说：“我想，将来应像芝兰玉树一样。生于庭堂之前，亭亭玉立，风采无比。”谢安听后，高兴地说：“你说得好。圣贤与一般人之间，并没有什么不可逾越的界限。孟子说过，‘人皆可以为尧舜’，希望你们努力。”这些话使子侄们受到很大鼓舞。

子侄有了过错，谢安也很注意批评的方法。谢玄小时候喜欢佩戴紫罗香囊，这在当时是一种浮荡的表现。谢安想了个办法，和他开玩笑，打赌比输赢，谢安赢得那个紫罗香囊后就焚掉了，谢玄也懂得了叔父的用意，从此再也不佩带了。

谢家子弟在谢安的指导下，都成长为有用之才。在淝水之战中，侄子谢玄为前锋都督，儿子谢琰为辅国将军，二人率晋军冲锋陷阵，对战争的胜利起了很大的作用。

邹

邹姓图腾

【源流】

出自子姓，是微子启的后代。据传周平公把商的周围地区封给微子启，建立宋国，建都于商丘，其第五世孙叔梁仡以邑名“邹”为姓，是为山东邹氏。

早期主要在山东境内发展繁衍，秦汉时期，有一支迁至范阳，发展成为望族。西汉以后，逐渐南迁至河南邹坊，成为较强的一支。东晋十六国时，由于战乱，邹氏的一部分随之渡江，定居于今江苏、浙江、安徽、江西等地。唐初，陈元光入闽开辟漳州，一部分邹氏随从同往，后在福建安家。北宋时已有邹氏居于广东。南宋时期，有泰宁人邹应龙任泉州知州，他的子孙散居闽、粤，还有迁到广西乐平的。现在台湾的邹姓人及侨居新加坡的邹氏华侨，主要是从广东、福建迁去的。

【家训】

孝、悌、慈、清、勤、俭、恭、敬、忍、和。

——《南谷春秋邹氏家训》

【名人】

邹衍（约前324—前250），战国末期齐国人，稷下学宫著名学者，阴阳家学派、五行学说代表人物，其主要学说是五行学说、“五德终始说”和“大九州说”，又因他“尽言天事”，当时人们称他“谈天衍”，又称邹子。

邹容（1885—1905），原名桂文，又名威丹、蔚丹，四川巴县（今重庆）人。近代中国民主革命烈士，1903年著《革命军》宣传革命，号召推翻清朝统治，建立中华共和国。《苏报》刊文介绍，影响盛大。后因“苏报案”入狱，1905年死于监狱中，有《邹容文集》。

邹伯奇（1819—1869），字特夫，广东南海人。清代科学家，精通天文、历法、算术。总结我国关于几何学方面的经验，写成比较完整的几何学著作《格术补》。用数学方法表述了反光镜、透镜等的成像规律以及关于眼镜、望远镜、显微镜等光学仪器的基本原理。另著有《赤道星图》《黄道星图》等。

邹韬奋（1895—1944），原名恩润，江西余江人。近代著名报人、政论家、出版家。1922年开始从事教育和编辑工作。1926年接任生活周刊主编，九一八事变后，《生活》周刊成为国内媒体抗日救国的一面旗帜。1932年7月成立生活书店，任总经理。1933年参加民盟，当选为执行委员。著有《萍踪寄语》《萍踪忆语》等。

【故事】

邹容著《革命军》

邹容是中国清末资产阶级革命派的宣传家。他讨厌经学的陈腐，鄙弃八股功名，喜读《天演论》《时务报》等书刊，心向维新变革。1902年春，他冲破重重阻力，自费东渡日本留学，结识了一些革命志士，积极参加留日学生的爱国活动。

回国后，邹容寄居于上海爱国学社，写作《革命军》，署名为“革命军中马前卒”。该书约两万字，分为七章，以西方资产阶级革命时期提出的“天

邹容及其代表作《革命军》

赋人权”“自由、平等、博爱”为指导思想，阐述了反对封建专制、进行资产阶级民主革命的必要性，指出了“革命”乃对上下古今、宗教、道德、政治、学术，以及日常事物存善去恶、存美去丑、存良善而除腐败的过程，并揭露了清政府对国人的压迫和屠戮，分析了革命爆发的必然性，明确宣布推翻清朝封建专制，建立“中华共和国”！1903年5月，《革命军》出版，《苏报》发表章炳麟的文章，广为介绍，称赞《革命军》是震撼社会的雷霆之声！1903年6月，因《苏报》宣传《革命军》，被相互勾结的中外反动派查封。江苏候补道俞明震赴上海查办革命党，章炳麟等人被捕入租界狱。邹容奋起投狱，与章炳麟共患难。后来邹容被判刑两年，在狱中被折磨致病，1905年猝然离世，年仅二十岁。

苏

苏姓图腾

【源流】

出自高阳。《苏洵族谱》云："苏氏之先，出于高阳。高阳之子为称，称之子曰老童。老童之子生重黎及吴回。吴回生陆终。陆终生子六人，长曰矾，为昆武。昆武始姓己姓，其后为苏、顾、温、董。"后苏氏繁衍于河南，逐渐成为人数众多的一姓。

先秦时有一支移居今湖南、湖北境内，一支移居洛阳，战国时出现了有名的苏秦、苏代、苏立三兄弟。西汉初，苏氏有一支迁至武功杜陵，后有一支迁至扶风平陵，均发展成为大族。武功苏氏还有一支于西晋末迁至襄阳，有一支移居蓝田；扶风苏氏有后裔在邯郸做官并安家，形成赵郡苏氏。东晋十六国中原士族大举南迁时，苏氏有一批随之渡江，在江浙一带安家。唐代赵郡苏氏有一支移居四川；而河南苏氏曾两次向福建迁徙，一次是随陈元光父子入闽开发漳州，一次是唐末随王潮入闽定居同安，发展成为大族。早期迁入湖南梅山（今新化、安化一带）的苏氏称为梅山蛮，北宋时平定梅山蛮，苏氏有幸免者逃到今广西、广东、云南，也有逃到越南、老挝、泰国的。此后又有移居东南亚各国及欧美国家的。

【家训】

读书明理通孝义，上尊下友应分详；九族五伦纲常礼，切莫怠慢应谨记。父母双亲恩情深，骨肉相依心连心；莫受他人来摆诱，终生养老要尽孝。平生至重守道德，仁义礼智信为本；钱财乃为身外物，利益往来义要明。为人处世应谦虚，人有教诲要倾听；取人之长补己短，集思广益长才智。经营交易守信用，莫贪暴利莫苛刻；买卖运筹把商机，慢慢将成大富翁。有志入士得功名，宦海茫茫要警省；人情世故应关心，为公为民方为上。

【名人】

苏武（前140—前60），字子卿，杜陵（今陕西西安）人，西汉大臣。武帝时为郎。天汉元年（前100年）奉命以中郎将持节出使匈奴，被扣留，在北海（今贝加尔湖）边牧羊，历尽艰辛，留居匈奴十九年持节不屈，至始元六年（前81年），方获释回汉。

苏舜钦（1008—1048），字子美，祖籍梓州铜山（今四川中江），曾祖时迁至开封。北宋词人。曾任县令、大理评事、集贤殿校理、监进奏院等职位。因支持范仲淹的庆历革新，为守旧派所恨，劾奏去官。罢职闲居苏州，后复起为湖州长史，不久就病故。与梅尧臣合称“苏梅”。有《苏学士文集》。

苏轼（1037—1101），字子瞻，号东坡居士，眉州眉山人。北宋著名文学家、书法家，“唐宋八大家”之一。嘉祐进士。曾因反对王安石变法出为杭州通判，元丰二年（1079年）又因“乌台诗案”入狱。哲宗亲政时出任知州，其后多次被贬。与父洵、弟辙称“三苏”。文章挥洒畅达，诗雄放清新，词开豪放一路，与辛弃疾合称“苏辛”。著有《东坡乐府》《东坡易传》等。

苏曼殊（1884—1918），原名玄瑛，后为僧，号曼殊。广东香山人，近代文学家。留学日本，漫游南洋各地，能诗文，善作画，精通英、法、日、梵诸文，曾任报刊翻译及学校教师。曾参加南社。其诗多伤感情调，小说用浅近文言描写爱情故事，表现出浓郁的颓废色彩。著有《断鸿零雁记》等。

【故事】

苏武牧羊

天汉元年（前100年）苏武拜中郎将，受汉武帝派遣，率领一百多人出使匈奴。不料在完成出使任务准备返国时，匈奴上层发生了内乱，苏武一行被扣留下来，并被要求背叛汉朝，臣服单于。

[清]黄慎《苏武牧羊图》

最初，单于派卫律来游说苏武，许以丰厚的俸禄和高官，被严词拒绝。当时正值严冬，天上下着鹅毛大雪。单于命人把苏武关进一个露天的大地穴，并断绝提供食品和水。时间一天天过去，苏武就是不肯屈服。

单于见濒临死亡的苏武软硬不吃，便召见他说：“既然你不投降，那我就让你去放羊，什么时候这些羊生了羊羔，我就让你回到中原去。”

苏武被流放到人迹罕至的贝加尔湖边。他发现这些羊全是公羊。在这里，单凭个人的能力是逃不掉的。唯一与苏武做伴的，是那根代表汉朝的旄节和一小群羊。苏武就在这冰天雪地里每天拿着这根使节放羊，心想总有一天能够拿着回到自己的国家。渴饮雪，饥吞毡，这样日复一日，年复一年，使节上挂着的旄牛尾装饰物都掉光了，苏武的头发和胡须也都变花白了。

在贝加尔湖，苏武牧羊长达十九年之久。十几年来，当初下了命令囚禁他的匈奴单于已去世了，就是在苏武的国家，汉武帝也死了，汉武帝的儿子继任皇位，就是汉昭帝。这时候，新单于执行与汉朝和好的政策，汉昭帝立即派使臣把苏武接回国。苏武不辱使命坚持气节，最终名垂青史。

潘

潘姓图腾

【源流】

出自姬姓，是黄帝的后代。周文王姬昌第十五子毕公高在西周初年被封在毕，建立毕国。毕公高封其子季孙于潘，附庸于毕国。其地在今陕西省北部，子孙以封邑命氏。或言潘国被楚国所灭，潘国人用国名作为姓氏。

潘姓早期在河南发展，唐代扩展到河北、陕西等地。第一次进入广东是在西晋年间，后又发展到湖北、江苏、浙江。第一次进入福建是在唐代，后又迁居广东、云南，四川也有一支。清康熙年间，潘姓第一次移居台湾。由于《史记》载有潘崇的事迹，故潘氏大多以潘崇为始祖。

【家训】

钦德行，尊齿高，敦礼让，尚和睦，奖贤孝，诱英俊，掖贫懦，劝骄吝，安名分，警轻浮，戒躁率，禁强暴，阐贤淑，惩淫欲。

【名人】

潘岳（247—300），西晋文学家，字安仁，荥阳中牟（今河南城关镇）

人。以文学才华及“美姿容”而著名。长于诗赋，文辞华靡，与陆机齐名，世称“潘陆”，《闲居赋》《悼亡诗》为世传颂，明人辑有《潘黄门集》。亦称为潘河阳、潘安。后世用“貌比潘安”来形容姿容美好的男子。

潘尼（约250—约311），字正叔，荥阳中牟（今河南城关镇）人，西晋文学家。潘岳之侄，少有才，与潘岳俱以文章知名，并称“两潘”。生性稳静恬淡，不与人争利，安心研读，专志著述。

潘阆（？—1009），字梦空，一说字逍遥，号逍遥子，大名（今属河北）人，一说扬州（今属江苏）人。宋初著名隐士、文人。性格疏狂，曾两次坐事亡命。真宗时释其罪，任滁州参军。有诗名，风格类孟郊、贾岛，亦工词，今仅存《酒泉子》十首。

潘天寿（1897—1971），现代画家、教育家，浙江宁海人。1915年考入浙江省立第一师范学校，受教于经亨颐、李叔同等人。其写意花鸟初学吴昌硕，后取法石涛、八大山人，曾任中国美术家协会副主席、浙江美术学院院长等职。著有《中国绘画史》《听天阁画谈随笔》等。

【故事】

潘安辞官奉母

潘安为后人记住的不是他的政绩和文学成就，而是他的美貌。“掷果盈车”讲的就是他年轻时在洛阳，经常坐着马车到洛阳城外游玩，所过之地交通堵塞，年轻女孩见了他，都不由自主地手拉手围在他车子旁；老妇人见了他也喜欢，激动地拿着水果往他车上扔。

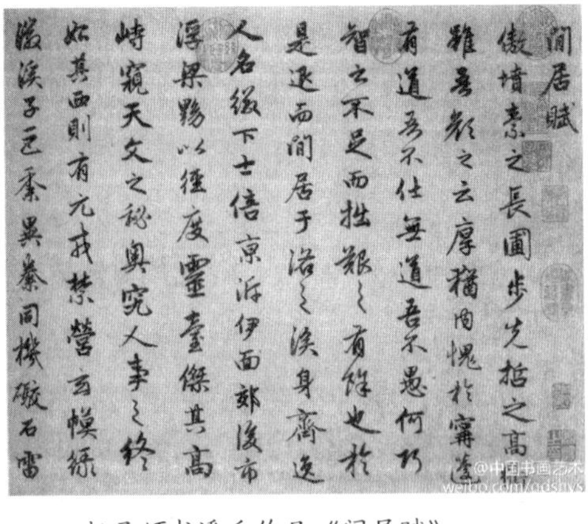

赵孟頫书潘岳作品《闲居赋》

潘安是个典型的新好男人，和妻子杨氏感情很深，他们共同生活20多年。妻子不幸早亡后，潘安对她念念不忘，作了三首情真意切的《悼亡诗》来怀念妻子，诗中有“如彼游川鱼，比目中路析”的名句。

潘岳事亲至孝，任河阳县令时，父亲已去世，就接母亲到任所侍奉。他喜植花木，天长日久，他植的桃李竟成林。每年花开时节，他总是拣风和日丽的好天，亲自搀扶母亲来林中赏花游乐。一年，潘安的母亲染病思归故里。他得知母意，随即辞官奉母回乡。回到家乡后，他的母亲很快就病愈了。家中贫穷，他就耕田、种菜卖菜，之后再买回母亲爱吃的食物。他还喂了一群羊，每天挤奶给母亲喝。在他的精心侍奉下，母亲晚年过得很快乐。

范

范姓图腾

【源流】

范姓的始祖，可追溯到四千多年前的圣君唐尧。尧的后世子孙，在夏、商诸代，称唐杜氏。入周后，改封于杜，后被周宣王所灭，杜伯之子隰叔逃到晋国，被任为士师，并因官命氏而改姓为士。后其曾孙士会为晋国的上卿，食采于范，自此，士会的子孙便按照“以邑为氏”的习惯，以范氏为姓，一代代繁衍下去。《元和姓纂》就有记载：“帝尧刘累之后，在周为唐杜氏，周宣王灭杜，杜伯之子隰叔奔晋为士师，曾孙士会，食采于范，遂为范氏。”

据范氏族谱载，唐僖宗乾符元年（874年），由于中原战乱，河内范坤举家十八口徙居浙江杭州，后移江苏南京，再徙至福建宁化，是为范氏入闽始祖。至宋代，范氏称盛于福建，人才济济。范氏除在闽南一带发展繁衍外，又分出广东海阳、嘉应、梅州、大埔、长乐、陆丰、饶平等许多支派。从明末开始，闽、粤范氏陆续有人移居台湾，后来又迁至海外。

【家训】

孝道当竭力，忠勇表丹诚；兄弟互相助，慈悲无过境。勤读圣贤书，尊师如重亲；礼义勿疏狂，逊让敦睦邻。敬长舆怀幼，怜恤孤寡贫；谦恭尚廉洁，绝戒骄傲情。字纸莫乱废，须报五谷恩；作事循天理，博爱惜生灵。处世行八德，修身率祖神；儿孙坚心守，成家种义根。

——《范文正公家训》

【名人】

范蠡（前536—前448），字少伯，春秋楚国宛地三户邑（今河南淅川县）人。春秋末著名的政治家、军事家和经济学家。虽出身贫贱，但博学多才，与文种相识一起投奔越国，辅佐越王勾践。其间三次经商成巨富，三散家财，自号陶朱公，被后人尊称为“商圣”。

范缜（约450—515），字子真，南乡舞阴（今河南泌阳）人。南北朝时期著名的唯物主义思想家、道家代表人物、杰出的无神论者。生性耿直，不怕威胁利诱，其哲学著作《神灭论》，继承和发扬了荀况、王充等人的唯物论思想，是中国古代思想发展史上具有划时代意义的不朽作品。

范仲淹（989—1052），字希文，河北真定（今正定）人，北宋著名政治家、军事家、文学家。世称“范文正公”。曾任陈州通判、苏州知州等职，因秉公直言屡遭贬斥。后出任参知政事，主张改革。一生政绩卓著，文学成就突出，所倡“先天下之忧而忧，后天下之乐而乐”思想和仁人志士节操，对后世影响深远。

范文澜（1893—1969），初字芸台，后改字仲沄（另一说字仲潭），浙江绍兴人，当代著名历史学家。曾在南开大学、北京大学、国立河南大学、北京师范大学等校任教，主编《中国通史简编》，还著有《中国近代史》（上册）、《文心雕龙注》、《范文澜史学论文集》等。

范长江（1909—1970），原名希天。生于四川内江。中国杰出的新闻记者，中国新闻家，社会活动家。生前写过大量出色的新闻报道，担任过新闻机构的领导工作，为全国的新闻事业做出很大贡献。著有《中国的西北角》等新闻通讯集。

【故事】

先忧后乐范仲淹

范仲淹画像

范仲淹两岁丧父，母亲改嫁，生活十分凄苦，每天只能煮一碗粥，待其结冻后切成四块，早晚各取两块，配咸菜下饭，由此出现了“断齑划粥”的成语。他有一个同窗好友石梅卿，系官宦子弟，见他生活凄苦，常给他送来好饭好菜，他都原物不动。他对石梅卿说：“你的好意我领了。但我因家穷吃粥习惯了，如吃你的好饭好菜，今后就吃不下我家里的粥了。”石梅卿在遗憾和感叹之余对他钦佩有加。

范仲淹有一回在与同学读书时，忽遇宋真宗路过那里。皇帝大老爷出巡，在学堂里引起极大的轰动，全体师生都争着跑去一睹皇上尊颜，唯有范仲淹一人坐在原位不动继续读书。事后有不少同学问他：“为什么不抓住这个千载难逢的机会见见皇上？”他慢条斯理地说：“将来再见也不迟啊！”

果然，他经过苦读终于考中进士，曾担任副丞相，天天要与皇帝议论朝政。他“先天下之忧而忧，后天下之乐而乐”的胸怀和格局，更激励了自北宋以来无数仁人志士刻苦奋起，为国分忧。

彭

彭姓图腾

【源流】

以国为氏，始祖为彭祖。相传祝融之后陆终，生有六子，其三为彭祖。帝尧封彭祖于彭（今江苏徐州）。大彭氏国被商灭后，子孙以国为氏，即为彭氏。

商末迁居河南南阳一带，其中有彭仲爽由南阳去楚为大夫，是为彭姓徙居湖南、湖北的开始。西周建立后，彭国作为盟国得以延续，后为楚所灭。春秋时彭氏已向西、向南迁徙。此后至晋代，由于战乱及官职周迁等原因，彭氏又有播迁于今山东、陕西、甘肃、江西、四川、福建等省者。唐玄宗时，为避安史之乱，彭构云迁居彭州宜春（今属江西），彭姓开始称盛于江西省境。其后有彭姓辗转迁徙福建。宋神宗时，有彭延年因被任命为潮州刺史，定居于广东揭阳，是为彭姓广东始祖，后又分出福建漳州、泉州等支派，在闽粤发展成为望族。另载，彭姓亦为明朝洪洞大槐树迁民姓氏之一。自清代开始，闽粤彭姓有部分移居台湾，并有移居东南亚及欧美的彭姓人。如今，彭姓分布广泛，尤以湖南、四川、湖北等省分布最多。

【家训】

告尔子孙，戒尔子孙：原尔所生，出我一本。虽有外亲，不如族人。荣辱相关，利害相及。宗谊为主，财器为亲。危急相济，善恶相正。为父者当慈，为子者当孝。为兄者宜爱其弟，为弟者宜敬其兄。士农工商，宜勤其事；冠婚丧祭，必循乎礼。乐士敬贤，隆师教子。守分奉公，及人推己。闺门有法，亲朋有义。企行必诚而无伪，御下必恩而有礼。务勤俭而与家庭，务谦后而出乡里。毋事贪淫，毋司赌博。毋事讼以害俗，毋酗酒以丧德。毋以富欺贫，毋以贵骄贱。毋恃强凌弱，毋欺善畏恶。毋以下犯上，毋以大压小。毋助小忿而失大义，毋听好言以伤和气。毋为亏心之事，而损阴骘；毋为不法之行，以辱先人。毋以小善而不为，毋以小不善而为之。毋谓无知，冥冥见晓；毋谓无声，寂寂闻声。依我训者，是其孝也，我其佑之；违我训者，是不肖也，我其覆之，不惟覆之，令起绝也。子子孙孙，咸听斯训。

——《宋太始祖震峰彭公家训》

【名人】

彭玉麟（1816—1890），字雪琴，湖南省衡阳人，湘军首领，曾国藩之股肱，佐曾国藩创建湘军水师，后主其事。官至兵部尚书，受命赴广东办理防务。后以疾病开缺回籍。军事之暇，也绘画作诗，以画梅名世。有《彭刚直诗集》传世。

彭湃（1896—1929），乳名天泉，原名彭汉育，曾用过王子安、孟安等化名，广东省汕尾海丰人。出身工商地主家庭。1921年加入中国社会主义青年团，1924年初由团转入中国共产党。1927年10月，在广东海陆丰（今汕尾）地区领导武装起义后，建立了海丰、陆丰县苏维埃政府。1929年8月30日在上海龙华英勇就义。

彭德怀（1898—1974），原名彭德华，号石穿，湖南省湘潭人，无产阶级革命家、政治家、军事家，中国人民解放军副总司令、中国人民志愿军总司令，十大元帅之一，为新中国的解放立下不朽的功勋。1958年为民请命，在庐山会议中被打倒，“文革”中受迫害，郁郁而终。

彭雪枫（1907—1944），原名修道，河南镇平人。中国工农红军和新四军杰出指挥员、军事家。1941年任新四军第四师师长兼政委，是抗日战争中新四军牺牲的最高将领。投身革命二十年，出生入死，南征北战，智勇双全，战功卓著，被毛泽东、朱德誉为“共产党人的好榜样”。

【故事】

彭玉麟不徇私情

彭玉麟是清末著名将领，同曾国藩、左宗棠、胡林翼被称为“同治中兴”四大名臣，平生以刚正不阿、严刑峻法闻名朝野。

有一年，彭玉麟被任命为钦差大臣，受命南下巡视长江水师。经过安徽合肥，在当地有一个人横行无忌，夺人财物，霸人妻女，而这个人正是权臣李鸿章的侄子，当地官府慑于其权势不敢过问。

彭玉麟问明缘由后，令人手执自己的名帖，请李鸿章的侄子前来。李衙内如约来到后，彭玉麟马上唤来乡民同他对质。他指着告状的乡民，问：“这人告你霸占了他的妻子，是真的吗？”李衙内想着自己背后有李鸿章撑腰，便有恃无恐地承认了。

彭玉麟勃然大怒，命人将其痛笞一顿。当地县官听到这个消息，急忙赶来求情，彭玉麟不予理睬。不久，安徽巡抚也送来名帖求见。彭玉麟猜想他也是为了李鸿章侄子的事而来，于是一面派人迎接来客，一面令人速斩李衙内。

事后，彭玉麟给李鸿章写了一封信，告诉他：“令侄败坏您的家声，想必亦是您所痛恨的，我已替您处置了。”李鸿章心里懊恼愤恨，但因对方有理有据，却也无可奈何，只好回写了一封信道谢。

马

马姓图腾

【源流】

马姓源流众多。一出自嬴姓，始祖为赵奢。战国赵王子赵奢以善于用兵著称，被封在马服，称为马服君，其子孙初以“马服”为姓，后省去“服”字，遂有马氏。世居邯郸。二出自西域“马”姓，后入内地。三是源于官位，出自西周时期官吏马质等。四是源于回族，属于汉化改姓为姓，是全国回族十三大姓之一。

汉族马姓发祥于春秋战国的邯郸一带。战国末期或迁居陕西省关中，在扶风茂陵（今属陕西兴平）成为望族。两汉至南北朝时期，已分布于今河南、河北、山东、湖北、四川、甘肃、江苏、浙江等省。汉代亦已大举西迁，后来再度东迁到黄淮地区。唐末河南马姓有人随王潮、王审知入闽，逐渐发展成为大族。五代十国时期许州鄢陵（今属河南省）人马殷建立楚国（今湖南全省、广西大部及广东、贵州部分地区），马姓得到巨大发展。宋后，闽粤地区马姓逐渐增多，清代后期开始移居于台湾省，进而远徙外国。当今，马姓主要生活在北方，特别是西北地区。

【家训】

事双亲，孝德彰。父母恩，大无疆。报恩典，宜经常。丰膳食，厚衣裳。有疾病，奉药汤。虐待亲，乖伦常。忤逆儿，必灭亡。教儿孙，有义方。不苛刻，不娇养。勤读书，习文章，明礼义，识纲常。使成才，显辉煌。耀门庭，争族光。为国用，作栋梁。对昆仲，多商量。亲与疏，同一样。讲文明，讲礼让。要团结，要相帮。勿逞势，欺弱房。勿恃财，惹祸殃。交朋友，择善良。邪恶者，勿近旁。交之道，不能忘。诚与信，是独方。友有错，规劝帮。友为善，宜表扬。得罪人，勿嚣张。致歉意，请原谅。得人助，勿轻忘。作答谢，理应当。遵法纪，守规章。不讹诈，不撒谎。爱老幼，扶病伤。爱祖国，爱家乡。慈善事，要共襄。多赞助，多帮忙。勤积德，寿而康。子孙贤，家兴旺。黄赌毒，是砒霜。切勿近，切勿尝。一沾染，无救方。倾宗产，坐牢房。严重者，上刑场。毁名节，扫面光。辱祖宗，羞爷娘。劝族众，认端详。慎又慎，防又防。时警惕，切勿忘。

【名人】

马援（前14—49），字文渊，扶风茂陵（今陕西兴平）人。著名军事家，东汉开国功臣之一。曾为陇右军阀隗嚣的属下，后归顺刘秀。东汉建立后虽已年迈，但仍请缨东征西讨，西破羌人，南征交趾，官至伏波将军，被人尊称为“马伏波”。后于讨伐五溪蛮时身染重病，不幸去世。

马致远（约1250—1321），字千里，号东篱，大都（今北京）人。元代著名的杂剧和散曲作家，与关汉卿、郑光祖、白朴被誉为“元曲四大家”，其作品大都清丽高雅，意境高远。一生写下了大量的散曲和杂剧，以描写王昭君的《汉宫秋》为其代表作。

马君武（1881—1940），原名道凝，字厚山，号君武，祖籍湖北蒲圻，生于广西桂林。近代获得德国工学博士第一人、政治活动家、教育家。广西大学的创建人和首任校长。1905年参与组建同盟会，《民报》的主要撰稿人。辛亥革命成功后，参与起草《中华民国临时约法》及《临时政府组织大纲》。

马寅初（1882—1982），字元善，当代经济学家、教育学家、人口学家。曾担任南京政府立法委员，新中国成立后历任中央财经委员会副主任、华东军政委员会副主任、南京大学教授、北京大学校长、浙江大学校长等职。一生专著颇丰，对中国的经济、教育、人口等有很大的贡献，有当代“中国人口学第一人”之誉。

【故事】

马伏波诫侄

东汉名将马援一生为国驱驰，被封为伏波将军。他对待自己的侄儿也十分严格。在劝诫侄儿马严、马敦的信中，他殷殷教诲说：

“我想你们听到人家过失，要像听父母之名一样，耳可以听到，口不可说。喜欢议论人的长短，乱讥刺时政，这是我最厌恶的，我是宁肯死也不愿听到子孙们有这种行为的。你们知道我非常厌恶此事，我之所以要再次讲到此事，是要像男女婚嫁时施衿结褵一样，申明父母的训诫，使你们牢记不忘。龙伯高敦厚周到谨慎，口无异言，谦约节俭，清廉公正有威望，我很敬重他，愿你们向他学习。杜季良豪侠好讲义气，忧人之忧，乐人之乐，好人坏人都合得来，父亲死了，几个郡的人都来吊唁，我敬重他，但不愿你们向他学习。学习龙伯高不到家，至少是一个谨慎勤勉的人，所谓雕刻鸿鹄不成但可以像一只野鸭子。学习杜季良不到家，就堕落成为天下的轻薄儿，所谓画虎不成反类犬了。到现在为止杜季良还不自知，郡里的将领们一下车就切齿恨他，州郡都说他，我常为他寒心，所以我不愿子孙们学他。”

俞

俞姓图腾

【源流】

俞姓始祖是黄帝时代的良医俞跗，善医术，能刨开人体皮肉，对体内五脏进行治疗，被称为神医，黄帝称他为俞先，后代以此为荣，世代以“俞”为姓。

俞氏望出河间（今河北），传至明代嘉靖三十二年间（约1553年），福建晋江俞大猷和他的俞家军，在沿海一带打击倭寇，屡立战功，被升为参将，于是移镇浙东并落居于斯，后裔发展于浙江、湖北等地。广东河源俞氏后裔均从浙江、湖北一带迁入。

【家训】

父慈子孝，兄友弟恭；不凌尊长，不欺幼小。老者安之，少者怀之；强者抑之，弱者扶之。穷乏则贷周，急患难则维持保全。冠婚齐庆，丧祭齐哀。

【名人】

俞伯牙（前413—前354），战国楚国郢都（今湖北荆州）人。曾为晋国上大夫，精通琴艺。相传后遇钟子期，以为知音。《高山流水》一曲遂传世，为中国十大古曲之一。

俞大猷（1503—1579），字志辅，号虚江，福建晋江人。明代抗倭名将，博读兵法，有将才，历官总兵。屡率水军打败倭寇，被称为“俞家军”。用兵先计后战，不贪近攻，将略武功居世宗朝众将之冠。

俞樾（1821—1907），浙江德清人，清代著名学者。道光年间进士，历任翰林院编修、河南学政。罢职后，一意治经，主讲杭州诂精经舍三十一年。著述甚丰，有《群经平议》《诸子平议》《古书疑义举例》《春在堂随笔》《茶香室丛钞》《宾萌集》《春在堂诗编》等。

俞平伯（1900—1990），原名俞铭衡，字平伯。浙江德清人。现代诗人、作家、红学家。俞樾曾孙。以新诗人、散文家享誉文坛。精研中国古典文学，与胡适并称“新红学派”的创始人。

【故事】

俞伯牙“高山流水遇知音”

传说有一年中秋，俞伯牙奉晋王之命出使楚国，他乘船到汉阳江口，遭遇风浪，泊船于小山下。晚上，风浪平息，云开月出，俞伯牙琴兴大发，便将随身携带的琴解下，信手弹了起来。

忽然，他抬起头，看到一个人在岸边站着，似乎也沉醉其中。不过借着月光一看，那个人只是樵夫，身旁还放着一担干柴。俞伯牙心想：一个樵夫，怎么会听懂我的琴呢？于是问道：“你既然懂得琴声，那就请你说说，我弹的是一首什么曲子？”

那樵夫马上回答：“先生，您刚才弹的是孔子赞叹弟子颜回的曲谱。”俞伯牙不禁大喜，接着又抚琴数曲，请他辨识其中之意。当他弹奏的琴声雄壮高亢的时候，樵夫说：“这琴声，表达了高山的雄伟气势。”当琴声变得清新流畅时，樵夫说：“这后弹的琴声，表达的是无尽的流水。”

俞伯牙惊喜万分，没想到在这野岭遇到知音。这个樵夫就是钟子期，二人相见恨晚，约定来年中秋再到这里相会。

第二年，俞伯牙如约而来，可是钟子期却已不幸染病去世。俞伯牙万分悲痛，来到钟子期的坟前，弹起了《高山流水》。弹罢，挑断了琴弦，长叹一声，把瑶琴在青石上摔了个粉碎。因为知音不在，这琴还弹给谁听呢？

后来，人们在他们相遇的地方，筑起了古琴台。直至今天，人们还常用“知音”来形容朋友相知的情谊。

听琴图

袁

袁姓图腾

【源流】

出自轩辕黄帝。轩辕氏初都有熊之墟（郑州或开封），所居之地有辕邑，后称为袁邑。其后裔以邑为氏，世代相传姓袁。后衍迁河北，是为河北袁氏。

早期主要是在河南发展繁衍，中心为陈郡，尤其是汝南。秦汉时期向外地播迁。由于战乱、官职调迁等原因，陈郡袁氏与汝南袁氏又派生出许多支脉，如袁干后裔有一支徙居彭城（今江苏徐州），还有一支徙居河东（今山西永济西南）；袁绍的后裔有一支徙居东陵东光（今属河北）；袁术的子孙分散于江淮间，有一支居襄阳；袁涣的后裔有一支徙居京兆（今陕西西安），又有一支徙居华阴。南宋有史学家袁枢为建安人，说明南宋以前已有袁氏徙居福建。

据《袁氏族谱》记载，袁安第三十八世孙袁志君因任广东布政使，自江西信丰迁至广东东莞温塘茶园定居，为广东袁氏开基始祖，其后裔分居兴宁、梅县、惠阳等地。闽、粤袁氏于清代陆续移居台湾，并进而徙居新加坡、印度尼西亚和其他国家。

【家训】

圣谕当遵，孝悌当先，祠墓当展，族长当尊，宗族当睦，蒙养当豫，闺门当肃，礼节当知，职业当勤，节俭当崇，赋役当供，争讼当息。

【名人】

袁盎（约前200—前150），字丝，汉初楚国人。西汉名臣。个性刚直，有才干，以胆识与见解为汉文帝所赏识。为人敢言直谏，后因此触犯汉文帝，被调任陇西都尉，后迁徙做吴相。七国叛乱时，奏请斩晁错以平众怒。后因反对立梁王刘武为储君，遭刺杀。

袁绍（？—202），字本初，汝南汝阳（今河南周口）人。司空袁逢之子，汉末著名军阀。出身名门望族，自曾祖父起四代有五人位居三公，自己也居三公之上，其家族也因此有“四世三公”之称。

袁崇焕（1584—1630），字元素，广东东莞人。万历四十七年（1619年）中进士，后自荐在边关任职，得到孙承宗的器重镇守宁远。在抗击后金的战争中先后取得宁远大捷、宁锦大捷，后受谗言辞官回乡。

袁世凯（1859—1916），字慰亭（又作慰廷），河南项城人，人称“袁项城”。近代著名政治家、军事家，北洋军阀领袖。辛亥革命期间逼清帝退位，后为中华民国临时大总统。1915年称帝，遭到各方反对，不久取消帝制，抑郁而终。

【故事】

袁崇焕屡败屡试

袁崇焕被录取庠生后，进入县学就读，以参加三年后在省城举行的乡试，考取举人。袁崇焕自幼聪颖好学，常常深夜潜心攻读，不知东方之既白，极受学官的垂爱。三年一晃即过，秋试在即。袁崇焕即乘船下梧州，转溯桂江北上，前往省城桂林贡院参加举人考试，不想这次黯然落榜。

于是，袁崇焕又回到县学继续深造，没想到在县学又攻读了三年，继续赴考，却再次落榜。他觉得气馁，顿生不求功名之念，但父亲坚决要求他继续考，并常来县学督促。时值边事频仍，袁崇焕主意已定，一边研读四书五经，一边学习兵书，暗下决心：事不过三，若第三次再考不中，就投笔从戎。

这样，袁崇焕攻经文、习武学，不知不觉三年已过，乡试又临。二十二岁的袁崇焕再次前往桂林赴考，此次终于考中举人。次年二月，袁崇焕赴京参加会试以考取进士。

可是当时奸臣当道，任人唯亲。从1607年到1616年，袁崇焕先后五次赴京应试，五次落第。这让袁崇焕萌生了“故园泉石好，归去把鱼竿”的念头。

东莞袁崇焕雕像

1619年，袁崇焕第六次赴京城应己未科会试，此时正是辽东多事之秋，后金迅速崛起，亟欲选拔真才以为国用。研文习武的袁崇焕在策论中痛陈时弊，立意不凡，颇见胆识，终于被主考官看中，录为三甲第四十名。时年三十六岁。后来，袁崇焕一身许国，驰骋辽东，立下了赫赫战功。

唐

唐姓图腾

【源流】

出自祁姓和姬姓，为黄帝之后。相传帝尧成为天子后，以唐为国号，称唐尧。禅位给舜后，舜封他的儿子丹朱为唐（今河北省唐县）侯。到周朝时，唐国之地被改封给成王之弟唐叔虞，帝尧后裔则被迁往杜国，有以国为氏的，称唐氏。另外唐叔虞的子孙也有部分以唐为氏。周昭王时，曾封丹朱之后在鲁县为唐侯，被楚灭后，其子孙也改姓唐。春秋时，又有一支姬姓唐诸侯国，被楚昭王灭后，其后人也称唐氏。

唐氏早期主要分布于魏、楚、晋、秦，如战国时魏有唐雎，楚有唐昧。西汉时，唐雎之孙唐厉徙居沛国（今江苏沛县）；东汉时唐翔在丹阳（今安徽当涂）定居；晋代唐熙定居凉州（今甘肃武威），其子唐辉又徙居晋昌（今山西定襄）。南北朝时期广泛分布于大江南北。唐朝时有河南固始唐氏移居福建。宋代晋昌唐氏随宋室南渡，定居江西宁都，后迁福建永定，广东潮阳、大埔，又有迁梅州、广西。清代，闽粤唐氏开始移居台湾，进而远徙海外。

【家训】

孝父母，和兄弟，睦宗亲，重祭祀，修坟墓，务农业，重敬贤，慎婚配，禁烟毒，禁非为，正人伦。

【名人】

唐雎，生卒年不详，战国时代魏国著名策士。为人有胆有识，忠于使命，不畏强权，敢于斗争，为国献身。曾经在魏国灭亡后出使秦国，冒死与秦王抗争，粉碎秦王吞并安陵（魏国属国）的阴谋。《战国策·唐雎不辱使命》中对此有详细记载。

唐琬（？—1156），字蕙仙，陆游母舅唐诚女儿，自幼文静灵秀，才华横溢。与陆游两情相悦，后因陆母偏见而被拆散。后与陆游相见于沈园，引发一代词人的怅惘，写下了哀感顽艳的《钗头凤》。佳人心动于中，不久便香消玉殒，抑郁而终。

唐寅（1470—1523），字伯虎，号六如居士。明朝文学家、书画家，自放于名山大川，筑桃花坞以居，毕生致力于绘画，且能诗文，与祝允明、徐祯卿、文征明并称“吴中四才子”，与沈周、仇英、文征明合称“明四家”。有《六如居士全集》《画谱》等。

唐廷枢（1832—1892），初名唐杰，字建时，号景星，又号镜心，广东香山（今属珠海唐家湾镇）人，清代洋务运动的代表人物之一。1880年，主持修筑我国第一条铁路唐胥线（唐山至胥各庄），并在英国支持下开办开平煤矿，为李鸿章办洋务的得力助手。

【故事】

唐伯虎巧画扇面

明朝江南才子唐伯虎才华过人，极擅绘事。他有一绝，就是在篇幅短小的扇面上任人命题作画，每每能见其巧思，让人拍案叫绝。

有人故意给他出难题，要求他在小小的扇画上画一百只骆驼。唐伯虎听后二话不说，也不打腹稿，直接在扇面上作画。只见他先寥寥几笔，就勾画了一

[明]唐伯虎《秋风纨扇图》

片沙漠气象，沙漠中间更有一峰突起，行路蜿蜒。那人一看，扇面快要满了还没见一只骆驼，心下暗笑，就等着看唐伯虎出丑。

这时唐伯虎在山的左侧画了一只骆驼的后半身，前半身被山崖挡住了；在山的右侧，又画了一只骆驼的前半身。唐伯虎把笔一搁，那人说："这才两只，哪有一百只呀！"唐伯虎又拿起笔来，题了一首诗："百只骆驼绕山走，九十八只在山后。尾驼露尾不见头，头驼露头出山沟。"那人一看，哑口无言。

没过几天，又有一个秀才模样的人让唐伯虎画扇。他自己命题叫《花香》，但扇面上不要一瓣花。唐伯虎早就成竹在胸，就在扇面的右边画出几片绿叶来，另一边则有一群蜜蜂、一只蝴蝶，正欲飞过，然后在扇面上题了"花香"二字。秀才看了，心服口服。

薛

薛姓图腾

【源流】

出自任姓，奚仲之后裔。相传黄帝子禺阳被封在任（今山东省济宁市），得任姓，传至第十二世孙奚仲，在夏禹朝任车正（官名），是车的创造者，居于薛，称薛侯。春秋时，奚仲后人薛公子登在楚国做官，薛人迁往下邳（今江苏邳县），其后人以原国名为姓氏，称薛氏。

战国时薛氏已播迁于今湖北、湖南、江苏、河南、河北省境内。三国时蜀郡太守薛齐降魏，迁家于河东汾阴（今山西万荣），世号“蜀薛”。薛齐长子薛懿有三子：长子恢，号“北祖”；次子雕，号“南祖”；三子兴，号“西祖”。另外，三国时已有薛氏徙居今甘肃境内。西晋永嘉之乱，河东人薛推迁至江南，传至薛贺，于南朝梁天监年间徙居福建晋安。唐末，河南薛氏又有随王潮、王审知入闽者。自南宋开始，福建薛氏又分衍出广东海阳、五华、兴宁、梅州等支派。从清康熙时始，闽、粤薛氏陆续迁入台湾，而后远播海外。

【家训】

耕者以勤俭为本，读者以勉力为先；修身齐家，以孝事亲，以忠事君；尊祖敬宗，敦宗睦族，敬长慈幼；孝友睦邻，和让谦逊；嫖赌莫占，偷劫莫为；贵莫嫌贫，贱莫失志；婚嫁则当聚贺，死葬则当尽礼；继往开来，奋力进取，为国增光，为族添彩。

【名人】

薛道衡（540—609），隋代诗人。字玄卿。河东汾阴（今山西万荣）人。历仕北齐、北周。隋朝建立后，任内史侍郎，加开府仪同三司。炀帝时，出为番州刺史，改任司隶大夫。他和卢思道齐名，在隋代诗人中艺术成就最高。今存《薛司隶集》一卷。

薛稷（649—713），字嗣通，中国唐代画家、书法家。薛道衡曾孙，蒲州汾阴（今山西万荣）人。曾任黄门侍郎、参知机务、太子少保、礼部尚书，后被赐死狱中。工书法，师承褚遂良，与虞世南、欧阳询、褚遂良并列初唐四大书法家。善绘画，长于人物、佛像、树石、花鸟，尤精于画鹤。

薛仁贵（614—683），名礼，字仁贵，山西绛州（今山西河津）人，唐朝名将，著名军事家、政治家。贞观末年投军，征战数十年，曾大败九姓铁勒，降服高句丽，击破突厥，功勋卓著，留下“良策息干戈”“三箭定天山”“神勇收辽东”等故事。

薛涛（约768—832），字洪度，长安（今陕西西安）人。唐代著名女诗人，与刘采春、鱼玄机、李冶并称唐朝四大女诗人。十六岁入乐籍，与韦皋、元稹有过恋情。常自制桃红色小笺写诗，人称“薛涛笺”。脱乐籍后终身未嫁。至今存诗作九十余首。

【故事】

君子之交淡如水

“君子之交淡如水”出自《庄子》：“君子之交淡若水，小人之交甘若醴。君子淡以亲，小人甘以绝，彼无故以合者，则无故以离。”大意是说，君子之间的交往像水一样淡泊，而小人之间的交往却如糖饴一样甘浓。君子之交虽然淡泊，但精神世界亲密无间；小人之交虽然甘甜，却往往心口不一难免决裂。

相传唐朝名将薛仁贵未得志之前，与妻子住破窑洞，生活困顿，衣食常忧，幸好有邻居王茂生夫妇的接济，才得以勉强度日。

后来，薛仁贵参军，跟随唐太宗李世民御驾东征平辽，厥功甚伟，被封为“平辽王”。一登龙门，身价百倍，文武大臣前来送礼祝贺的络绎不绝，可这些礼物都被薛仁贵退回了。他唯一收下的是普通老百姓王茂生送来的“美酒两坛”。

一打开酒坛，负责启封的执事官吓得面如土色，因为坛中装的不是美酒，而是清水！“启禀王爷，此人如此大胆戏弄王爷，请王爷重重地惩罚他！”岂料薛仁贵听了，不但没有生气，而且命令执事官取来大碗，当众饮下三大碗清水。

在场的人都不解其意，薛仁贵却说：“我过去落难时，全靠王兄弟夫妇资助，没有他们就没有我今天的荣华富贵。如今我美酒不沾，厚礼不收，却偏偏要收下王兄弟送来的清水，因为我知道王兄弟贫寒，送清水也是王兄的一番美意，这就叫君子之交淡如水。”

从此，“君子之交淡如水”的佳话广为流传。

贺

贺姓图腾

【源流】

出自姜姓，是为避帝王名讳所改的姓氏。原为庆氏，东汉时为避汉安帝的父亲刘庆的名讳，改为同义的“贺”字。庆纯改为贺纯，史称贺姓正宗，是为江苏贺氏。

汉代之后播迁各地，分布地区广泛，郡族门望较多。据《古今姓氏书辩证》记载，宋朝时有忻州定襄（今属山西）贺氏、易州（今属河北）贺氏、开封陈留（今属河南）贺氏、蔡州（今河南汝南）贺氏、洛州（今河南洛阳）贺氏、济南（今属山东）贺氏、会稽（今浙江绍兴）贺氏、齐州临邑（今属山东）贺氏，密州（今山东诸城）贺氏等。其中，会稽贺氏和河南贺氏族大人众，所以贺氏以会稽、河南为郡号。洛阳的贺氏以鲜卑族居多。

【家训】

孝父母，爱子孙；友兄弟，睦乡邻。明尊卑，别长幼；习礼仪，倡和谐。要勤劳，勿懒惰；要节俭，勿浪费。重科学，破迷信；禁赌毒，远恶习。重教育，兴国家；勤耕读，扬家声。知荣辱，求上进；讲文明，守法纪。为民者，要本分；为官者，要爱民。为商者，要诚信；为富者，要济贫。为家族，争光彩；为后代，做典范。

【名人】

贺知章（659—744），字季真，越州永兴（今浙江杭州萧山区）人，武则天证圣元年（695年）进士，历任国子四门博士、太常博士、礼部侍郎兼集贤院学士、太子宾客兼秘书监。天宝三载（744年）因不满奸相李林甫专权而返乡为道士，隐居镜湖。好饮酒，与李白、张旭等关系密切，时称“醉中八仙”。能诗，《回乡偶书》一诗传诵颇广。又工书法，尤善草隶。

贺铸（1052—1125），字方回，祖籍山阴（今浙江绍兴），贺知章后裔，自号庆湖遗老。北宋著名词人。宋太祖贺皇后族孙，相貌丑陋，人称“贺鬼头”，然词作甚佳，以“一川烟草，满城风絮，梅子黄时雨”之佳句而得“贺梅子”的雅号。

贺龙（1896—1969），原名文常，字云卿，湖南桑植人。中国人民解放军的创始人和主要领导者之一，十大元帅之一。曾任八一南昌起义的总指挥，1935年率领红二方面军长征。新中国成立后，出任国务院副总理、中华人民共和国国防委员会副主席等职，1955年被授予中华人民共和国元帅军衔。

【故事】

贺知章“金龟换酒”

李白第一次从蜀地来到京师长安，就被久闻大名的秘书监贺知章邀约，到长安街上一处豪华的酒楼，饮酒论诗。

二人相见恨晚，又都嗜酒如命，一口气先饮了三大杯。酒至半酣，贺知章开言相询：“老朽听说居士之诗，极有才华，不知可否展示一二？”李白也不推辞，命店小二取来文房四宝，下笔如飞，不多时即将这次出川远游时所写的《蜀道难》一诗书毕，呈于贺知章面前。贺知章一看，不唯文才出众，更兼忧时儆世，识见过人，连呼如果不是天上谪仙人，断无此作。

二人又是一番畅饮。一时间，桌上之酒已尽，贺知章高叫：“小二，取酒

（明）万邦治《醉饮图》（局部）

来！”店小二闻声跑来，小心翼翼地回道：“大人，酒资已尽了。”贺知章一摸身边，却发觉没有多带银两，但酒兴正浓，怎可无酒？他一眼看到身上所佩金龟，连忙解下来，“小二，且拿这个换酒来！”李白忙要劝阻。贺知章却摇手：“别管它，酒逢知己千杯少。来！来！你我一醉方休，莫负今日之会。”

这以后，李白谪仙之名就在京城叫响了。而贺知章金龟换酒、识拔才俊的佳话，也从此流传下来。

殷

殷姓图腾

【源流】

殷姓，是殷商王室的后代，主要活动于河南一带。

先秦时期河南的魏国、冀鲁地区的卫国、陕川一带的秦国都有殷人的足迹。到秦朝末期，殷姓的主要族群集聚在河内野王（今河南沁阳）。唐宋时期，殷姓已在江苏形成大族。宋、元之后主要向东南地区迁移，明朝时散播到全国各地，约有十二万人。现主要集中于江苏、山东、江西、浙江四省。其中江苏为殷姓第一大省，约占殷姓总人口的36%。

【家训】

父母恩情似海深，三年乳哺尚开心；为人子女孝为先，不孝之我罪逆天；兄弟和心作善人，莫因小事起纷争；尊兄爱弟相联络，万事皆成手足亲。夫贤妇顺两相安，和气家中少祸端；贫穷富贵靠自己，夫妇和谐种善因。

【名人】

殷羡，生卒年不详，字洪乔，陈郡长平（今河南西华）人。东晋名士。性格耿介正直，赴任豫章太守时，京城许多人托他带书函给家人，他走到石头城时，把一百多封书函扔进河中，并说：“沉者自沉，浮者自浮，殷洪乔不为致书邮。”因此，后世把寄书遗失者，泛称为“付诸洪乔”或“洪乔之误”。

殷浩（303—356），字渊源，陈郡长平（今河南西华）人，东晋时期大臣、将领。殷羡之子。早年以见识度量、清明高远而富有美名。酷爱《老子》，隐居十年不曾出仕做官，后受召入朝任建武将军、扬州刺史。因北伐兵败，被贬为庶人，流放东阳。竟日书空，作“咄咄怪事”四字。

殷峤（？—622），字开山，以字行。雍州鄠县（今陕西户县）人。唐朝开国功臣，凌烟阁二十四功臣之一。李渊自太原起兵，召补大将军掾，从攻西河，为渭北道元帅长史，后从秦王李世民率八总管兵讨薛举战败，被除名为民，后恢复爵位。武德六年（623年）病死于讨伐刘黑闼的路上，李世民临丧痛哭，赠谥曰节，配飨唐高祖庙庭。

殷仲容（633—703），字元凯，陈郡长平（今河南西华）人，唐朝著名书画家。殷不害孙。世代皆工书画。官工部郎中、申州刺史。善画人物，工写貌，擅长用墨，浅深浓淡，如兼五彩，为水墨画之先驱。书法兼篆隶。

【故事】

拾人牙慧的故事

殷浩是晋朝的玄学家。当时流行虚无玄妙的清谈，殷浩是此中高手，一张嘴，一种姿态，名士风范，风靡一时。当时流传很多他的事迹。有人问殷浩说：“为什么将要得到官位，就会梦见棺材；将要得到财富，就会梦见粪土？”殷浩回答：“官位本来就是腐臭的东西，所以即将当官就会梦见棺材；钱财本来就是粪土，所以即将得到财富就会梦见粪土。”殷浩经常随口说出这类至理名言，当时人为之倾心。

殷浩有个外甥，姓韩，名康伯，聪颖健谈，颇受殷浩喜爱。殷浩后来因北征失败被贬，外甥韩康伯一直跟随在他身边。有一次，殷浩见康伯正在向别人发表言论，便仔细聆听，结果发现他所讲的，完全是套用抄袭自己的只言片语，没有融入个人的见解，却露出自鸣得意的样子，便对旁人说："康伯连我的牙慧都没有捡到，就自以为了不起了，这真不应该啊！"这就是"拾人牙慧"的典故。

当然，殷浩被贬后心里还是愤愤不平，所以他每天以手指对空写字。邻居和家人顺着他的笔画看去，发现他写着"咄咄怪事"四个字。"书空咄咄"因此被后人用来比喻失意、激愤的状态。

罗

罗姓图腾

【源流】

出自他族或他姓加入。一是北魏孝文帝南迁洛阳，实行汉化，将原鲜卑族复姓多罗氏、叱罗氏皆改为汉字单姓罗。二是唐代西突厥可汗斛瑟罗归附长安，留居中国，其子孙以“斛瑟罗”为氏，后简为罗氏。三是春秋战国时赖氏族人遭楚灵王所害，改罗、傅二氏的。四是部分由清代爱新觉罗氏改姓罗。其郡望有豫章郡、长沙郡、襄阳郡等。

罗国被楚国所灭，万通与次子苍噩逃至襄阳避隐，其长子芳噩逃往四川。罗氏有部分人从滇南、滇东迁入湄南河下游，融入泰族；迁入四川的有一部分定居阆中，后成为板楯蛮七姓之首姓大族，有的融入土家族或彝族；还有一支迁入贵州东部、南部，融入布依族；迁到湘南的，有的融入瑶族。隋唐以前，除上述地区外，罗氏还分布于今山西、陕西、河北、河南、山东、安徽、浙江、江苏等省。唐高宗总章年间，有河南罗氏随陈政、陈元光父子入闽，在福建安家落户。自清代开始，广东梅县、大埔及福建宁化等地的罗氏，曾多次向台湾迁徙，还有一些人迁往南洋。

【家训】

奉祖先，孝父母，睦兄弟，和夫妇，严闺阃，亲宗族，敬师长，信朋友，力耕种，勤诵读，存忠厚，尚勤俭，习礼仪，戒淫恶，戒为非，戒赌博，戒酗酒，戒争讼，戒溺孩，戒洋烟。

【名人】

罗隐（833—909），字昭谏，新城（今浙江富阳）人，唐末诗人，道家学者。著有《谗书》及《太平两同书》等，其书力图提炼出一套供天下人使用的“太平匡济术”，是乱世中黄老思想复兴发展的产物。黄巢起义后，避乱隐居九华山。

罗贯中（约1330—约1400），名本，字贯中，山西太原人。元末明初杰出小说家。相传一生作过“十七史”演义，现存有《三国志通俗演义》《隋唐志传》《残唐五代史演义》《三遂平妖传》等，其中代表作《三国演义》为“中国古代四大名著”之一。

罗聘（1733—1799），字遁夫，号两峰，江苏甘泉（今江都）人。清代著名画家，“扬州八怪”之一。画人物、佛像、山水、花果、梅、兰、竹等，无所不工。其笔调奇创，超逸不群，别具一格。其子允绍、允缵均善画梅，人称“罗家梅派”。

罗瑞卿（1906—1978），四川南充人，中国工农红军、中国人民解放军重要领导人之一。早年入黄埔军校，后加入中国共产党，多次参加并领导著名战役，战功卓著，曾参加长征。抗日战争期间，任抗日军政大学教育长；解放战争时期，参与石家庄、太原战役等；1955年被授予大将军衔。

【故事】

罗隐巧谏钱镠

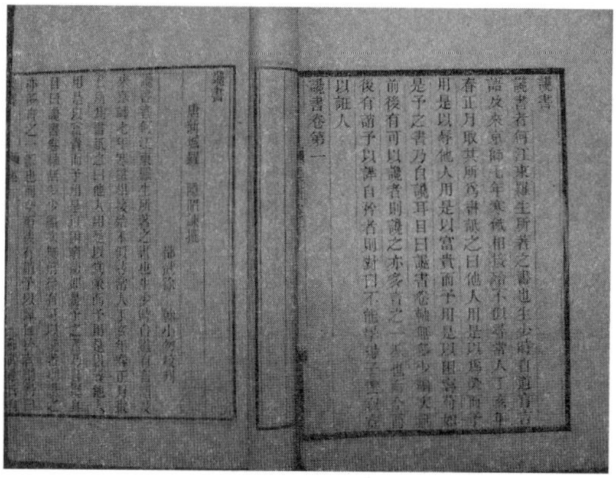

罗隐《谗书》册页

明代钱塘人田汝成《西湖游览志余》里有一个《罗隐巧谏钱镠》的故事：

传说钱镠主浙时，每天要向在西湖上打鱼的人征纳西湖鲜鱼数斤，叫作“使宅鱼”。如果来不及捕或者捕不到的话，那些渔民只好到市场上去购买，一时怨声载道，“使宅鱼”变成了民害。

然而大伙都敢怒不敢言，谁也不敢反抗。这事儿让诗人罗隐知道了，他决定伺机劝一下钱镠。有一天，他陪同钱镠闲聊，二人在房间里品茗，说着闲话。这时墙壁上刚好有一幅《蟠溪垂钓图》，钱镠知道罗隐素有捷才，便让他据画作诗。罗隐心想，这是一个劝谏的好机会，不假思索，援笔立就写成一首七绝：“吕望当年展庙谟，直钩钓国更谁如？若教生在西湖上，也是须供使宅鱼。”

这诗的意思是说，姜太公当年在渭水用直钩钓鱼，其实是在“钓国”，有谁能够同他相比呢？如果他生在现在的西湖边，恐怕也得缴“使宅鱼”吧。钱镠一听，先是一愣，继而哈哈大笑，他知道这是罗隐作诗劝谏他停止纳鱼的举动，就停征了这项杂税。

邬

邬姓图腾

【源流】

起源有三：一源于妘姓，出自春秋时期陆终四子求言的封地邬邑，以封邑名称为氏；二源于祁姓，出自春秋时期晋国大夫邬臧的封地邬邑，也是以封邑名称为氏，邬氏族人大多尊奉邬臧为得姓始祖；三源于姬姓，出自春秋时期晋大夫司马弥牟之封地，以封邑名称或官职称谓为氏。

邬氏自春秋时发源于山西太原，战国秦汉时，有部分后裔迁居河南，有部分后裔历经多次迁徙来到江西，主要繁衍于江西南昌、抚州和崇仁三地。唐末五代时为避战乱，由南昌迁福建后又入粤定居，河源龙川、紫金、东源等地均有分布。

【家训】

勤乃立身之本，俭乃处事之方，盖勤则生悉盛，能免其贫，俭则流不竭，常足其用。古云，男务于耕，女务于织，量其所入，度其所出。勤俭二者，为我子孙，当务之尽也。凡我子孙者，事亲当孝，事长当敬，尊卑宜分，长少宜别。凡男女、内外、出作、入息，莫不皆然，如此则尊卑之分尽，大伦之理明。今日为人子如此，他年为人父兄亦如此，上行下效，理势必然，故家规可当法也。为子孙者，当守本分，各务正业，宜戒嫖赌、戒争讼、戒逸乐奢侈。此三者当可戒之，莫以恶凌善，以富欺贫，以上凌下，以强凌弱，以贵藐贱，此法度须当守也。我家子孙，不耕则读，不读则耕，二者是人道之大要，立身于大业，勤耕可养身，勤读可正心，耕读二者，尤子孙所宜尽也。

【名人】

邬彤，唐中期书法家，师从于张旭，与颜真卿同学，是怀素的表叔和老师。据传以草书最称绝妙，被誉为“寒林栖鸦”，少人能及。擅写草书，饮酒后写得更好。但其事迹记载不详，至今无片字传世。

邬大昕，生卒年不详，字东启，宋朝河源人。任广州佥判时，发现东洲与黄木湾之间交通不便，立即计划施工，将鹿步湖岸凿开，使两地十余里的水路畅通，便利来往行人交通运输。后当地居民在鹿步湖建大昕庙以示纪念。

邬克诚，宋代学者，生卒年不详，字信叔，乐安（今江西抚州）人。宋宁宗时，以布衣谒阙，上《易说》六卷。筑小圃以文史自娱。一时金石之作，多出其手。

邬彬，号燕天，世务农，教子读书甚严。为纪念祖先而造私家花园余荫山房。十九岁县试第一，清同治六年（1867年）举人。曾倡议设册金局，筹款资助新进的文武生员。又倡议购置江鸥沙围田七百多亩，作为东山社和沙茭局的自治经费。乐善好施，曾为广州爱育善堂、香港东华医院捐赠巨款。

【故事】

怀素的草书老师——邬彤

邬彤，著名唐朝书法家，生活在8世纪末—9世纪初。人称“寒林栖鸦”，少人能及。擅写草书，饮酒后写得更好。曾与书法家怀素论草书，怀素自叹不如。

邬彤是张旭的学生，颜真卿的同学，同时是怀素的表叔。怀素拜师之后，邬彤便把他留在家中，将张芝临池之妙、张旭草书之神鬼莫测、王献之书法之如寒冬枯树等，一一为怀素讲解。还将作字之法的一个“悟”字教给怀素。所谓“悟”，就是要抓住自然界的某些现象，如山峦、鸟兽、虫鱼、花果、日月、星辰、风雨、雷霆等等，加以观察、分析、研究，从中得到某种启发或感受，并把自己的喜怒哀乐等感情灌注在草书之中。

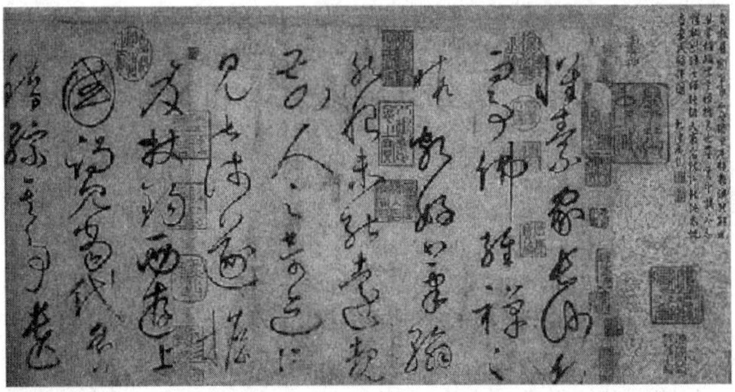

（唐）怀素《自叙帖》（局部）

一天，怀素要辞别而去，邬彤对他说：“万里之别，我无一物相赠，只有件宝赠送给你。”传说，当时邬彤藏有王羲之的《恶溪》《小王》《骚劳》三帖，都是无价之宝，怀素心下认为表叔将以此物相赠。可是临走时，邬彤却只是对怀素道：“草书竖牵，似古钗脚，勉旃！”意思是说草书的直连（如竖），应像古代的钗脚那样古朴圆浑，希望你勉励吧！原来就是这么一句宝贵的临别赠言。后来怀素有所颖悟，成为张旭之后的一代草书大家。

乐

【源流】

乐姓起源主要有四。一出于子姓，为殷微子之后。西周末年，宋戴公的儿子公子衎，字乐父，子孙以王父之字为氏。二源于姬姓，出自春秋时期晋国大夫乐王鲋之后，以先祖名字为氏。三源于官位，出自西周初期官吏乐正，以官职称谓为氏。四源于地名，出自汉朝初期夜郎国乐王邑（今属贵州），以居邑名称为氏。

乐氏望出南阳（今河南省南阳市），后因避战乱或迁官而向南徙居，广东龙川、紫金等地均有分布。

【家训】

遵纪守法，崇尚文明，讲究公德，爱国爱乡，敦睦宗亲，亲密无间，求同存异。

【名人】

乐羊，生卒年不详，魏国安邑（今山西夏县）人，战国时期魏国将领，乐毅先祖。初为魏相翟璜门客，后因大败中山国而成名。

乐毅，生卒年不详，战国时期燕国名将，中山国灵寿（今河北平山东北）人。燕昭王二十八年（前284年），率领燕军攻破齐都临淄，并接连攻下齐国70多座城。因为战功显赫，被封为昌国君。

乐进（？—218），字文谦，阳平卫国人。东汉末年曹操部将。以胆识英烈而从曹操，随军多年，攻张绣，战袁绍，多有战功。与张辽共破孙权。战功无数。

乐广（？—304），字彦辅，晋代淯阳人。历官侍中，累迁河南尹、尚书右仆射，后任尚书令，有政声，名望很高，“世道多虞，朝章紊乱”之际，做到“清己中立，任诚保素”，说话得体，能宽恕人，每离职常被人思念。历代词人对其崇敬有加。

【故事】

乐毅的进退智慧

乐毅是战国后期的军事家，生性贤能，喜好军事，因燕昭王礼待，投奔燕国，被封为亚卿。后来，燕国倾全国之兵，派乐毅为上将军，总领赵、楚、魏、韩、燕诸国的军队败齐君于济西。五年间，攻下齐国七十多座城池，夺取了齐国大量的宝物。

乐毅像

燕昭王去世后，燕惠王继位。他当太子的时候就跟乐毅不合。齐国田单施行反间计，让燕惠王中计，派另一名将领去接替乐毅。乐毅唯恐被杀，就投降了赵国。齐国田单趁机大败燕军，完全收复齐国失去的土地。

燕惠王很后悔，又怨恨乐毅归降赵国，就派人拿了一封书信去责怪乐毅，辩解说派人去接替他，是担心他长年在外作战太辛苦，欲招回来商量国事。

乐毅也回了一封信。他首先为自己来到赵国的做法解释，是怕回国被杀，而陷惠王于不义。并表示投赵只是为了保存生命，成全伐齐的攻击，是用以表彰先王的心迹，绝无助赵国攻打燕国之意。

这封信充分体现了乐毅的智慧和说话艺术，给燕惠王做足了脸面，又不卑不亢地说出了自己真正的想法。

燕王得知乐毅不会助赵伐燕，也就放了心，便封乐毅之子乐闲为昌国君。后来乐毅为燕赵通好，被两国任为客卿。乐毅知道适时进退，保存了功业，奉行君子之道，避免了个人的悲剧，能够善始善终，难怪诸葛亮很欣赏他。这是历史上多少名将、忠臣想做而没有做到的啊！

于

于姓图腾

【源流】

出自姬姓，为周武王姬发之后，以国为氏。据《新唐书》所载，周武王克商后，大举分封诸侯，其第二个儿子邘叔被封在邘国（今属河南沁阳），其后代子孙就以国为氏，改姓邘；或则去邑旁为于，是为河南于氏。

于姓的发祥地在今河南省沁阳县北部一带，后来主要在中原地区繁衍。魏晋南北朝时大举南迁。隋唐时，于姓在北方相继形成几处望族。据统计，于姓主要分布于今河南、山东、河北、黑龙江、山西、陕西、内蒙古、江苏、安徽、新疆等十个地区，是我国一个比较典型的北方姓氏。

【家训】

"一家有教，一国观感"，才能兴"仁让"。"居家切要勤俭，不可奢靡。待人宜谦，不可骄傲。""立身贵高，不可同流合污。""心存正直，天知神敬。心存欺诈，鬼祸灾生。""忍得一分，受用一分。"

【名人】

于谦（1398—1457），字廷益，号节庵，浙江钱塘（今杭州）人，明朝名臣，成祖年间进士，曾历任监察御史、巡抚、兵部右侍郎。英宗被蒙古瓦剌俘后，朝臣主张南逃避敌，力排众议，誓死保卫京师，并拥成王为帝，大败瓦剌军。官加少保，总督军务。后以“意欲谋逆”罪处死。

于成龙（1617—1684），字北溟，号于山，山西永宁州（今吕梁）人。清代廉吏。1661年被任命为罗成县知县，在任上明确保甲制度，百姓安居乐业，全力耕作土地。1667年，升任四川合州知州。后迁任湖广黄冈知州，历任代理武昌知府，福建按察使、布政使、巡抚和总督，加兵部尚书、大学士等职。后升任江南江西总督。

于右任（1879—1964），原名伯循，字诱人，后以谐音“右任”为名，陕西三原人，祖籍泾阳。近现代政治家、教育家、书法家。早年系同盟会成员，长年在国民政府担任高级官员。也是中国近代书法家，复旦大学、上海大学、国立西北农林专科学校（今西北农林科技大学）等中国近现代著名高校的创办人。

于是之（1927—2013），中国话剧代表人物。原名于皛，原籍天津，1945年曾考入北京大学（后失学）。曾任祖国剧团、北平艺术馆、华北人民文工团演员，后任北京人民艺术剧院演员、艺委会副主任、副院长，中国戏剧家协会第三届理事、第四届副主席，在《青春之歌》《龙须沟》《骆驼祥子》《茶馆》《洋麻将》等剧中成功地塑造了一系列经典的舞台艺术形象。

【故事】

于右任望大陆

于右任是一个强烈的爱国者，主张国家统一。随国民党去台湾后，他看到蒋介石有意培养儿子蒋经国接班，担心国家难以统一，特地书赠蒋经国一副对联：“计利当计天下利，求名应求万世名。”显然他是希望蒋经国以国家、民

于右任

族利益为重，实现国家的和平统一。周恩来总理生前称赞："于右任先生是位公正的人，有民族气节。"

暮年，于先生怅恨祖国处于分裂状态，自己不能叶落归根，深念失散多年的大陆亲人，遗憾而痛苦。1962年，他八十三岁，重病缠身，自知不久于人世，于是考虑后事："我百年之后，愿葬玉山或阿里山树木多的高处，山要高者，树要大者，可以时时望大陆。我之故乡是中国大陆。"（1月12日的日记）其后不久，于右任写下了感情真挚沉郁的诗作《望大陆》：

葬我于高山之上兮，望我大陆；大陆不可见兮，只有痛哭。
葬我于高山之上兮，望我故乡；故乡不可见兮，永不能忘。
天苍苍，野茫茫，山之上，国有殇！

傅

傅姓图腾

【源流】

出自殷商名相傅说。相传傅说是殷商高宗武丁的应梦贤臣，因为出自傅岩，便以傅为姓，称为“傅说”，是傅姓始祖。

汉晋之际，主要以陕西、甘肃东部、宁夏等西北地区为迁居地，尔后东迁河北、山东。北地（今甘肃庆阳西北）傅姓始于西汉中叶的傅介子，家族兴盛后形成河内（今河南温县）傅姓、浦江（今属浙江）傅姓、扶风（今陕西省兴平东北）傅姓等分支。大举南迁则始于魏晋南北朝之际，或迁会稽，或迁上虞。两晋时，傅姓在清河（今属河北）迅速发展，为扶风傅姓发展而来，后成为我国东部地区傅姓的主要来源。江南各地的傅姓，大都因世事动荡而从清河迁去江南。至唐末，唐御史傅实避难入闽，为傅姓入闽始祖。宋靖康之变后，有清河傅姓南迁泉州，到南宋末年，又有一支迁入福建上杭，不久成为望族，后播迁广东兴宁。宋代以后，傅姓人遍及全国大部分地区。如今，主要分布在山东、湖南等省。

【家训】

为人修身不忘本，百事首重养育恩。侍奉父母要孝敬，衣食起居应关心。

农耕商营动脑筋，创业勤俭是根本。农牧果蚕种养勤，鸡鸭鱼猪全经营。商业生意有学问，薄利多销信息灵。发家定要靠勤奋，吃喝玩乐是败根。滴水穿石持之恒，虚浮飘荡难学精。循序渐进莫松劲，铁棒定能磨成针。做事情绪要稳定，急躁盲行埋错根。处理问题下结论，须把是非先弄清。他人有难乐助困，切勿乘机推火坑。对其疾苦常过问，帮助解救尽其能。为官做事身要正，作风高尚无邪行。多与民众相亲近，甘当公仆勤为民。保养身体少生病，爱护清洁讲卫生。居室内外勤打整，不让污物脏地坪。

【名人】

傅说，生卒年不详，古虞国（今山西平陆）人，殷商时期著名贤臣，为商王武丁丞相，创造了“武丁中兴”的辉煌盛世。典籍记载傅说在傅岩筑城。武丁求贤臣良佐，梦得圣人，醒来后画影图形，派人寻找，最终在傅岩找到，举以为相，国乃大治，遂以傅岩为姓。

傅玄（217—279），字休奕，北地泥阳（今属陕西铜川）人，西晋时哲学家、文学家。其学问渊博，精通音律，擅长乐府诗。在哲学上，把自然和人类历史看作一种纯粹的自然过程，批判了有神论的世界观和玄学空谈。著有《傅子》等，在晋文学史上占有重要地位。

傅山（1607—1684），初名鼎臣，字青竹，后改为青主。山西阳曲（今太原）人，明末清初反清义士、大学问家、书法家、医学家。博通经史诸子和佛道之学，兼工诗文、书画、金石，又精医学。其思想破儒家正统之见，开清代子学研究的风气。著有《霜红龛集》《傅青主女科》等书。

傅斯年（1896—1950），字孟真，山东聊城人。著名历史学家、古典文学研究专家、教育家，五四运动学生领袖之一，中央研究院历史语言研究所的创办者。曾任北京大学代理校长、台湾大学校长。他所提出的“上穷碧落下黄泉，动手动脚找东西”的原则影响深远。

傅雷（1908—1966），字怒安，号怒庵，汉族，江苏南汇（今上海南汇区）人。翻译家、文艺评论家。20世纪60年代初，因在翻译巴尔扎克作品方面的卓越贡献，被法国巴尔扎克研究会吸收为会员。“文革”时受迫害而死。所著《傅雷家书》是当代优秀的青年思想修养读物。

【故事】

傅雷教子

傅雷

对于儿子傅聪的教育，傅雷可以说是倾尽心血。为了傅聪的学习，傅雷夫人卖掉陪嫁的首饰，给他买了一架新钢琴，傅雷则亲笔端端正正地为他抄写五线谱。

出于新鲜感，刚开始傅聪每天放学回家，立马扑到钢琴上练习。但很快傅聪就松懈下来，琴声不知不觉地走音了。一旦琴音走调，傅雷就会严加斥责。有一次，他拿起盘子朝傅聪扔了过去，划破了傅聪的鼻子，给傅聪留下一道永远的伤疤。还有一次，傅雷竟然把傅聪绑在自己的家门口，让邻居们都看到，以此警告傅聪。

傅聪二十多岁了，傅雷还在不厌其烦地跟他讲，到了人家家里见到长辈该怎么样，跟长辈讲话时双手要下垂，进屋时要把围巾、外衣挂在衣帽间，吃西餐时刀和叉不能发出碰撞声。

后来傅聪出国深造，父子俩更多地靠书信交流。傅雷封建家长式的暴风骤雨不见了，更多的是朋友间的亲切交流。傅雷欣慰地说：“我高兴的是我又多了一个朋友，儿子变成了朋友，世界上有什么事可以和这种幸福相比呢？孩子，我从你身上得到的教训，恐怕不比你从我这里得到的少，尤其是近三年来，你不知使我对人生多增了几许深刻的体验。我从与你相处的过程中学到了忍耐，学到了说话的技巧，学到了把感情升华！”傅聪也体谅父亲的良苦用心，他说，父亲是他最好的老师。

伍

伍姓图腾

【源流】

其源较多。一是出自芈姓，出自黄帝大臣伍胥。后来成为楚国望族的伍姓始祖。一是源于姬姓，出自西周时期官称小司徒，以官职为氏。一是源于姜姓，以官职为氏。一是出自春秋时期齐国户甲制度，五户连保称伍，由轨长管理，轨长在民间俗称“伍伯”。一是源于官位，出自春秋战国时期军制，周朝军队设有伍长，五人编为一伍，由伍长统之作战。另外则是源于改姓而来。

先秦时期，主要在湖北一带活动。秦汉时期，越过长江向南进入湖南，形成著名的武陵伍氏。唐安史之乱后，伍氏后裔徙居福建、广东。唐宋时期向南和向西部继续迁徙，之后进入川黔地区，并向东南迁移，福建、浙江成为伍姓的重要聚集地。明清时期，中国南方各地都有了伍姓的足迹，尤以江西安福多伍姓。

【家训】

敬祖宗，孝父母，和兄弟，睦亲邻，勤耕读。讲信义，禁非为，守法纪，忠国家，爱家庭。

【名人】

伍奢（？—前522），楚国椒邑（今湖北监利）人，春秋后期楚国大夫。伍子胥之父。楚平王时为太子太傅，受费无忌陷害被捕。长子伍尚不忍父亲独自受死，前往一起赴死。次子伍子胥逃走，辗转去到吴国，最终成功报仇。

伍子胥（前559—前484），名员，字子胥，楚国椒邑（今湖北监利）人，春秋末期吴国大夫、军事家。其父伍奢受谗害被杀。逃至吴国，成为吴王阖闾重臣，是姑苏城（苏州城）的营造者，至今苏州有胥门。后协同孙武带兵攻入楚都，掘楚平王墓鞭尸以复仇。

伍廷芳（1842—1922），本名叙，后改廷芳，号秩庸，广东新会人。清末民初杰出的外交家、法学家。出生于新加坡，三岁随父回广州定居，早年入香港圣保罗书院，1874年自费留学英国，入伦敦学院攻读法学，获博士学位及大律师资格，成为中国近代第一个法学博士，后回香港任律师，成为香港立法局第一位华人议员。

伍修权（1908—1997），祖籍湖北阳新，出生于湖北武汉武昌。中国人民解放军领导人，无产阶级革命家、军事家、外交家，中国人民解放军原副总参谋长。陆、海、空三军院校建设的开拓者之一。新中国成立后，转入外交战线，作为中国人民的友好使者，频繁出现于国际政治舞台，在尖锐复杂的国际斗争中表现了新中国一代外交家的卓然风采。

【故事】

伍子胥覆楚

公元前522年，楚平王听信费无忌的谗言，要把原来的太子建废掉。他设计先把太子的老师伍奢囚禁，诬说太子建要谋反。

楚平王一面派人去逮捕太子建，一面逼伍奢写信召回他的两个儿子伍尚和伍子胥，以便斩草除根。长子伍尚回到郢都，与父亲一起赴死。次子伍子胥找到逃亡的太子建、公子胜，辗转逃到郑国。但郑国国君郑定公不同意出兵。

吴越人物图

太子建报仇心切，竟勾结郑国大臣夺权，未成身死。

伍子胥只好带着公子胜逃出郑国，投奔吴国。他们白天躲藏，晚上赶路，来到吴楚两国交界的昭关。楚平王早就下发画像悬赏捉拿伍子胥，关吏盘查得很紧。传说伍子胥愁得一夜白头，面貌变了，乘机混出关去。

出了昭关，伍子胥却被一条大江拦住去路。幸好江上有个老渔人划着小船把伍子胥渡过江去。伍子胥感激万分，愿以价值百金的宝剑相赠。老渔人说："楚王出了五万石粮食的赏金、大夫爵位悬赏抓你。我都看不上，难道会要你这宝剑吗？"伍子胥连忙赔礼。

到了吴国，在伍子胥的帮助下，公子光杀了吴王僚，自立为王，是为吴王阖闾。阖闾封伍子胥为大夫。后来依靠伍子胥和孙武二人，整顿兵马，进攻楚国，一直打到郢都。其时，楚平王已死，楚昭王逃走。伍子胥恨透了楚平王，刨坟鞭尸，得以复仇。

余

余姓图腾

【源流】

据《风俗通》载，余姓为“由余之后，世居歙州，为新安大族，望出下邳、吴兴”。由余是春秋时秦国臣医，其祖先是晋人，避乱于西戎。

余氏是一个较典型的南方姓氏，发祥地应在今陕西凤翔至咸阳一带。汉时迁入安徽的歙县一带，并落籍繁衍。汉以后，有不少迁居浙江、江苏、江西等地。魏晋南北朝时，余姓已成为新安郡一带的望族。又由于北方战乱，部分余姓族人迁入湖南、湖北。唐代以后迅速壮大起来，并形成东南一带两处望族。余姓迁入福建、广东等地，始于唐末宋时。明清之际已遍布江南各地，北方各地的余姓也得到了迅速的发展。

【家训】

早完粮，孝父母，睦兄弟，笃宗族，和夫妇，重丧祭，隆教育，慎交游，崇节俭。

【名人】

余靖（1000—1064），本名希古，字安道，号武溪。曲江（今广东韶关）人。北宋官员，庆历四谏官之一。官至工部尚书，以敢直言著称，与欧阳修、王素、蔡襄并称“四谏”。曾任右正言，多次上书建议严赏罚，节开支，反对多给西夏岁币。曾三次出使辽国。著有《五溪集》。

余端礼（1135—1201），字处恭，衢州龙游（今浙江衢县东北）人。高宗绍兴二十七年（1157年）进士。历知湖州乌程县，孝宗召为监察御史，迁大理少卿、太常少卿。与赵汝愚共赞宁宗即位，进知枢密院事兼参知政事。嘉泰元年（1201年）卒，年六十七。

余象斗（约1561—1637），又名文台，字仰止。坊名双峰堂、三台馆等，自称三台山人。福建建安人，著名的通俗小说编著者和刊行者。经他编著和刊行的小说有《四游记》《列国志传》《全汉志传》《三国志传评林》《东西晋演义》《大宋中兴岳王传》等。

余怀（1616—1696），字澹心，一字无怀，号曼翁、广霞，又号壶山外史、寒铁道人，晚年自号鬘持老人。福建莆田黄石人，侨居南京，因此自称江宁余怀、白下余怀。晚年退隐吴门，漫游支硎、灵岩之间，征歌选曲，与杜浚、白梦鼎齐名，时称“余、杜、白”。

【故事】

余狄释嫌

余靖作为北宋名臣，其与同僚的关系引起了后人的关注，并不是与和自己志趣相投的范仲淹、欧阳修等人，而恰恰是与武将狄青的关系。

庆历年间余靖与狄青的关系也一度很紧张。余靖因修水洛城事件对狄青不遗余力地一再攻击。多次的论责和贬损，使两人一直心存芥蒂。

皇祐四年（1052年），广南发生了令北宋朝廷震惊的侬智高变乱。南疆告急，朝廷急召余靖往广南平乱。但是广南平乱没有收到预期效果，战败的奏报传入开封，朝廷为之震惊。正当仁宗找不到平乱的人选而焦急时，名将狄青主动请缨，愿意提兵南下。他受命为宣徽南院使，到了广南，首惩不听军命的陈曙，肃整军纪，慑服了诸将。狄青在广南一展其将才，一举歼灭了侬智高军。

韶关风采楼前的余靖雕塑

事实是最好的说明，余靖深切体会到为将率兵不易，战场决胜更非文臣之能事。这让他改变了对狄青的看法，消除了对武人的成见。于是他主动提出要代写此次讨伐侬智高的捷报。余靖对狄青的敬重态度也让狄青把以往的不愉快抛诸脑后。于是两人不仅冰释前嫌，而且开始了交谊，成为生死之交。

当狄青去世后，其子遵父遗愿请余靖作墓志铭。余靖写下了《宋故狄令公墓铭并序》，追述了狄青一生，并给予狄青的人品、才干和功绩很高的评价和赞扬。

卜

卜姓图腾

【源流】

卜姓源起较多，历史悠久。一是源于姒姓，以官职称谓为氏。巫师在夏商时期掌管卜筮；周时掌管卜筮的官员称卜正，其子孙便以职官为姓，世代称卜氏。一是源于姬姓，出自周文王的儿子叔绣之后，也是以官职为氏。据《路史》记载，周文王之子滕叔绣曾任占卜之官，其后代有卜氏。还有就是少数民族改姓。

先秦时，卜姓已分布于鲁、秦、晋、楚地。两宋之际，今四川、江西、安徽等地均有卜姓人定居。宋末元初，有福建宁化石壁村之卜姓徙居广东。明初，山西卜姓作为洪洞大槐树迁民姓氏之一，被分迁于今陕西、河南、宁夏、北京、天津等地。清代以后，山西等地之卜姓因谋生之故，迁于蒙古。同时，南方卜姓已经在今华南、西南等地散居开来。卜姓在长期的繁衍播迁过程中，形成西河郡、武陵郡、河南郡等地望。如今，卜姓在全国分布较广，尤以安徽、广西、广东、内蒙古最多，上述四省之卜姓约占全国汉族卜姓人口的67%。

【家训】

孝顺父母、尊敬长上、教训子孙、和睦乡里、各安生路、毋作非为。

——《龙岗卜氏族谱》

【名人】

卜商（前507—？），字子夏，春秋晋国（今河南温县）人，一说卫国人，孔门十哲之一。性格勇武，为人“好与贤己者处”。以“文学”著称，曾为莒父宰。提出过“仕而优则学，学而优则仕”的思想，还主张做官要先取信于民。

卜式，洛阳（今属河南）人。西汉大臣，以牧羊致富。汉武帝时和匈奴作战，屡次捐献个人资材充当军费。武帝任为中郎，派他在上林牧羊。一年多便羊肥体壮，快速繁衍。武帝问他牧羊秘诀，对以“铲除劣种，毋令败群”。武帝颇觉有理，拜为御史大夫，赐爵关内侯。

卜世臣（约1610年前后在世），字大匡，号大荒逋客，浙江秀水人。明代学者、传奇小说家。磊落不谐俗，日闭户著书。善作曲，有传奇《冬青记》《乞麾记》各一本，《冬青记》写宋唐珏葬宋帝骨殖事，据说此剧上演“观者万人，多泣下者”，可见感人至深。

卜少夫（1909—2000），原名宝源，江苏镇江人。现代报业奇人。1937年毕业于日本明治大学新闻科。曾任香港《立报》编辑、重庆《中央日报》副总编辑、南京《中央日报》总编辑。1945年在重庆创办《新闻天地》杂志。后任上海《申报》副总编辑。1949年到香港，任新闻天地杂志社社长。著有《日本军阀专政史》等。

【故事】

子夏问孝

卜商像

卜商就是子夏，精通西周的文献典籍，是孔子学生中“文学”方面的高才生。

他从小就很聪明，拜师孔子之后，开始专心致志地研究起学问来。一次，他请教老师：“老师，‘巧笑倩兮，美目盼兮，……’是什么意思呀？”孔子告诉他：“这说的就是：先有白底子，然后才可以绘画。”子夏听后，若有所悟地进一步问道：“老师，那么‘礼’也就在‘仁’后了？”孔子赞叹：“启发我的是你阿商啊！现在我可以跟你谈论《诗经》了。”

子夏在学校里学习很用功，但放学回到家里，要些小脾气，有时候还给父母脸色看。孔子知道了，于是趁一次子夏问“孝”时，告诉他：“长期地在父母面前做到和颜悦色，是很难的。作为晚辈，有些事情，替长辈效劳服务；有好吃的，让长辈先吃。难道这就是‘孝’了吗？”子夏听完，知道了老师的用心。

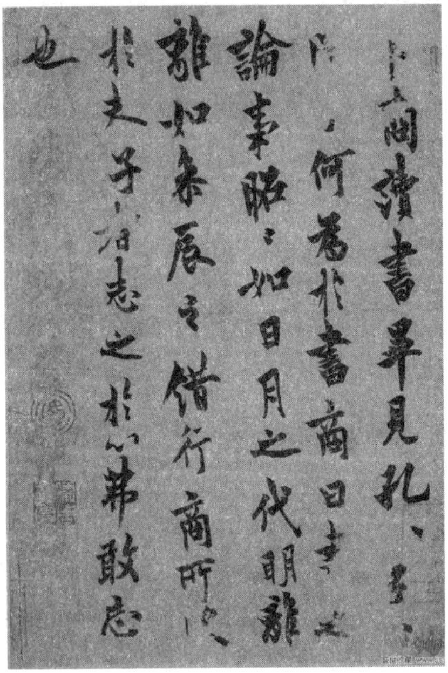

（唐）欧阳询《卜商帖》

子夏出师那天，孔子针对子夏“谨密有余，而宏大不足”的缺点，勉励他“女为君子儒，无为小人儒”。后来被推举担任莒父的行政长官，上任之前，子夏来请教老师从政的问题。孔子告诫他：“欲速则不达，见小利，则大事不成。”带着老师的谆谆告诫，子夏到莒父上任去了。

顾

顾姓图腾

【源流】

顾姓源出主要有三。（一）出于己姓，为夏朝时昆吾氏之后，以国名为氏。夏朝时，昆吾氏有子孙被封于顾国（今河南省范县东南），世称顾伯，是夏的重要同盟国之一。夏末顾国被商汤攻灭，散居各地的顾伯子孙便以国名为姓，称为顾氏，是为北顾。（二）出自姒姓，为越王勾践的后裔顾余侯之后代，以祖上封号为氏，是为南顾，史称顾姓正宗。（三）由蒙古族、满族等少数民族改姓而来。

春秋战国时期，两支顾姓发展缓慢。南顾得姓后不久就成为会稽一带的大姓，汉魏六朝时与陆、朱、张合称为会稽四姓。至南朝梁时，会稽人顾欢是著名征士，其子孙后迁金华，又由金华迁居天台，发展成为强宗大姓。由于顾姓主要发源和发展于会稽，所以会稽成为顾姓郡望之一。此外，这支顾姓后来又有人西迁武陵（今湖南省常德），并在当地迅猛发展，武陵也成为另一大郡望。三国至唐代，顾姓一直是江东四大姓之一。唐以后，由于调迁、避乱等原因，顾姓向南北各地播迁。明初洪武年间，顾姓作为明朝洪洞大槐树迁民姓氏之一，被分迁于河北、河南、山东、安徽、江苏等地。明末至清中叶时，有闽粤之顾姓渡海赴台，进而播迁海外。如今，顾姓在全国分布甚广，尤以江苏、浙江等省为多，约占全国汉族顾姓人口的60%。

【家训】

就义理上看，男儿七尺之躯，顶天立地，如何向人开口道个求字。孟夫子《齐人》一章，便是这个字的形状。至今读之，尚为汗颜，不可作等闲认也。

——［明］顾宪成《示儿帖》

【名人】

顾恺之（348—409），字长康，小字虎头，晋陵无锡（今江苏焦溪）人。博学多才，擅诗赋、书法，尤善绘画。精于人像、佛像、禽兽、山水等，时人称为“三绝”（画绝、文绝和痴绝）。后人评其作画是“意存笔先，画尽意在”。著有《论画》《魏晋胜流画赞》等，对中国画的发展有很大影响。

顾宪成（1550—1612），字叔时，号泾阳，人称泾阳先生，江苏无锡人。家境清贫，万历四年（1576年）举乡试第一，万历八年（1580年）成进士。曾任户部主事、吏部考功主事、员外郎、文选司郎中等职。后忤旨被削职为民，回乡讲学，晚年首倡、讲学东林书院，成为东林党领袖，列为“东林八君子”之首。著有《小心斋札记》《泾皋藏稿》等。

顾炎武（1613—1682），原名绛，明亡后改名炎武，字宁人，世称亭林先生，江苏昆山人。明末清初著名思想家，学识渊博，在国家典制、郡邑掌故、天文仪象、河漕、兵农、经史百家及音韵训诂等方面，都有研究。晚年治经侧重考证，开清代朴学风气；在音韵学方面，有承前启后之功。著有《日知录》《音学五书》等。

【故事】

老鼠“鼓励”顾炎武

“天下兴亡，匹夫有责。”这个家喻户晓的名言，是由明末清初的爱国主义思想家、著名学者顾炎武最先提出的。

顾炎武自幼勤学。他六岁启蒙，十岁开始读史书、文学名著。十一岁那年，他的祖父蠡源公要求他读完《资治通鉴》，并告诫说："现在有的人图省事，只浏览一下《纲目》之类的书便以为万事皆了了，我认为这是不足取的。"这番话使顾炎武领悟到，读书做学问是件老老实实的事，必须认真忠实地对待它。

顾炎武画像

顾炎武勤奋治学，他采取了"自督读书"的措施。首先，他给自己规定每天必须读完的卷数。其次，他限定自己每天读完后把所读的书抄写一遍。他读完《资治通鉴》后，一部书就变成了两部书。再次，要求自己每读一本书都要做笔记，写下心得体会。他的一部分读书笔记，后来汇成了著名的《日知录》一书。最后，他在每年春秋两季，都要温习前半年读过的书籍，边默诵，边请人朗读，发现差异，立刻查对。他规定每天这样温课两百页，温习不完，绝不休息。

有一篇《顾亭林居家》的短文中说，顾炎武在写《音学五书》时，已经写好的《诗本音》二稿被老鼠咬坏了。他便再次誊写，一点怒色也没有。有人劝他翻瓦倒壁消灭老鼠，他却说："老鼠咬我的书稿，其实是鼓励我呢！（鼠啮我稿，实勉我也）。不然，把它好好地搁置起来，我怎么会五易其稿呢？"这种把挫折当鼓励的心态，的确很好。

《清朝艺苑》中也记载，顾炎武从小到老手上都没放下过书，出门时总用一匹骡子两匹马驮着书。有时候走到边塞岗亭，就招呼亭边的老兵一道去路边的小酒店，面对面坐着，向他们询问当地的风土人情和地形地貌。如果和自己了解的情况有所不同，就赶紧记下来。坐在马背上长途跋涉时，他就跨着马鞍默诵四书五经等经典和它们的注释文，有时因为太过专注而跌落到沟中。

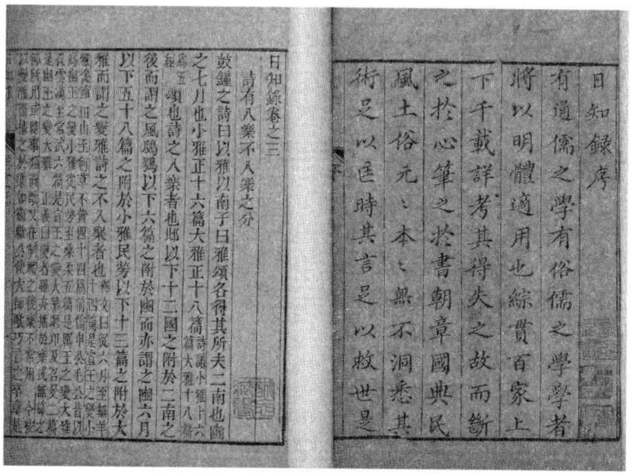

日知錄序
有通儒之學有俗儒之學學者
將以明體適用也綜貫百家上
下千載詳考其得失之故而斷
之於心筆之於書朝章國典民
風土俗元元本本無不洞悉其
術足以匡時其言足以救世是

日知錄卷之三
詩有入樂不入樂之分
鼓鐘之詩曰以雅以南子曰雅頌各得其所夫二南也豳
之七月也小雅正十六篇大雅正十八篇
頌也詩之入樂者也邶以下十二國之附於二南之
後而謂之風鴟鴞以下六篇之附於豳而亦謂之豳六月
以下五十八篇之附於小雅民勞以下十三篇之附於大
雅而謂之變雅詩之不入樂者也

《日知录》册页

黄

黄姓图腾

【源流】

我国比较典型的南方姓氏。最早发源于今河南省潢川县西部一带的黄国，为楚所灭之后，族人散居四方，以国为姓。大批黄姓族人被迫内迁到楚国腹地。今湖北黄冈、黄陂、黄安、黄梅等地，据说均因黄人迁此而得名。

秦汉时，黄姓已盛于长江中游及河南、安徽等地。黄姓大举南迁始于西晋末年，最终在河南、湖北、四川、江苏、福建、广西等地形成望族。宋元之际，黄氏称盛于闽粤，宋代有黄潜善，其九子散处广东各地，以梅州居多，后发展成为广东大姓。明末清初，开始移居台湾，后来不少人播迁至海外。黄姓有一些人融入壮、瑶、侗、水、布依等少数民族。唐代以前黄氏已在岭南、西南地区的一些少数民族中扎根。

【家训】

敦孝悌、睦宗族、和乡邻、明礼让、务本业、端本品、隆士品、隆师道、修坟墓、戒犯讳、戒争讼、戒非为、戒犯上、戒异端、畏法律、戒轻谱。

——《黄氏石潭公族谱》

【名人】

黄巢（820—883），曹州冤句（今山东菏泽西南）人，唐末农民起义领袖。乾符二年（875年）六月，响应王仙芝起义，骁勇善战，王仙芝死，众推为主，号称“冲天大将军”，改元王霸。中和四年（884年）六月十五日，败死狼虎谷。

黄庭坚（1045—1105），字鲁直，号山谷道人，晚号涪翁，洪州分宁（今江西修水）人，北宋著名文学家、书法家，江西诗派开山之祖。与张耒、晁补之、秦观游学于苏轼门下，合称为“苏门四学士”。生前诗名与苏轼相齐，世称“苏黄”。著有《山谷词》，书法独树一帜，为“宋四家”之一。

黄宗羲（1610—1695），字太冲，一字德冰，号南雷，别号梨洲老人，学者称梨洲先生，浙江绍兴市余姚县人。明末清初经学家、史学家、思想家、地理学家、天文历算学家、教育家。与顾炎武、王夫之并称“明末清初三大思想家”，与弟黄宗炎、黄宗会号称“浙东三黄”，有“中国思想启蒙之父”之誉。著有《南雷文定文集》等。

黄飞鸿（1856—1925），原名黄锡祥，字达云，号飞鸿。原籍佛山南海。清末民初有代表性的洪拳大师，岭南武术界的一代宗师，也是位济世为怀、救死扶伤的名医。1924年10月，广州国民镇压商团暴乱，西关一带房屋被毁，仁安街“宝芝林”受累被焚，资财付诸一炬，忧郁成疾而逝。

【故事】

黄庭坚涤亲溺器

北宋著名诗人、书法家黄庭坚从小是一个孝子，对父母极为孝顺。英宗治平年间，他考中进士。神宗时，任国子监教授，为官刚正不阿，后来官至知州、吏部员外郎。尽管做了大官，名声显赫，但他服侍父母，还是极尽诚孝之心。

黄庭坚对母亲的饮食起居悉心照料，极为周到。黄母生病多年，庭坚日夜守护在母亲身边，喂汤喂药、端屎端尿、衣不解带。因母亲爱干净，他每夜必亲自为母亲洗刷便桶，以安母心，从不差唤一般奴婢代洗。

黄庭坚涤亲溺器图

别人劝他说：“你做了大官，洗刷马桶之类的事，就让婢女去做，何必自己动手呢？”黄庭坚说：“职位再高，也要讲孝道。侍奉母亲，没有什么高贵与下贱之分。”后人以诗赞道：

贵显天下闻，平生孝事亲。亲自涤溺器，不用婢妾人。

其事列入《二十四孝》，名为“涤亲溺器”，其词曰：“奉母尽诚。每夕，亲自为母涤秽器，不使婢妾为之。未尝一刻有缺子职。苏东坡叹其诗独立万物之表。”

萧

萧姓图腾

【源流】

出自子姓，以封地为姓。萧姓最早起源可追溯到夏朝，夏朝末年伯益的子孙孟亏被封于萧国。而春秋时期的萧国则是萧姓最重要的一个起源，后世萧氏大多以此萧国首位国君萧叔大心为萧氏始祖；另外，亦有少数民族改姓或赐姓为萧氏，例如辽代的后族萧氏。

先秦时期，萧姓族人由于国家被灭而居鲁、宋、楚之间。秦汉时期外迁，向四周大量繁衍，且名人辈出，汉相萧何便是其典型代表。汉初几个较大的郡望形成，大多居金陵、长陵、兰陵、杜陵。三国魏晋时期，播迁于南方诸省。南北朝时期，萧姓建立了齐、梁两朝，繁衍昌盛，人才辈出，进入鼎盛时期。唐宋年间，迁入福建、广东。元明清时期，徙居于南方四川、湖南、江西、湖北等省份。自清康熙末年，多次入迁台湾，有的还远播海外。

萧姓在中国分布较广，尤以四川、湖南、江西、湖北、山东、广东等省最多，六省萧姓约占全国汉族萧姓人口的69%。

【家训】

以积钱财之心积学问，以求功名之心求道德。以爱妻子之心爱父母，以保爵位之心保国家！

【名人】

萧何（前257—前193），沛丰（今江苏丰县）人，西汉名相，“汉初三杰”之一。曾佐刘邦起义。刘邦率军入咸阳时，收取秦王朝的文献档案，掌握了全国的山川险要、郡县户口及当时社会状况。楚汉战争中，他荐举韩信为大将，自以丞相身份留守关中，输送士卒、粮饷。汉朝建立后，多次协助平叛，推行与民休息政策。

萧衍（464—549），字叔达，小字练儿，南兰陵郡武进县（今江苏丹阳）人，南朝梁朝政权的建立者，世称梁武帝。原为南齐的官员，后胁迫南齐和帝“禅位”，建立梁。前期任用陶弘景，在位颇有政绩。晚年因侯景之乱被囚禁，死于台城，享年八十六岁。

萧统（501—531），南朝梁文学家，昭明太子。少时读遍儒家经典。及长，参与朝政。善诗赋，曾招才学之士，广集古今书籍三万多卷，研讨儒事文学，兼探佛理。辑《文选》三十卷，选出上至周代，下迄梁朝各种文体的代表作编辑而成，为我国现存最早的文章总集，对后世文学创作颇有影响。

萧朝贵（约1820—1852），壮族，广西武宣罗渌垌人。金田起义的核心领导人之一，太平天国运动初期的重要领袖，官封西王。地位高隆，位居洪秀全、杨秀清之下，任右弼又正军师，领前军主将，封西王八千岁。在攻打长沙时，中炮阵亡。

【故事】

萧何追韩信

秦末汉初，韩信投奔项羽，参加反秦。他曾向项羽提过一些作战建议，但都没被采纳，便改投刘邦。一开始，刘邦也没有重用韩信，只让他当了一名小军官。一次犯了军法，还差点儿受刑被处死。免死后，只充当一名管理粮草的

萧何追韩信青花瓷盘

小官（治粟都尉）。

一次偶然的机会，韩信遇上了萧何。萧何是刘邦的亲信，刘邦对他可以说是言听计从。萧何与韩信一席长谈之后，对韩信非常钦佩，认为这是一个不可多得的军事天才。但是，正当萧何决定向刘邦推荐韩信的时候，韩信却逃跑了。原来，刘邦的部下多是徐州一带的人，刘邦被封为汉王，封地在汉中，地区偏狭，难以发展。因此，部下纷纷逃亡，韩信也跟着跑了。

萧何得知韩信逃跑的消息，来不及报告刘邦，就跳上战马，连夜把韩信追了回来。刘邦原来以为萧何也逃跑了，后来得知萧何竟亲自追回韩信这样一个不起眼的小官，认为是小题大做。萧何向刘邦详细地介绍了韩信的情况，然后说："韩信具有杰出的军事才能，不是普通的人才。您若甘愿做一辈子汉中王便罢，如要夺取天下，非重用此人不可。"由于萧何的力荐，刘邦终于同意拜韩信为大将军，并选择吉日良时，举行隆重的拜将仪式。

韩信被刘邦拜为大将军以后，充分发挥了自己的军事才能，为刘邦统一天下、建立汉朝立下了赫赫战功。

尹

尹姓图腾

【源流】

出自少昊的后代，以邑为姓。据《通志·氏族略》载，据说少昊为古代东夷族的首领，其子为工正，被封于尹城，世称尹殷。子孙世掌其官职。后代多用封邑为姓，周朝时尹氏子孙的封地一直在尹，是为河南尹氏和山西尹氏。

先秦时期尹氏主要活动在今河南、山西、陕西、山东境内。西汉至南北朝时期，迁至今河北、贵州、广西、广东、浙江、安徽、四川、湖南、甘肃、江西等省。十六国时，尹氏在天水（今属甘肃）和西州（今甘肃西部和西北部一带）发展成为望族。元明清时期，尹氏又发展到今天的江苏、云南、辽宁等省的一些地方。如今新加坡等国都有尹姓华侨。

【家训】

孝父母，敬兄弟，和夫妻，教子孙，敦友谊。

【名人】

尹文（约前360—前280），世称尹文子，齐国人。战国著名哲学家，稷下学派的代表人物。与宋钘齐名，思想兼儒墨，合道法，广收并纳各派学说，是宋尹学派的前驱。居住在稷下，师从公孙龙，其学说很受公孙龙的称赞。善用寓言说理，有《尹文子》一卷传世。

尹勋，东汉时人，字伯元，今河南巩义人。宗族多居贵位，却独持清操，被举为孝廉，三迁邯郸令，有政绩。后五迁尚书令。曾参与桓帝诛大将军梁冀之谋划，封都乡侯。迁汝南太守。上书解释范滂、袁忠等党议禁锢。因为窦武等事下狱自杀。

尹洙（1001—1047），字师鲁，洛阳人。北宋散文家，世称河南先生。曾上书反对与金人议和。为文内容多为讨论西北军政，风格简古，摆脱宋初华靡之风，有《河南先生文集》传世。

尹继善（1695—1771），清代官吏，字元长，号望山，满洲镶黄旗人。雍正元年（1723年）进士，历官编修、云南、川陕、两江总督，文华殿大学士兼翰林院掌院学士，协理河务，参赞军务。有《尹文端公诗集》十卷等，曾参修《江南通志》。

【故事】

尹洙劝范仲淹慎写墓志铭

尹洙《河南光散集》书影

北宋年间，范仲淹因为上书指责权相吕夷简差除不均，被罢知饶州，一时士论愤懑，余靖论救之，也遭贬谪。随后尹洙上书陈述范仲淹等人因进谏而遭贬，并认为给范加上朋党罪名是完全没有根据的，他认为余靖与范仲淹私人关系极为一般，如果冠之以朋党的罪名而被贬，那么，自己就难逃其责了，因而尹洙请求朝廷发落。吕夷简大怒，贬尹洙为郢州（今湖北钟祥）监税。同时欧阳修移书责司谏高若讷不言范仲淹的无辜，由是三人皆坐谴。为此蔡襄作《四贤一不肖》诗，流播京城。

尹洙与范仲淹义兼师友，关系很好。他认为写文章当“务求古之道”。欧阳修谓“师鲁为文章，简而有法”“是是非非，务尽其道理，不苟止而妄随”，范仲淹亦称“其文谨严，辞约而理精”。

范仲淹曾替人写墓志铭，当他写毕封好刚要发送时，忽然想到：“这篇铭记不能不给尹洙看看。”第二天，他把墓志铭交给尹洙过目，尹洙看后说：“你写的文章已经很出名，后代人会以你的文章为典范，因此不可不谨慎啊。现在你把转运使写作都刺史，知州写成太守（汉代官名），虽然是属于清雅古隽的说法，但现在却没有这些官职名称，后代必然会产生疑惑，这正是引起庸俗文人争论不休的原因。”范仲淹听了，颇有感触地说：“幸亏请你看了，否则，我几乎要失误啊。”

姚

姚姓图腾

【源流】

出自妫姓。据传因舜生在姚墟，其后子孙或以地为氏，称为姚氏。

姚氏的发源地有江苏苏州和甘肃陇西两处。早期发展繁衍较为缓慢，从晋代开始，姚氏因有甘肃陇西的羌族首领姚戈仲后裔及其部众加入而壮大起来。唐代以前已成为浙江吴兴及甘肃陇州一带的望族。后来吴兴吴康有一支姚氏分迁于陕郡，至隋时成为当地一大望族。唐代以后遍及大江南北，其中云南的姚安、大姚等县最多，所以在唐武德四年（621年）设姚州。姚氏入闽始于唐朝。据史书记载，陈元光入闽开漳州时，就有姚氏相佐。其后，姚氏从福建迁入广东等地。

【家训】

入则孝出则悌，谨于德依于仁。

——东莞市企石镇上洞村姚氏家训

【名人】

姚思廉（557—637），唐初史学家，江苏吴兴人，后迁入关中（今陕西西安）。编纂有《梁书》五十卷、《陈书》三十卷。

姚崇（651—721），唐初著名政治家，官至宰相，曾任武则天、玄宗朝宰相。为政清廉，深得众望，与宋璟合称“姚宋”。

姚广孝（1335—1418），法名道衍，字斯道，又字独闇，长洲（今江苏苏州）人。明朝政治家、佛学家，靖难之役的主要策划者。朱棣靖难时，姚广孝留守北平，建议朱棣轻骑挺进，径取南京，使得朱棣顺利夺取南京，登基称帝。朱棣继位后，任僧录司左善世，又加太子少师，被称为“黑衣宰相”。

姚鼐（1731—1815），字姬传，一字梦谷，室名惜抱轩，世称惜抱先生，安徽桐城人。清代著名散文家，“桐城派”重要代表，与方苞、刘大櫆合称“桐城三祖”。乾隆二十八年（1763年）中进士，任礼部主事、《四库全书》纂修官等，四十岁辞官南归，先后主讲于扬州梅花、江南紫阳、南京钟山等地书院四十多年。著有《惜抱轩全集》等，曾编选《古文辞类纂》。

【故事】

“救时宰相”姚崇

姚崇画像

姚崇是唐朝的著名宰相。从武则天到唐玄宗，曾辅佐三帝，三朝为相。

第三次拜相时，姚崇对唐玄宗说：“我有十点意见要上奏，陛下考虑，如果做不到，那我这个宰相就不能做。”接着姚崇说了十条意见，要求施行仁政，不求边功，不让宦官参政，不准国戚在朝廷要害部门做官，依法惩治佞幸之徒，以礼相待臣下，鼓励直言进谏，禁止建造寺观宫殿，外戚专政据事直书等等。唐玄宗都予以回应，第二天正式任命姚崇为宰相。

在姚崇治理下，唐朝结束了八年政局动荡不安的历史，其继任者宋璟、张嘉贞等“萧规曹随”，“守法持正”，终于出现了中国王朝史上最鼎盛的时代之一——开元盛世。

有一次，姚崇问他的僚属：“我作为一个宰相，可否比得上管仲与乐毅？”僚属说：“管乐之政，虽然不能施行到后世，但可以保到他们自己死的时候；你的政令随时更改，似乎比不上他们。”姚崇又追问：“如此说来，究竟可以与谁相比呢？”僚属说：“你算得上是个救时宰相。”姚崇听了还是很高兴，投笔道：“救时之相，难道容易做到吗？”

确实，姚崇施政总是着眼于现实。他不是一个夸夸其谈、坐而论道的空谈家，而是一个从实际出发、脚踏实地的实干家，唯以国家兴盛为重，以黎民冷暖为重。毛泽东对他的“十事”十分欣赏，赞扬他“如此简单明了的十条政治纲领，古今少见”。

汪

汪姓图腾

【源流】

汪氏源自商代汪芒氏（又称汪罔氏）之后。传夏禹召集群神于会稽山，防风氏因晚到被杀。商朝时防风后代改姓汪氏。汪姓另一支出自姬姓，是黄帝的直系子孙，春秋时，鲁国国君成公的支庶儿子被封汪邑，其后世子孙以邑为氏。春秋鲁国童子汪琦，是见于史籍最早的汪姓人物。还有一支是由翁氏分化出来的。据史料记载，福建泉州有翁乾度，生有六子，分姓洪、江、翁、方、龚、汪六姓，兄弟六人同列进士，有“六桂联芳”之誉。

汪氏始祖食采颍川，后裔渐渐兴盛，以后从山西、河南开始南迁安徽、江苏等地。南朝时迁于今安徽歙县，隋初有一支迁至今河南河间。唐初有汪华封越国公，其族繁衍昌盛，子孙分布于今安徽、浙江、江西等地。宋代以后，南方的广东、广西、贵州等省已有汪姓居民。元朝至正年间汪氏后裔由福建迁入广东，明末清初始迁河源落居立业。自清康熙年间开始，闽、粤汪氏陆续有人移居台湾，此后又有远播海外者。

【家训】

尊祖敬宗，孝顺父母，友弟敬长，善亲睦邻；崇文尚武，隆师重道，训导子孙，慈善为本；礼义为行，戒讼欺凌，严禁嫖赌，恤孤助贫。

【名人】

汪元量（1241—1317），字大有，号水云，钱塘（今浙江杭州）人。南宋末诗人、词人、宫廷琴师。宋度宗时以善琴供奉宫掖。临安陷后随帝北上，尝谒文天祥于狱中。后出家为道士，获南归，往来江西、湖北、四川等地，终老湖山。诗多记国亡前后事，时人比之杜甫，有“诗史”之目，有《水云集》《湖山类稿》等。

汪士慎（1686—1759），字近人，号巢林、溪东外史等，安徽休宁人。清代著名画家、书法家。“扬州八怪”之一。工分隶，善画梅，神腴气清，墨淡趣足。暮年一目失明，仍能为人作书画，自刻一印云“尚留一目看梅花”。后来，双目俱瞽，仍旧挥写，署款“心观”二字。有《巢林集》。

汪中（1745—1794），字容甫，江都（今属江苏扬州）人，祖籍安徽歙县。清朝时期著名的哲学家、文学家、史学家，与阮元、焦循同为“扬州学派”的杰出代表。早年因曾经助书商贩书，所以遍读经史百家和天文历算。尤致力于西洋数学，曾经自制仪器多种，测绘黄河新旧海口地势。

汪兆镛（1861—1939），字伯序，号憬吾，原籍浙江山阴（今绍兴），生于广东番禺。肄业于学海堂，1889年中举人。曾入岑春煊幕府司奏章。辛亥革命后，避居澳门，以吟咏、著述自适。著有《稿本晋会要》《元广东遗民录》《岭南画征略》等。

汪道涵（1915—2005），原名汪导淮，安徽嘉山县（今明光市）人，曾先后就读于交通大学、光华大学，中共党员。致力于实现祖国和平统一大业，曾任海峡两岸关系协会会长。1993年4月，与台湾海峡交流基金会领导人辜振甫举行会谈，历史上称为“汪辜会谈”，为两岸和平做出了较大的贡献。

【故事】

李白与汪伦的友情

汪伦在历史上没有什么功绩，但他的知名度不但不亚于其他汪姓名人，甚至有过之而无不及。这主要是由于大诗人李白的那首诗。

汪伦是一个小山村的村民，他特别仰慕大诗人李白的才华，很想请他来家里做客。于是汪伦想了个主意，托人带信给李白说："您喜欢游山玩水吗？我们这儿有十里桃花呢！您喜欢喝酒吗？我们这儿可有万家酒店啊！您一定要来啊！"

李白收到信后，颇为心动。他马不停蹄，赶了五天的路，终于来到了汪伦的家乡！汪伦热情地接待了李白，天天陪着他游山玩水，饿了就在村里的一家小酒店里吃饭，就这样过了好几天。可是李白心里还想着"十里桃花"和"万家酒店"呢！他问汪伦："你什么时候带我去看'十里桃花'啊？那'万家酒店'你总得带我吃上百八十家吧？"

汪伦歉笑道："不瞒您说，我说的'十里桃花'其实是一个湖，名叫'桃花潭'，足有十里宽，所以叫'十里桃花'；而这'万家酒店'嘛，其实就是这家，因为老板姓万，所以被称为'万家酒店'。"李白一听，这才发现自己上了汪伦的"当"！但他并没有生气，反而哈哈大笑起来。又过了一段时间，李白要回家了。启程那天，汪伦带着全村的人来为李白踏歌送行，李白感动极了，提笔写下了《赠汪伦》：

李白乘舟将欲行，忽闻岸上踏歌声。
桃花潭水深千尺，不及汪伦送我情。

随着这首诗的传颂，汪伦这个普通老百姓也成了千古流传连小学生都知道的名人。

送别图

毛

毛姓图腾

【源流】

出自姬姓，以国为氏。周武王灭商后，封弟弟叔郑（文王第八子）于毛国（今陕西岐山、扶风一带），世称毛公。清道光年间在陕西岐山出土的西周晚期的青铜器班殷、毛伯敦、毛公鼎等均是毛国的遗物。毛公子孙在周朝世袭卿士，称为毛氏。

毛姓早期主要是在北方发展繁衍。春秋时期，由于发生内乱，有徙居江南者。唐末五代以后，除居于河南、河北、山东、山西、甘肃者外，主要称盛于江南。因此自北宋至今，毛姓的著名人物绝大多数都出在南方。其分布地为今浙江、江苏、上海、安徽、江西、湖南、福建、湖北、广西、云南、四川等。从清朝雍正年间开始，毛氏陆续有人移居台湾，后又有不少人到海外谋生。

【家训】

欲寡精神爽，思多血气伤。少杯不乱性，忍气免伤财。贵自辛勤得，富从节俭来。温柔终有益，张暴必招灾。正直真君子，刁唆是祸胎。长寿须修德，欺心枉吃斋。衙门休出入，邻居要和谐。暗中休放箭，巧处藏些呆。安分身无辱，防非口莫开。子孙依此语，祸退福星回。

【名人】

毛遂（前285—前228），战国时期赵国人。“战国四公子”之一平原君赵胜的门客。居平原君处三年未得崭露锋芒。公元前257年，他自荐出使楚国，促成楚、赵合纵，声威大震，并获得了“三寸之舌，强于百万之师”的美誉。“毛遂自荐”遂成为著名典故。

毛晋（1599—1659），原名凤苞，字子久，后改字子晋，号潜在，常熟（今属江苏省）人。明末著名藏书家、出版家、文学家。早年师从钱谦益。家藏图书八万四千余册，多为宋元刻本，建汲古阁、目耕楼藏之。曾校刻《十三经》《十七史》等书，流布甚广，居历代私家刻书者之首。尤嗜好抄录罕见秘籍，缮写精良，后人称为“毛钞”。

毛奇龄（1623—1716），原名甡，又名初晴，字大可，号秋晴等，萧山（今属浙江）人。清初经学家、文学家。学者称其“西河先生”。明末诸生，清初参与抗清军事，流亡多年始出。康熙时荐举博学鸿词科，授检讨，充明史馆纂修官。寻假归不复出。治经史及音韵学，著述极富，有《西河合集》四百余卷。

毛泽东（1893—1976），字润之，湖南韶山人。中国共产党、中国人民解放军和中国人民共和国的主要缔造者和领导者，毛泽东思想的主要创立者。在1935年1月召开的遵义会议上，批判了王明的“左”倾错误，确立了他在全党的领导地位。1946年至1949年领导人民进行了解放战争，建立中华人民共和国。

【故事】

毛遂自荐

战国时，秦军在长平一线，大胜赵军，主将白起领兵乘胜追击，包围了赵国都城邯郸。大敌当前，赵国形势万分危急。

赵王急命平原君赵胜去楚国求兵解围。平原君把门客召集起来，准备挑选20个文武全才一起去。结果只凑集了十九人。这时一个叫毛遂的人走上前来自荐说：“听说先生将要到楚国去签订‘合纵’盟约，现在还少一个人，希望先生就以毛遂凑足人数出发吧！”

平原君说：“先生来到我门下几年了？”毛遂说：“三年了。”平原君说：“贤人处世，好比锥子在囊中，它的尖梢很快突出来了。现在，你都来了三年，左右没啥称道，我也没听到赞语，你还是留下吧！”毛遂说：“我不过今天才请求进囊中罢了。如果我早处囊中，早就脱颖而出了。”毛遂最终与平原君一道前往。

到了楚国，楚王只接见平原君一个人。两人从早晨谈到中午，还没有结果。毛遂大步跨上台阶，远远地就大叫起来：“出兵的事，非利即害，非害即利，简单而又明白，为何议而不决？”楚王非常恼火，问：“此人是谁？”平原君道：“此人是我的门客毛遂！”楚王喝道：“赶快下去！我和你主人说话，你来干吗？”毛遂不但不退下，反而又上了几个台阶。他手按宝剑，说：“十步之内，大王性命在我手中！”楚王见毛遂那么勇敢，没有再呵斥他，就听毛遂讲话。毛遂就把援赵有利楚国的道理，做了精辟的分析。一番话说得楚王心悦诚服。没过几天，楚、魏等国联合出兵援赵。秦军撤退了。平原君回赵后，待毛遂为上宾。

宋

宋姓图腾

【源流】

其源主要有三。一出自子姓，为商朝王族后裔。周成王将商朝旧部商丘一带封给纣王庶兄子启建立宋国，宋国被齐国所灭，宋国的后代遂以国为姓。二出自姬姓，以祖名为氏。源于春秋时期郑国贵族大夫姬宋，后裔子孙有以先祖名字为姓氏者，称宋氏。三是源于改姓，如韩姓改宋姓，为过继改姓。宋氏三姐妹的先辈是客家人，南宋时期韩显卿入粤任廉州太守，后定居文昌锦山。宋嘉树由于十二岁时过继给宋姓舅父，遂改姓宋。还有少数民族改姓。

先秦时期，宋姓主要分布于河南、河北和山东等北方地区。秦汉、魏晋南北朝时期，宋姓已经播散于山西、陕西、甘肃、湖北、安徽、江西、浙江等地。唐宋时期，宋姓已扩展到四川、广西、湖南、广东、福建等地，尤盛兴于陕西地区。清初进入台湾省。

【家训】

敬父母，尊长辈；不孝者，必自亡。勤习文，争族光；勤与信，是良方。顾廉耻，知纲常；亲与疏，和致祥。勿逞强，勿欺房；邪与恶，勿沾边；勤积德，裔后强。慈善事，多赞帮；传竹兔，振家声。赋门第，蕃奕昌。

【名人】

宋玉（约前298—约前222），又名子渊，崇尚老庄，战国鄢（今湖北钟祥市）人，屈原弟子，著名辞赋家，与唐勒、景差齐名。曾事楚顷襄王。今有《九辩》《风赋》《高唐赋》《登徒子好色赋》等传世。所谓“下里巴人”“阳春白雪”“曲高和寡”“宋玉东墙”的典故皆出自其作品。

宋璟（663—737），字广平，河北邢台人。少年博学多才，弱冠中进士，官历上党尉、凤阁舍人、御史台中丞、吏部侍郎、吏部尚书、刑部尚书等职。唐开元十七年（729年）拜尚书右丞相。与姚崇合称“姚宋”。一生为大唐励精图治，是“开元盛世”的主要开创者。

宋应星（1587—约1666），字长庚，江西奉新人，明末清初著名科学家。一生致力于对农业和手工业生产的科学考察和研究，收集了丰富的资料，对封建主义和中世纪学术传统持批判态度。其著作和研究领域涉及自然科学及人文科学等不同学科，代表作《天工开物》被誉为“中国17世纪的工艺百科全书”。

宋庆龄（1893—1981），祖籍海南文昌。20世纪的伟大女性。早年留学美国，1914年担任孙中山的英文秘书。后与孙中山在东京结婚，献身革命，为祖国统一、世界和平做出了贡献，受到中国人民、海外华人华侨的景仰和爱戴，并享有崇高的威望。

【故事】

宋氏兄弟双状元

北宋的宋庠和宋祁是兄弟，哥哥长弟弟两岁，人称“大小宋”，安州安陆（今湖北安陆）人，后迁至雍丘（今河南杞县）定居。因生母早逝，父亲宦游在外，兄弟俩少年时曾寄居在继母朱氏的娘家。经过多年苦读，兄弟俩的诗文创作渐入佳境，受到了安州太守夏竦的赞赏。

宋仁宗天圣二年（1024年），“二宋”一起参加会试。考试结果上报，摄政的刘太后见“二宋”兄弟进入前三名：宋祁为进士一甲第一名，宋庠为第三名。惊诧之余，刘太后觉得弟弟不应排名在兄长之前，就把宋庠改为第一名。接着她又认为兄弟俩都在前三名恐遭人非议，索性把宋祁降为第十名。结果宋庠被钦赐为“状元”，宋祁为二甲进士。但民间很为宋祁愤愤不平，仍称宋祁为“状元”。于是，兄弟俩就都成了“状元”——宋庠为“钦赐状元”，宋祁则为“民间状元”。

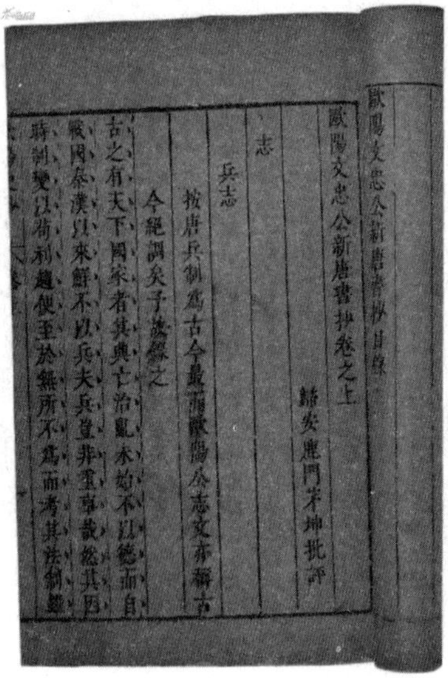
歐陽文忠公新唐書抄目錄

歐陽文忠公新唐書抄卷之上

歸安鹿門茅坤批評

志

兵志

按唐兵制爲古今最覈歐陽公志文亦稱古今絕調矣予故錄之

古之有天下國家者其興亡治亂未始不以德而自戰國秦漢以來鮮不以兵夫兵豈非重事哉然其因時制變以苟利趨便至於無所不爲而考其法制雖

宋祁参与编撰的《新唐书》书影

从此“状元”兄弟步入仕途。哥哥宋庠曾任襄州通判、翰林学士、枢密使、兵部侍郎同平章事等职，深得仁宗皇帝的信任。弟弟宋祁曾任翰林学士等职，后任史馆修撰，此间曾与欧阳修（“唐宋八大家”之一）共同撰修《新唐书》。此后宋祁任工部尚书，拜翰林学士承旨。宋祁还是著名的文学家，诗词工丽清新，因“红杏枝头春意闹”的佳句被称为“红杏尚书”。

熊

熊姓图腾

【源流】

出自黄帝有熊氏之后，以地名为氏。相传黄帝建都于有熊（今河南新郑），又称有熊氏。后代以地名为姓，称熊氏。从上古时期开始，就有熊姓人物的活动。夏初曾夺取太康帝位的后羿就有臣叫熊髡。西周时在楚国附近建立的子爵罗国，亦为熊姓，后为楚国所灭。

先秦至汉代，熊氏主要是在今湖北、湖南省境内发展繁衍。魏晋南北朝时，熊氏部分人迁居江西、山东等。此后直至元明时期，江西南昌熊氏和湖北江陵熊氏繁衍昌盛，人才辈出，成为当地望族。在宋代还分布于福建、江苏的一些地方。清代时，广东、广西、云南等省也有熊姓居民。湖南、贵州等省的熊氏，有一部分融入苗、水、布依等民族中。闽粤熊氏，有些人迁至海外，侨居新加坡等国。

【家训】

尽孝弟，笃友恭，尚仁义，敦廉耻，严伦纪，慈友爱，严欺凌，谨祭田，谒祖坟，正闺门，守常业，育才能。

——朱口镇游源村《熊氏族谱》家训

【名人】

熊安生，生卒年不详，字植之，长乐阜城（今河北阜城东）人，北朝经学家，北学代表人物之一。通五经，精三礼，北齐时任国子博士。后入北周，武帝宣政元年（578年），官露门学博士。

熊伯龙（1616—1669），字次侯，号塞斋，汉阳（今属湖北）人。清初无神论者。历任国子监祭酒、内阁学士，熟悉西方天文算学，通佛学、魏晋玄学和宋明理学。曾编著《无何集》，将王充《论衡》中驳斥谶纬神学的言论分类编排，从儒学立场对传统宗教迷信进行了批判。他认为“天不故意造作”，“灾异非天谴告”，人的生死是自然之道，人死不能为鬼神。

熊廷弼（1569或1573—1625），明湖广江夏（今湖北武昌）人，字飞百，万历进士。万历四十七年（1619年）以兵部右侍郎任辽东经略，整肃军令，训练部队，加强防务，在职年余，后金不敢来攻。魏忠贤专权时，被排挤去职。天启元年（1621年），辽阳、沈阳失守，再任经略，后为魏忠贤冤杀。

熊成基（1887—1910），字味根，江苏甘泉（今扬州）人。近代民主革命烈士。1904年入安徽练军武备学堂学习，加入岳王会，进行反清革命活动。1907年徐锡麟起义失败后，流亡日本。1910年初，在哈尔滨谋刺清海军大臣载洵，被捕后就义。

【故事】

熊成基以血浇灌自由之树

熊成基，字味根，是徐锡麟起义时主谋之一。徐就义后，他愤然宣誓：“味根一日不死，当成公之志！”遂于1908年11月率军起事进攻安庆，失败后亡命日本。次年化名潜入东北，因不慎泄密在哈尔滨被捕，转押吉林省府吉林市。

狱中，熊成基和同乡邱正夔相遇。邱正夔出任吉林省检察厅高等检察官不久，他奉命以同乡身份至狱中与熊谈话，意在探听虚实，核查是否真的熊成基。一是因为熊当时“貌瘦而颏尖，憔悴若乞丐，行止轻佻”，已非报刊刊布的照片样貌。二是因为抓捕过于便当，系熊酒后吐真言被告发。熊成基早存死志，在狱中自书供词：“我今日早死一日，我们自由之树早得一日鲜血；早得血一日，则早茂盛一日，花方早放一日。”他对同乡邱正夔说：“将来如不免，务为设法运骸南归。”邱随即允诺。

1910年2月27日清晨，清兵在吉林巴尔虎门外九龙口法场行刑。临刑前熊成基说：“今生已矣。我死，愿中国之富强日进一日，庶几瞑目矣。”刽子手命其下跪不从，遂强按其头，刀起头落。一长者呼人上前，将带血的头颅与尸身缝合，置入棺木。两年后同乡邱正夔将其棺柩运回扬州，葬于玄天岭南麓，立碑熊公味根之墓。

梁

梁姓图腾

【源流】

出自嬴姓，始祖梁康伯是周宣王大夫秦仲的小儿子，被封在梁。后梁国为秦所灭，后世子孙逃到晋国，遂以原来的国名为姓。另有一支以封邑名作姓氏。春秋晋国有解梁、高梁、曲梁等地。被封在解梁、高梁、曲梁等地的后代用封地名作为姓氏。北魏时，代北的拔列兰氏也改姓梁。

东汉时，近河南和江南等地已有梁氏居民。西晋离乱，梁氏随晋室渡江，在钱塘（今浙江杭州）、合浦（今属广西）等地繁衍。梁芬之孙梁遐，因为桓玄篡位，被迫随晋安帝逃到福建，成为梁氏入闽始祖。唐代以前，梁姓扩展到河北、青海、四川、湖南等省。北宋时迁入广东，此后在闽粤发展繁衍。清康熙末年，有部分移居台湾，进而远徙海外。

【家训】

奉祖先，孝父母，和兄弟，睦家族，谊乡邻，教子弟，戒习染，奖名节，慎婚配，急赋税。

【名人】

梁红玉（1102—1135），原籍安徽池州，生于江苏淮安，宋朝著名抗金女英雄。因祖、父都是武将出身，自幼练就一身功夫。韩世忠之妻。1151年，韩世忠病逝，合葬于苏州灵岩山下。史书中不见其名，只称梁氏。“红玉”是其战死后各类野史和话本中所取的名字，首见于明朝《双烈记》。

梁佩兰（1629—1705），字芝五，号药亭、郁洲等，广东南海人。清初诗人。年近六十方中进士，授翰林院庶吉士。未一年乞假归，结社南湖，诗酒自酬。其诗歌意境开阔，功力雄健俊逸，被时人尊为“岭南三大家”与“岭南七子”之一。著有《六莹堂前后集》等。

梁启超（1873—1929），字卓如，号任公，又号饮冰室主人等，广东新会人。清光绪年间举人，中国近代思想家、政治家、教育家、史学家、文学家。康有为的弟子，戊戌变法（百日维新）领袖之一，中国近代维新派代表人物。

梁思成（1901—1972），梁启超长子，籍贯广东新会，生于日本东京。建筑历史学家、建筑教育家和建筑师，毕生致力于中国古代建筑的研究和保护。曾任中央研究院院士、中国科学院哲学社会科学学部委员。与妻子林徽因共同参与人民英雄纪念碑、中华人民共和国国徽等作品的设计。

【故事】

梁鸿孟光举案齐眉

梁鸿，字伯鸾，扶风平陵（今陕西咸阳西北）人。由于他品行好，许多人家都想把女儿许配给他，但都被他谢绝了。与他同县的孟氏有一个女儿，长得又黑又肥又丑，而且力气极大，已经三十岁了，还未嫁人。父母问她为何不嫁，她说：“我要嫁给像梁伯鸾一样贤德的人。”

梁鸿听说后，就派人来下聘礼。哪知道，过门后一连七日，梁鸿一言不发，对她毫不理睬。孟家女跪在梁鸿面前问：“妾早闻夫君贤名，立誓非您莫嫁。可是婚后您总是默默无语，不知妾犯了什么过失？”梁鸿说：“我一直希望自己的妻子是位能穿麻葛衣、与我一起隐居山林的人。现在你却穿着这些名贵衣服，涂脂抹粉，这哪里是我理想中的妻子啊？”

孟女听了笑道：“我这些日子的穿着打扮，只是想验证一下，夫君是否真是我理想中的贤士。妾早就准备了劳作的服装与用品。”说完，便将头发卷成髻，穿上粗布衣，动手织布。梁鸿见状大喜。他为妻子取名为孟光，字德曜，意思是她的仁德如同光芒般闪耀。

后来他们一道去霸陵（今西安市东南）山中隐居，以耕织为业，或咏诗书，或弹琴自娱。不久，梁鸿为避征召，到了吴地，靠给人舂米过活。每次归家时，孟光备好食物，将小桌子高高抬起，低头不敢仰视。夫妻二人恩爱和睦，这就是“举案齐眉”典故的由来。

陈康侯《举案齐眉》

杜

杜姓图腾

【源流】

杜氏出自祁姓，是帝尧的后代。西周时，陶唐氏后裔刘累的后代建唐国，人称唐杜氏。周成王灭唐国后，把唐国国君迁到杜，称为杜伯。周宣王时，杜国被灭，杜伯被杀害，子孙大多投奔其他诸侯，留在杜城的族人因以杜作为姓氏。先秦时期，杜氏播迁繁衍于今山西，山东，湖北，江苏句容、淮安，河北临漳、正定，山东潍坊、章丘等地。宋元期间有族人徙居福建、广东，清代有迁至台湾的，有的又进而远徙海外。

【家训】

勤劳治家之本，和顺齐家之本，谨慎保家之本，诗书起家之本，忠厚传家之本。欲足福禄速读书，不读诗书子孙愚。贤肖子孙勤耕读，好从耕读下功夫。

【名人】

杜康，又名少康，夏朝人，民间传说是夏朝的第五位国君，夏后氏相的儿子。《说文解字》载杜康始作秫酒。因善酿酒，后世尊为酒神，制酒业则奉杜康为祖师爷。后世因以“杜康”借指酒。

杜根，生卒年不详。字伯坚，颍川定陵人。东汉名士。少有志节，年十三入太学，号奇童。京师贵戚慕其名，或遣之书，安不发，悉壁藏之。及后捕案贵戚宾客，安开壁出书，印封如故，竟不离其患，时人贵之。位至巴郡太守，政甚有声。

杜甫（712—770），字子美，自号少陵野老，祖籍襄阳，生于河南巩县。唐代伟大的现实主义诗人，与李白合称“李杜”，人称“诗圣”，其诗因反映了唐王朝由盛而衰的过程被誉为“诗史”。著有《杜工部集》。

杜牧（803—约852），唐代著名文学家。因晚于杜甫，被称为“小杜”。与同时代的李商隐合称“小李杜”。文字优美，寓意警拔。著有《阿房宫赋》等名篇。

杜月笙（1888—1951），原名月生，后改名镛，号月笙，江苏川沙人（今上海浦东），他从一个小瘪三混进十里洋场，成为上海最大的黑帮帮主，成为现代实业家、社会名流与地方领袖，成为当时活跃的政治风云人物，一生颇具传奇性。

【故事】

杜少陵坎坷写“诗史”

公元757年，唐军收复长安以后，杜甫跟着许多官员一起回到长安。很快，唐肃宗派他去华州（今陕西华县）做个管理祭祀、学校工作的小官。那时，长安、洛阳虽已收复了，但是安史叛军并未消灭，战争还很激烈，唐军到处拉壮丁补充兵力。

有一天，杜甫经过石壕村（在今河南陕县东南），时间已经很晚了。他到一家穷苦人家去借宿，接待他的是老农夫妻俩。半夜里，他正翻来覆去睡不着觉，忽然响起一阵急促的敲门声。杜甫在房里静静听着，只听到隔壁那个老人翻过后墙逃了，老婆婆一面答应，一面去开门。进屋的是官府派来抓壮丁的差

杜甫像

役，他们厉声吆喝着，问老婆婆说："你家男人到哪里去了？"老婆婆带着哭声说："我的三个孩子都上邺城打仗去了，前两天刚接到一个儿子的来信，说两个兄弟都已经死在战场上。家里只有一个儿媳和吃奶的孙儿。你还要什么人？"老婆婆讲了许多哀求的话，差役还是不肯罢休。

老婆婆没有法子，只好让差役把自己带走，到军营去给兵士做苦役。天亮了，杜甫离开那家的时候，送别的只有老农一个人了。杜甫亲眼看到这种凄惨情景，心里很不平静，就把这件事写成诗歌，叫《石壕吏》。

杜甫在华州的时候，前后一共写过六首同类型的诗，合起来叫作"三吏三别"（《石壕吏》《潼关吏》《新安吏》《新婚别》《垂老别》《无家别》）。由于杜甫的诗歌大多是写安史之乱中人民的苦难，反映了唐王朝从兴盛到衰落的过程，所以，人们把他的诗篇称作"诗史"。郭沫若有一联称赞他：

世上疮痍，诗中圣哲；
民间疾苦，笔底波澜。

阮

阮姓图腾

【源流】

以国为氏，是皋陶氏之后。商代有阮国（今甘肃泾川境内）。西岐灭阮国后，原阮国王族相约以国名为姓。后为避仇杀，分散各地。汉末三国魏晋时，繁衍于陈留郡（今河南开封）的阮姓名人辈出，声誉显赫。南北朝时避乱江浙等地之阮姓依旧名人辈出。此间，阮姓因仕宦、避乱、升迁、谋生等原因逐渐在安徽、江西、湖北、湖南等地落籍，并有阮姓进入越南，如今仍是越南之大姓。隋统一后，有南朝阮姓回迁北方。

阮姓入闽始于唐朝，阮安所为入闽始祖。唐五代时入居四川、广东。明初，山西阮姓作为洪洞大槐树迁民，分迁于山东、河南、江苏、安徽、湖北等地。如今，阮姓在中国分布较广，尤以浙江、福建、山东、湖北等省为多。

【家训】

尊祖，睦族，守业，治生，教子，耦守，慎守，儆忿，改过，恤邻。

【名人】

阮瑀（约165—212），字元瑜，陈留尉氏（今河南开封尉氏）人。汉魏文学家，“建安七子”之一。所作章表书记很出色，当时军国书檄文字，多为阮瑀与陈琳所拟。名作有《为曹公作书与孙权》。后徙为丞相仓曹掾属。诗歌语言朴素，往往能反映出一般的社会问题。音乐修养颇高，明人辑有《阮元瑜集》。

阮籍（210—263），字嗣宗，阮瑀之子。陈留尉氏（今河南开封尉氏）人，三国时魏国文学家、名士，“竹林七贤”之一。不拘礼法，博览群书，尤好庄老，有《咏怀诗》八十余首名世，是“正始之音”的代表，另有《大人先生传》等作品，著作多收录于《阮籍集》。

阮咸，生卒年不详，字仲容，陈留尉氏（今河南开封尉氏）人，阮籍之侄，与阮籍并称“大小阮”，“竹林七贤”之一。历官散骑侍郎，补始平太守，生平放浪不羁。精通音律，是著名的音乐家，乐器“阮”即以他为名。

阮元（1764—1849），字伯元，号芸台，江苏仪征人，清乾隆五十四年（1789年）进士。历任户、兵、工部侍郎，浙、闽、赣诸省巡抚，两广、云贵总督，体仁阁大学士。历官所至，以提倡学术为己任。在浙设诂经精舍，在粤立学海堂，撰《十三经校勘记》《经籍纂诂》，汇刻《皇清经解》一百八十余种。

【故事】

阮步兵不为礼法所拘

阮籍是魏晋名士，“竹林七贤”之一。当时司马氏父子把持朝政，取代曹魏的意图十分明显。由于司马氏严格排除异己，培植同党，所以“魏晋之际，名士少有全者”。其时阮籍的内心十分痛苦，但又不能明言，所以常常驾车出游，不问路径，走到路的尽头再痛哭而返，这就是著名的“穷途之哭”。

阮籍是至情至性之人，不为礼法所拘。有次，其嫂回娘家，他去送行，别人笑话他不懂礼法，阮籍却说：“礼法岂为我辈所设耶？”他的母亲过世，众人都来凭吊，阮籍却旁若无人地大吃酒肉，然后突然起来大叫一声，吐血三升。

阮籍好喝酒，常常到一个美妇当垆的酒家去喝酒，喝醉了就在美妇的脚边酣睡。刚开始妇人的丈夫十分警惕，时间一长也就习以为常了。他本不欲出仕，后来听说某地仓库储有好酒，就自荐当了管仓库的官职，官名“步兵”，后世称他“阮步兵”。

酒是他的遁世忘忧之物，也是他自保的手段。司马炎为拉拢他，曾想把女儿许配给他的儿子。阮籍不能当面回绝，只好以大醉六十余日的方式使这件事情不了了之。

终晋一朝，阮籍没担任过什么真正的官职，其实他原本怀有用世之志。他曾登广陵楚汉相争的古战场，长叹“时无英雄，使竖子成名”，可见其本人的志向与才略。

竹林七贤图（局部）

蓝

蓝姓图腾

【源流】

出自嬴姓，为伯益之后。梁惠王三年（前367年），秦子向受命为蓝（今陕西蓝田）君，后代遂以地名为姓。蓝姓现多作兰姓，二姓本非一宗，兰姓出自姬姓，是春秋时郑国公族的后代。

蓝姓起源于中原。今陕西西安的蓝田县、河南的汝南、湖北的荆门、河北的迁安都是蓝姓最早的发源地。汉朝之前，主要繁衍于中山郡（河北定州一带）、东莞郡（今山东莒县一带）和汝南郡（今河南平舆一带），三地为蓝姓郡望。蓝姓在这三地曾得到大发展，后世繁衍于各地之蓝姓多由此三处分衍而出。今天，蓝姓主要分布在广西、广东、福建、江西、浙江、四川、湖南、贵州等地。

【家训】

敦孝悌以叙人伦，敬长辈以明恭顺，谨闺门以端风化，亲宗族以厚一本，和姻邻以息争讼，恤孤弱以广慈惠，读诗书以训子弟，择交友以慎习染，禁赌博以保身家，戒言斗以全躯命，务本业以足衣食，早输纳以免催科，节浪费以备不虞，禁盗砍以培风龙。

【名人】

蓝采和，唐末逸士，“八仙”之一。常着破烂蓝衫，一脚着靴，一脚跣行，夏天则在衫内加絮，冬天则卧于雪中。每行歌于城市乞索，持大拍板。常醉踏歌：“蓝采和，世界能几何？红颜一春树，流年一掷梭。”后于濠梁酒楼上饮酒，有五色云覆其上，饮毕，乘云鹤去。

蓝玉（？—1393），定远（今属安徽）人，常遇春妻弟，明朝开国将领。勇敢善战，屡立战功。官拜大将军，封凉国公。于捕鱼儿海之役中大破北元，基本摧毁其职官体系而名震天下。多有封宠，但恃功骄纵，以谋反罪见杀，牵连致死者达一万五千余人，史称“蓝玉案”。

蓝瑛（1585—1664），字田叔，号蝶叟，钱塘（今浙江杭州）人。浙派后期代表画家之一。工书善画，长于山水、花鸟、梅竹，尤以山水著名。师从沈周，落笔秀润，临摹唐、宋、元诸家，师黄公望尤为致力。晚年笔力蓊郁苍劲，与文征明、沈周并重。

蓝天蔚（1878—1921），湖北武汉人。中华民国军事将领，民主革命家。曾赴日本陆军士官学校留学，“北洋士官三杰”之一。回国后，任湖北新军统带兼湖北将弁学堂教员。武昌起义时与吴禄贞等策划北方新军起义，后潜逃上海，被推为关东革命大都督、北伐军总司令。1921年任鄂西联军总司令，随后被军阀孙传芳击败，死于四川。

【故事】

捕鱼儿海之役

洪武二十一年（1388年）三月，蓝玉率师十五万北征，他听说元帝脱古思帖木儿在捕鱼儿海（今贝加尔湖），便抄近路，兼程而进。行至百眼井处，距捕鱼儿海还有四十里，仍然没有发现元军行迹，蓝玉便想引兵退还，在部将王弼的劝说下，继续前进，并采用王弼计谋，穴地而炊，这样敌人便看不见烟火，军队能够不被发现行踪，秘密前进。后侦知元帝营在离捕鱼儿海东北八十里处。蓝玉命王弼为前锋，迅速出击，直奔元帝大营。

元帝脱古思帖木儿以为明军与纳哈出作战不久，粮草匮乏，不会深入北方再战，大意轻敌，没有做任何迎敌的准备。凑巧的是，明军前锋奔袭北元汗帐的大营之时，恰好风沙弥天，几十步外不见人。明朝兵马出现在汗帐外时，才为北元军所惊觉。此时，脱古思帖木儿根本不能做有效的抵抗。北元太尉蛮子仓促上阵，很快战败被杀。脱古思帖木儿得以脱身，带着太子天保奴、知院捏怯来、丞相失烈门等数十人逃往哈拉和林方向。蓝玉率精骑追赶，但没有赶上。

这一次战役，脱古思帖木儿的次子地保奴、嫔妃公主一百二十三人、官员三千余等人口七万七千多，马驼牛羊十五万多头，以及大量印章、图书、兵器、车辆，都被明军俘获。捕鱼儿海战役是北元政权遭受的最大挫折。经此一役，北元的职官体系基本被摧毁，陷入连绵不断的内讧之中，再也无力南下反击明朝。蓝玉也因此多有封宠。

江

江氏图腾

【源流】

出自嬴姓，为颛顼裔孙伯益之后。伯益因辅佐大禹治水有功，帝舜时赐姓嬴，传至十几代，至西周时，其后裔受封于江，春秋时被楚国所灭，子孙遂以国名为氏。

江氏发源于河南正阳，早期主要是在河南发展繁衍。亡国后先自正阳向北逃到淮阳（今属河南），又自淮阳继续北迁至陈留圉县（今河南杞县），后又迁至济阳考城（今河南兰考）。另有一部分江国子孙逃到齐（今山东临淄一带）。唐初，随陈政、陈元光入闽开漳落籍。宋末有一支自汴京迁至仁和（今浙江杭州）。广东福建台湾的江姓（翁江除外），大部分源自浙江常山开化交界处的汾口。广东福建的江姓皆奉江万里兄弟为祖。明清之际，有江氏族人跟随郑成功入台，在台湾定居，后有的又移居海外。

【家训】

父之所贵者慈也，子之所贵者孝也；君之所贵者义也，臣之所贵者忠也；兄之所贵者爱也，弟之所贵者敬也；夫之所贵者和也，妇之所贵者柔也。事师长贵乎礼也，交朋友贵乎信也。见长者敬之，见幼者爱之。有德者年虽下于我，我必尊之；不肖者年虽高于我，我必远之。仇将以义解之，怨者以直报之。人有恶则掩之，人有美则扬之。人有小过，含而容忍之；人有大过，以理而责之。勿以恶小而为之，勿以善小而不为。处公无私仇，治家无私法。勿损人而利己，勿妨贤而嫉能。见非义之财则勿取，遇合义之事则从，诗书不可不读，礼义不可不知，子孙不可不教，奴仆不可不恤。守我之分者理也，听我之命者天也。人能如是，天必相之。此乃日用常行之道，若衣服之于身体，饮食之于口腹，不可一日无也，可不谨哉，可不慎哉。

——《江氏族谱》

【名人】

江淹（444—505），字文通，宋州济阳考城（今河南商丘）人。南朝著名军事家、政治家、文学家。少时孤贫好学，六岁能诗。二十岁左右齐高帝闻其才，召授尚书驾部郎，骠骑参军事；明帝时为御史中丞，先后弹劾中书令谢朏等人；武帝时任骠骑将军兼尚书左丞，历仕南朝宋、齐、梁三代。

江万里（1198—1275），名临，字子远，号古心，出仕后改名万里，南康军都昌（今江西九江）人。南宋著名爱国丞相。三度为相，一生清廉，政绩斐然，直言敢谏。创办白鹭洲书院，千年来培养出文天祥等十七位状元。亡国后，投水殉国。

江永（1681—1762），字慎修，又字慎斋，徽州府婺源县（今江西婺源）人。清代著名经学家、音韵学家、天文学家和数学家，皖派经学创始人。博通古今，尤长于考据之学，深究《三礼》，所撰《周礼疑义举要》颇有创见。著述甚多，《四库全书》收其所著书至十余部。戴震、程瑶田、金榜等皆其弟子。

江藩（1761—1831），字子屏，号郑堂，晚号节甫，祖籍安徽旌德，出生于甘泉（今江苏扬州）。监生。受业于余萧客、江声，博综群经，尤深汉诂。为古文词，豪迈雄俊，曾作《河赋》以匹江、海二赋。

【故事】

江淹梦笔

江淹，俗称江郎，是南朝时期著名的文学家，一生历仕宋、齐、梁三个朝代。

少年时，江淹家里很穷，早年父亲去世，全靠他上山砍柴来供养母亲。但他读书十分刻苦，二十岁时便学有所成，踏上仕途，担任宋孝武帝刘骏第十一子刘子真的授业老师。孝武帝死后，湘东王刘彧争夺帝位成功，刘子真被杀，江淹便转投到建平王刘景素门下。

江淹二十多岁时便才华横溢，文名卓著，写下了《恨赋》《别赋》等不朽名篇，很得建平王刘景素的器重。但他少年气盛，恃才傲物，引起同僚的妒忌，被诬陷入狱。江淹在狱中抱着一股不平之气，写下情真意切的《诣建平王上书》，为自己申辩，这篇文章深深打动了刘景素，立即将他释放。

由于江淹的文章写得如此精彩，下笔如有神助。民间常传说，江淹在二十一岁那年，曾经做了一个梦。在梦中，他见到了一个名叫郭璞的仙人，郭璞送给他一支五彩笔。从此，江淹的诗赋文章便越写越好，每每提起笔来，文思有似潮涌，写出的文章也更加文采焕发。

公元479年，刘宋王朝的大臣萧道成灭宋称帝，建立齐朝。萧道成深知江淹的文才，任命江淹为东武令，齐朝的许多重要文书，多由江淹执笔，显示了其不凡的写作功力。后来，“江淹梦笔”这一典故，用来比喻文才卓著，笔力不凡。不过，江淹后来似乎没有写出什么传世作品，所以后人又有“江郎才尽”之说。

颜

颜姓图腾

【源流】

源于西周，出自曹姓。据《通志·氏族略》载，颛顼之玄孙陆终第五子曰安，曹姓。安裔孙挟封于邾（今山东邹城东南），为鲁附庸。邾挟之后，至于夷父，字颜，又称邾颜公。邾国被楚国灭后，其支庶子孙遂以祖父的字为姓，称颜姓。

先秦时期，颜姓主要在齐鲁繁衍，也有入居河南者。东汉时已有颜姓人徙居今湖北省境。魏晋南北朝时，世居在琅琊、东鲁一带的颜姓高官不断，族大人众。隋代以前，一支颜姓由琅琊临沂入迁关中。到了唐代，此支颜姓开始发达昌盛起来，出现了颜师古、颜杲卿、颜真卿等，均有名于当世，显赫一时，为人仰慕。后子孙分居于闽南、江浙等地。北宋末期，山东、河南省等地颜姓播迁江南。南宋末期，居于江、浙、闽、赣一带之颜姓人为避兵火，遂迁往两广、两湖。明初，颜姓作为洪洞大槐树迁民姓氏之一，被分迁于河南、河北、山东、陕西、湖北等地。康乾年间，有颜姓人渡海赴台，进而播迁海外。如今，颜姓人在全国各地分布甚广，尤以山东为多。

【家训】

吏不畏吾严而畏吾廉，民不服吾能而服吾公。公则民不敢慢，廉则吏不敢欺。公生明，廉生威。

【名人】

颜回（前521—前481），字子渊，春秋末期鲁国曲阜（今属山东）人。人称“亚圣”。十四岁拜孔子为师，终生师事之，是孔子最得意的门生。孔子称赞他“好学”，居陋巷不改其志，受到历代文人学士的推尊，自汉高祖起，以颜回配享孔子、祀以太牢。

颜之推（531—约591），字介，琅琊临沂（今属山东）人。南北朝时文学家，初仕梁元帝为散骑侍郎，后投奔北齐，任黄门侍郎、平原太守。隋开皇中，被太子召为学士。一生奔波，饱经离乱。所著《颜氏家训》一书，阐述立身治家的方法，被推为家训之祖。

颜师古（581—645），名籀，字师古，雍州万年（今陕西西安）人，生于京兆万年（今西安），祖籍琅琊。唐初儒家学者、经学家、语言文字学家、历史学家。名儒颜之推之孙。少传家业，遵循祖训，博览群书，学问通博，擅长文字训诂、声韵、校勘之学。他还是研究《汉书》的专家，对两汉以来的经学史也十分熟悉。

颜真卿（709—784），字清臣，颜师古之孙。唐代大臣、书法家。开元年间进士，累官至监察御史。因忤逆杨国忠被贬为平原太守，德宗时，李希烈自称天下都元帅，攻陷汝州，颜真卿受命前往劝谕，后持节不屈，终被李希烈杀害。善楷、行书，笔力沉着雄浑，称为颜体。存世有《颜鲁公文集》。

【故事】

颜真卿慷慨就义

颜真卿七十多岁了，还是姜桂之性，宰相卢杞看他不顺眼，就撺掇皇帝，颜真卿德高望重，让他出马去说服李希烈投降，可以不动刀兵。许多文武官员听说朝廷派他到叛镇那里去，都为他的安全担心。但是，颜真卿却不在乎，带了几个随从就到淮西去了。

李希烈见颜真卿来了，就想给他一个下马威。果然颜真卿刚刚开始劝说，周围的部将就已聚集在厅堂内外，亮出明晃晃的尖刀，摆出威胁的架势。颜真卿毫不畏惧，面不改色，朝着他们冷笑。

李希烈假惺惺喝止，把颜真卿送到驿馆里，企图慢慢软化他，但颜真卿都不为所动。李希烈拿他没办法，只好把他关起来，派兵士监视着。兵士们在院子里掘了一个一丈见方的土坑，扬言要把颜真卿活埋在坑里。第二天，李希烈来看他，颜真卿对李希烈说："我的死活已经定了，何必玩弄这些花招。你把我一刀砍了，岂不痛快！"

过了一年，李希烈自称楚帝，又派部将逼颜真卿投降。兵士们在关禁颜真卿的院子里，堆起柴火，浇足了油，威胁颜真卿说："再不投降，就把你放在火里烧！"颜真卿直接就往火里走，李希烈手下只得把他拦下来。

虽然颜真卿闹得李希烈一点脾气都没有，但也知道自己不可能活着回去了，他把给朝廷的遗表、自己的墓志铭和祭文都写好了，安心赴死。李希烈杀害颜真卿的消息传出后，江南西道节度使李皋正率军和李希烈的部队对峙，听到颜真卿的死讯，趴在马背上大哭，手下军队也哭成一片。

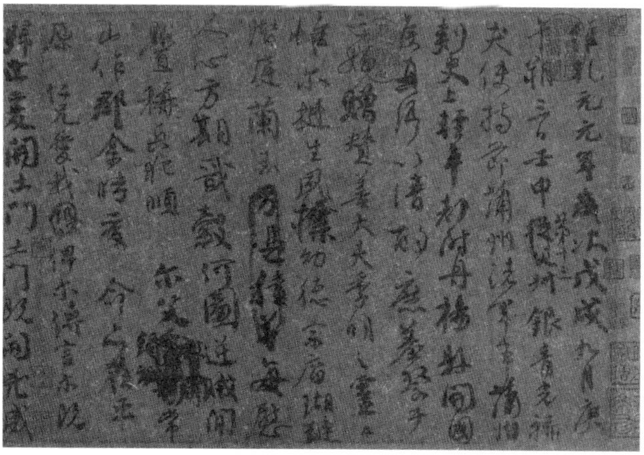

颜真卿《祭侄文稿》（局部）

郭

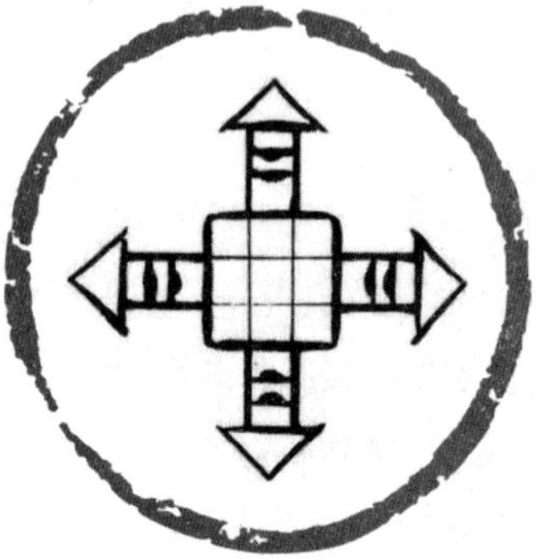

郭姓图腾

【源流】

出自夏、商时代郭支与郭崇的后代。据《姓氏考略》记载："夏有郭支，见《抱朴子》。商有郭崇，见《三一经》，此郭氏之始。"

春秋战国时期，郭氏除留居于今河南、陕西、山西外，已播迁于山东、河北。秦汉时，有部分人徙居江南。汉代以后，太原一直是郭氏的发展繁衍中心。

唐初与唐末，河南郭氏曾两次向福建迁徙：一是随陈政、陈元光父子入闽开辟漳州，在龙溪郭埭乡落户；一是郭嵩随王审知等入闽，家于新宁，子孙传衍于仙游、莆田及南安。

南宋初年，不少郭姓族人南迁，居于江苏、浙江、湖北、湖南、江西、福建、两广地区。明末清初，福建郭氏有一支迁居台湾，散居彰化、嘉义、高雄等县，发展为台湾十大姓之一，并有部分人远徙欧美及东南亚。

【家训】

完国课以报君恩，敦孝悌以重人伦。合宗族以昭雍睦，教子弟以保宗祧。隆嫁娶以肃家风，严家训以除奸宄。厚祭葬以彰孝养，重焚献以妥先灵。崇宗亲以联恩义，赏有能以励族姓。

【名人】

郭泰（128—169），字林宗，太原郡介休县（今属山西）人。东汉时期名士，与许劭并称“许郭”，被誉为“介休三贤”之一。出身寒微，相貌魁伟。博通群书，擅长说词，与李膺等交游，名重洛阳，被太学生推为领袖。第一次党锢之祸后，被士人誉为党人“八顾”之一。

郭璞（276—324），字景纯，河东闻喜（今山西闻喜）人，两晋时期著名文学家、训诂学家、风水学者。好古文、奇字，精天文、历算、卜筮，擅诗赋，是游仙诗的祖师。博学多才，好古文奇字，所注释《尔雅》《穆天子传》《山海经》《楚辞》等为后世注疏家所推重。

郭子仪（697—781），华州郑县（今陕西华县）人，祖籍山西太原。唐代政治家、军事家。安史之乱爆发后，任朔方节度使，率军勤王，收复河北、河东，拜兵部尚书、同中书门下平章事。公元757年，郭子仪与广平王李俶收复西京长安、东都洛阳，以功加司徒，封代国公。

郭守敬（1231—1316），字若思，邢州龙冈（今河北邢台）人。元朝著名天文学家、数学家、水利专家。曾担任都水监，负责修治元大都至通州的运河。1276年修订新历法，制订出《授时历》，是当时世界上最先进的一种历法。1981年，国际天文学会以他的名字为月球上的一座环形山命名。

郭沫若（1982—1978），原名开贞，字鼎堂，号尚武，笔名沫若，四川乐山人，新诗奠基人之一。毕业于日本九州帝国大学，是杰出的作家、诗人、历史学家、剧作家、考古学家、古文字学家和著名的社会活动家。著有《女神》《青铜时代》《十批判书》等作品。

【故事】

郭子仪单骑退敌

据说郭子仪与李光弼同做中级军官时，两人感情很不好，虽然同桌吃饭，但不说一句话。后来安禄山造反，皇帝命郭子仪做朔方节度使，李光弼成为他的部下。李光弼很怕郭子仪借故刁难他，哪知郭子仪反向皇帝极力举荐他为河东节度使，还分了部下一万名精兵给他。这种胸襟和风度让李光弼大为感动。郭子仪为人宽厚，待部下与士卒极好，李光弼却军令严肃，威猛善战。这两人代表着军人的两种美德。

“郭子仪单骑退敌”是极有名的事，既表现了他的勇敢，更可见他孤立敌人、争取同盟的识见。代宗永泰元年（765年）十月，回纥与吐蕃两大外族联军进攻泾阳，兵力强大之极，唐兵远远不及。郭子仪下令严守不战，命卫队长去见回纥。回纥人早听说郭子仪死了，要求见真人。郭子仪跟部下说：“目下众寡不敌，难以力胜。从前我和回纥颇有交情，不如挺身去说服他们。”

部下主张选五百名铁骑兵做卫从，但都被他阻止。他儿子郭晞大惊苦劝，郭子仪仍坚持己见，认为“如果幸而见从，则是四海之福！否则只牺牲我一个人，可以保全全体”。他扬起马鞭，就出了城门。

在回纥大营前，郭子仪从容脱下盔甲，抛下铁枪，缓缓纵马上前。回纥诸酋氏认出了郭子仪，都下马罗拜。二人入营谈论，回纥元帅终于被他说服，并答应去打吐蕃兵。

后来两军合力，大败吐蕃兵。由于郭子仪这个外交上的大胜利，局势才转危为安。

林

林姓图腾

【源流】

林姓源流较多。一是比干之后，始祖为林坚。相传比干劝谏纣王被杀，其子坚因生于林，后被周武王赐姓为林，成为林姓始祖。二是源于周平王有庶子名开，字林，子孙以其字为姓。三是北魏鲜卑族中的丘林等改姓而来。

秦汉时代，在鲁国的林雍后人迁到齐郡，因更名为济南郡，成为"济南林"。林懋任下邳郡太守后迁居下邳，成为"徐州林"（或称"下邳林"）。"晋安林"也来源于"济南林"，林禄是林姓入闽第一人，其后代又迁居侯官、福唐、长乐、连江、温陵、南安、清溪、德化、惠安、龙溪、漳浦、莆田等地。"晋安林"开创林姓在东南沿海一带发展的历史，其分支众多，后来还回迁北方或过海到台湾，成为公认的林姓最大支派。唐朝末年，又有北方林姓人随王审知南迁，定居福建各地，发展成为濂江、控鹤、陶江、福全、后安等支派的开基祖。如今海外林姓族人，有不少是从福建、广东等地迁去，也有些迁到台湾后再转徙其他国家或地区。

【家训】

敦孝悌，务正业，崇节俭，完国课，禁非为，睦族邻，重祭祀。

【名人】

林大钦（1511—1545），字敬夫，号东莆，潮州海阳（今潮安区）人。幼家贫，聪颖嗜学。明嘉靖十一年（1532年）中状元。授翰林院修撰。以母老乞归，结讲堂于桑浦华岩山，与乡子弟讲贯六经，究性命之旨。1545年葬母于桑浦山之麓，归途中病卒。

林则徐（1785—1850），字元抚，又字少穆、石麟，晚号俟村老人，福建侯官（今福州）人。晚清著名政治家、思想家和诗人。官至一品，曾任湖广总督、陕甘总督和云贵总督，两次受命钦差大臣。因其主张严禁鸦片，在中国有“民族英雄”之誉。

林森（1868—1943），早年参加同盟会、中华革命党，1919年任南京临时参议院议长，1931—1943年间担任中华民国国民政府主席，坚守民主信念，维护共和，爱国爱民，清正廉洁，被世人所赞誉。

林徽因（1904—1955），福建闽县（今福州）人，出生于浙江杭州。原名林徽音，后改名林徽因。中国著名建筑师、诗人、作家。美丽聪颖，曾留学英国。建筑师梁思成的第一任妻子，曾参与人民英雄纪念碑和中华人民共和国国徽深化方案的设计。

【故事】

林则徐 “制怒”

林则徐小时候是个急脾气，做事毛糙。其父林宾日认为这不利于孩子的成长，于是就把儿子叫到跟前，和蔼地说：“我给你讲个故事，好不好？”

林则徐平日爱听故事，便安静地坐下来。林宾日特地讲了一个“急性判官”的故事。

从前，有个判官非常孝顺，所以每次遇到不孝的罪犯，惩罚就特别严。一天，有两个人扭来一个年轻人，对判官说：“这是个不孝之子，他不仅骂自己的娘，还动手打。我们把他捆了起来，他还是不停地骂，所以就堵了他的

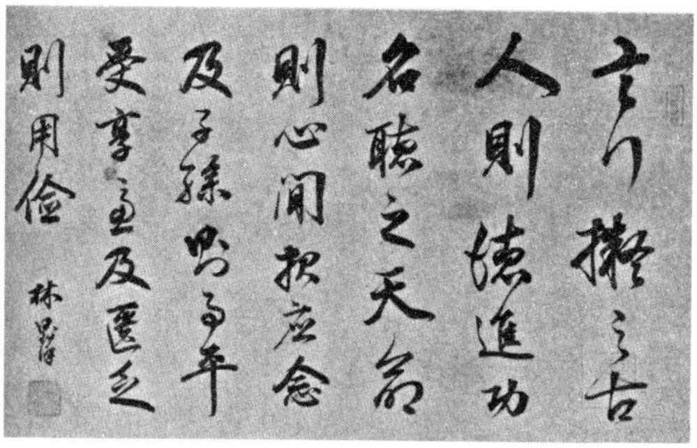
林则徐书法

嘴。老爷，像他这种不孝子该不该罚？”判官一听火冒三丈，大喊：“来人呀，给我打五十大板！”这个年轻人有口莫辩，屁股被打得血肉模糊。

不久，有个老婆婆拄着拐杖急匆匆赶来，边哭边说：“请大人为小民做主，刚才有两个盗贼溜进我家后院，想偷我家的牛。我儿子想捉住他们送官府，可是两个强盗反把我儿子捆走，不知弄到何处去了。我只有这么一个孝顺好儿啊！”

判官一听有点忐忑不安起来，心想：莫非刚才是恶人先告状，打的就是她儿子？忙叫人去找那两个扭送不孝子的人，但他们早已溜得不见了踪影。这时，被打昏的年轻人突然呻吟了一声，老婆婆循声一看，那不是自己的儿子吗？怎么被打成如此模样？心里一急就昏倒在地，再也起不来了。

聪明的林则徐听了这个故事之后，立刻明白了父亲的话外之音，他向父亲保证：“父亲，孩儿知道了，我一定好好克服急躁情绪。”此后他非常注意克服自己的缺点，即便做了大官，仍不忘父亲的教导，曾在书房里挂上“制怒”匾，以时时警诫自己。

钟

钟姓图腾

【源流】

出自子姓，为商汤之后。据载，宋桓公后代伯宗为晋国大夫，因直言被害，其子州犁逃到楚国，任楚太宰，食采钟离，后人便以地名为氏，或单称钟氏。

钟离和钟姓，都发源于今安徽省境内。汉晋之际，以河南为其繁衍中心，其中以颍川钟氏最为知名，成为全国各地钟氏的主要来源。先秦时期主要居住在楚国境内（今湖北、湖南一带）。东汉时，长社人钟皓隐居不仕，其七世孙钟雅于西晋时随晋室渡江，居于建康（今江苏南京）。南朝末有钟士雄，曾为南朝陈伏波将军，史书称其为“岭南酋帅”。唐初陈元光父子奉命入闽开漳，随从将佐有钟德兴，后在福建安家。唐代的钟氏还分布于今四川、山西、广东广州、安徽合肥一带。宋元明时期，福建的漳州、泉州、宁化等地，广东的南海、南雄、蕉岭、梅州、兴宁等地均有钟氏聚居点。从乾隆开始，闽粤钟氏陆续有人迁台，后又徙居海外。

【家训】

家规当法，家法当守，耕读当为，勤俭当务，族义当尽；先祖训语，嫁娶当慎；教子宜严，富而不骄，贫而无谄；远族当认，祖坟当祭。

【名人】

钟子期（前387—前299），名徽，字子期，春秋楚国汉阳（今湖北武汉）人。本业是一个樵夫。相传伯牙探亲回国在汉江边鼓琴，正巧遇见，因兴趣相投，成为知音至交。钟子期死后，伯牙认为世上已无知音，终生不再鼓琴。

钟繇（151—230），字元常，颍川长社（属今河南长葛）人。三国魏大臣、书法家。早年相貌不凡，聪慧过人。东汉末举孝廉，累迁廷尉正、黄门侍郎，助汉献帝东归有功，封东武亭侯。后被曹操委以重任，为司隶校尉，镇守关中，功勋卓著。与华歆、王朗并为三公。

钟会（225—264），字士季，颍川长社（今河南长葛）人，钟繇次子。魏国儒将。少年时博览群书，有才艺，志向远大，是司马昭的重要谋士，通晓兵法，机谋深远，景元四年（263年）与邓艾分兵灭蜀。谋做西川王时，事发败露，为司马昭所害。

【故事】

钟繇学书

东汉末，青年时期的钟繇酷爱书法，勤勉好学，曾不辞辛劳跑到千里之外的抱犊山拜当时的大书法家刘德升为师，埋头苦学三年。后与韦诞、邯郸淳同事，听说韦诞藏有汉末名书法家蔡邕的真迹，曾多次苦求韦诞借给他学习。韦诞却秘不示人，坚决不借。

钟繇很苦恼，乃至捶胸呕血，晕死过去，可是韦诞无动于衷。幸得曹操知道，急叫人灌服五灵丹，才把他救过来。以后，他仍不死心，待韦诞病故，听说蔡邕的字迹同葬在韦诞墓里，他竟设法找人挖了出来。

得到了蔡邕真迹，像得到宝物一样，他终日拿在手中，不停研读。史载钟繇学书三十余年，每天夜晚把被子当纸张，在上面练字。由于坚持不懈，时间一长，被子被他给划了个窟窿。

钟繇临死时把儿子钟会叫到身边，交给他一部书法秘籍，把自己刻苦用功的故事告诉钟会。他说，自己一生有三十余年时间练习书法，不分白天黑夜，不论场合地点，有时间就写，有机会就练。与人坐在一起一边聊天，一边就蹲在地上写字。见到花草树木、虫鱼鸟兽等自然景物，就会与笔法联系起来，有时去上厕所，竟忘记了出来。

只要功夫深，铁杵磨成针。正因为比别人付出更多的心血，钟繇终于成为书法史上闻名的一代楷书大家。

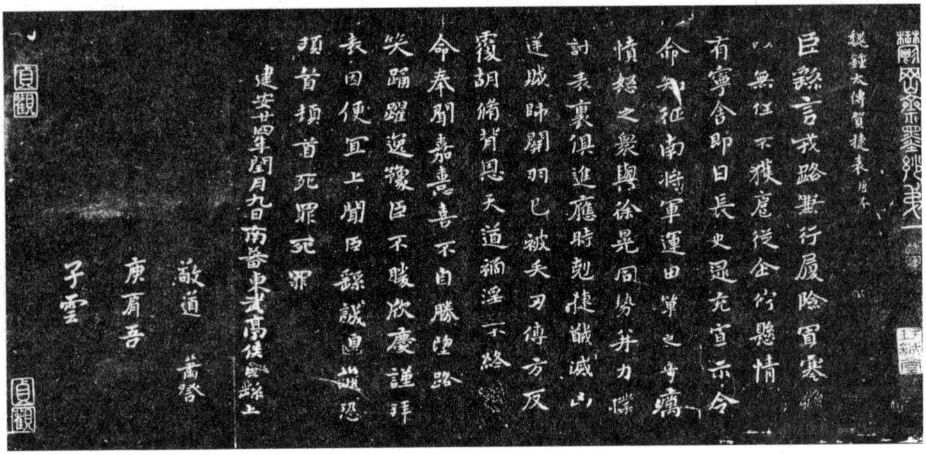

钟繇小楷《贺捷表》

徐

徐姓图腾

【源流】

出自嬴姓，伯益之子若木的后裔。若木因为父亲伯益辅佐大禹治水有功，被封于徐。春秋时期，徐国被吴国所灭，其子孙后裔以国为姓，代代相传。

若木被封徐国的地方在今天的安徽凤阳县北部，这是徐姓的发源地。徐国灭亡后，徐姓族人向北方迁徙。秦汉时主要分布在我国黄河下游地区，尤为山东繁衍得最为旺盛。东汉以前已有徐氏迁播到今天的甘肃省境内。徐姓的南迁也比其他的姓氏要早一些。据《东海堂徐氏族谱》记载，汉桓帝时，有一世祖徐稚迁居江西南昌，二世祖迁居至浙江龙游三世祖分居于浙江、江西、江苏等省。徐姓的大举南迁是从魏晋开始，隋唐时期在我国的南方又有了进一步的繁衍发展。从魏晋至唐代，徐姓主要繁衍于淮河及长江下游大部分地区，经过汉魏晋南北朝直至隋唐，在山东、河南等地形成多处郡望。宋末徐姓族人再由江西石城迁至福建上杭、连城等地。元朝时主要繁衍于广东丰顺、梅县、海丰等地。

【家训】

吾家世清廉，故常居贫素，至于产业之事，所未尝言，非直不经营而已。

薄躬遭逢，遂至今日，尊官厚禄，可谓备之。每念叨窃若斯，岂由才致？仰藉先代风范，及以福庆，故臻此耳。古人所谓以清白遗子孙，不亦厚乎。又云："遗子黄金满籝，不如一经。"详求此言，信非徒语。虽然不敏，实有本志，庶得遵奉斯义，不敢坠失。

——［南朝梁］徐勉《诫子书》

【名人】

徐渭（1521—1593），初字文清，后改字文长，号青藤老人、天池山人等。绍兴府山阴（今浙江绍兴）人。明代著名文学家、书画家、戏曲家、军事家。著有《徐文长全集》《南词续录》等。

徐霞客（1587—1641），名弘祖，字振之，号霞客，南直隶江阴（今江苏江阴）人。著名的地理学家、旅行家。一生志在四方，不避风雨虎狼，足迹遍历中国十六省，所到之处，探幽寻秘，记录观察到的各种现象、人文、地理、动植物等状况，纂成《徐霞客游记》。

徐光启（1562—1633），字子先，上海徐家汇人。明代科学家。万历三十二年（1604年）进士，曾任礼部尚书兼东阁大学士、文渊阁大学士。研究范围广泛，以农学、天文学、数学较为突出。较早从利玛窦学习西方的天文、历法等科学技术，著有《农政全书》，主译《崇祯历书》，译著《几何原本》。

徐锡麟（1873—1907），字伯荪，号光汉子，浙江绍兴人。留学日本，曾积极参加营救因反清入狱的章炳麟。回国后先在绍兴创设书局，传播新译书报，宣传反清革命。1904年加入光复会。后在安徽任武备学堂副总办、安徽巡警学堂会办。

【故事】

少年徐文长

徐文长从小就善于动脑筋思考，他聪明、机智，也充满了情趣。

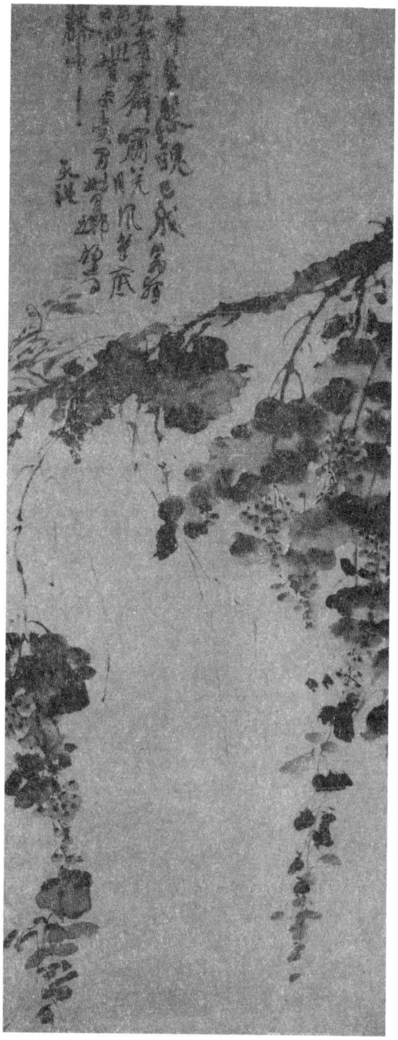
徐文长《墨葡萄》

徐文长的伯父很喜欢他，时常想些法子逗他玩，考他的思考能力。有一次，伯父领着徐文长来到一座贴着水面、桥身既窄又软的竹桥边，把两只水桶装满了水，对徐文长说："我想考考你，你能提着这两桶水过桥，我就送你一件礼物。"少年徐文长想了一下，就脱下鞋，用两根绳子把小桶系住，然后再把装满了水的木桶放到水里，就这样他提着两根绳子走过了木桥。

伯父还想用一个更难的题把徐文长难倒。他说："既然你过了桥，礼物我当然要给你，但必须要按我的要求去取礼物。"说着，他就把那件礼物吊到一根长竿顶上，并且告诉徐文长："你既不能站在凳子之类的高地方去取，又不能把竹竿横下来。"

徐文长摸了摸后脑勺，马上就想出了方法。只见他拿住竹竿，一直走到一口井边，然后把竹子向井里放，当竹顶快到井口时，他就顺利地拿到了那件礼物。

伯父被聪明的徐文长惊呆了，不禁拍手称赞："真是聪明的徐文长啊！"

徐文长到舅舅家做客，半晌才端出一盘菜，却只一个鸡蛋，舅舅说："文长啊，真是不好意思，你来得真不巧，要是晚来三个月，这个鸡蛋就是一碗鲜的鸡汤了。"徐文长笑道："啊，真是难为您了。"一日，徐文长复请舅舅，半晌，端出一盘竹片，对舅舅说："舅舅啊，真是不好意思，您来得真不巧，要是早来三个月，这盘竹片就是一碗鲜美的竹笋了。"

邱（丘）

邱姓图腾

【源流】

由丘姓分出。清时避孔子名讳，丘姓多改姓为邱，清亡，部分恢复为丘，另一部分（占较大比例）以邱为姓。此后遂有丘、邱二姓。

宋时，丘（邱）姓已经成为江浙、闽中的大姓，广泛分布于南方各地。丘姓几乎都分布在江浙地区。丘（邱）姓主要分布于福建、湖南、江苏、浙江，其次分布于河南、河北、安徽、江西。

明时，丘姓主要分布于江西、福建、江苏，其次分布于浙江、广东、山东、湖北、陕西，安徽、湖南、四川、河南等地也有丘姓分布。

【家训】

敦孝悌，崇忠义，兢廉节，尊高年，尚有德，贵有爵，恤无告，端继嗣，重丧祭，勤职业。

【名人】

丘迟（464—508），字希范，吴兴乌程（今浙江省湖州市）人，丘灵鞠之子。南朝梁文学家。初仕南齐，官至殿中郎、车骑录事参军。后投入萧衍幕中，为其所重。梁天监三年（504年），丘迟由中书侍郎出为永嘉太守。

丘处机（1148—1227），字通密，道号长春子，登州栖霞（今属山东）人，全真道掌教、真人、思想家、政治家、文学家。为南宋、金朝、蒙古帝国统治者以及广大人民群众所共同敬重，并因以七十四岁高龄而远赴西域劝说成吉思汗止杀爱民而闻名世界。

丘濬（1418—1495），字仲深，号深庵、玉峰，琼州琼台（今属海南）人。明代著名政治家、史学家、经济学家。景泰五年（1454年）进士，曾任翰林学士、礼部侍郎、纂修《宪宗实录》总裁官、户部尚书兼武英殿大学士等职。研究领域涉政治、经济、文学、医学等，著述甚丰，同海瑞合称为“海南双璧”。

邱少云（1926—1952），今重庆市铜梁区人。革命烈士。幼时父母双亡，十三岁就开始长工生涯，曾拉去当过壮丁。新中国成立后参军，在抗美援朝战争期间在执行一次潜伏任务时，不幸被敌人燃烧弹击中，全身被火焰燃烧，纹丝不动，直至光荣牺牲，用自己的生命换取了整场战斗的胜利。

【故事】

少年丘濬巧对赢美誉

丘濬从小过目成诵，出口成章。海南民间流传着许多有关丘濬小时候的轶事。

有一则故事说的是丘濬五岁时，曾与几个小伙伴在县衙后面放风筝，风筝被风吹断飘入县衙，被县令妻妾拾得，丘濬贸然独进县衙索要风筝。县令见了他，有意要试其才华，便出了个上联：“众童子莫如你悍。”丘濬随口便对：“两夫人不似公……”说到此，丘濬有意停住。县令问：“为何不把对联说完？”丘濬笑着说：“如果夫人还我风筝的话，我便续‘廉’，否则我便续‘贪’。”县令听后笑了笑，让妻妾还其风筝。

金花村里的乡亲们至今还流传着许多丘濬年少时聪明过人的故事。有一

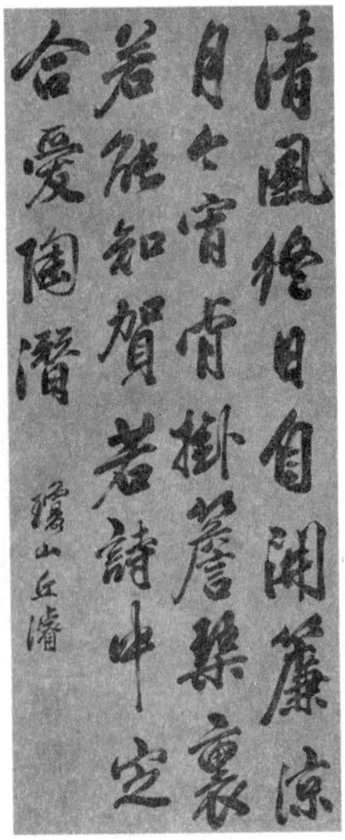

丘濬书法

次，知府官吏将丘濬踢倒在地后说：“本府出一句上联‘一脚踢倒小童子’，限你马上将下联对来。”丘濬躺在地上不肯起来，说：“要我对并不难，不过你得先把我扶起来。”知府便伸出一只手扶他，丘濬摇摇头说：“这样不行，得两只手一齐来。”知府无奈，只得双手扶。丘濬从容不迫地答道：“双手扶起大学士。”知府一听，大惊失色。

明正统九年（1444年），二十三岁的丘濬带着“遥指中原、以济天下”的理想，参加广东乡试，一举拔得头筹，七年之后，丘濬终于金榜题名，以一甲身份被选为“庶吉士”，从此走向官场，终成一代名人。

骆

骆姓图腾

【源流】

姜太公之后，有公子骆，其子孙以名为姓，世代相传。另外，满族入关后，也有八旗改为骆姓。

发源于今山东境内，齐都营丘是骆姓最早的繁衍之地。此后，逐渐迁往江南。先秦时期，骆姓不见于史。魏晋以前，陕西、浙江已有骆姓人定居。魏晋南北朝时期，骆姓随其他士族大批南下，与原居会稽的骆姓相融合，会稽逐渐形成骆姓郡望。此后至隋唐，骆姓在今河南之洛阳、内黄等地繁衍迅猛，并逐渐北移，在今河北、山西等地播迁繁衍。宋元两代，称盛于江浙一带的骆姓，播迁到今福建、广东，后又迁入云贵等地。明初，山西骆姓作为洪洞大槐树迁民姓氏之一，被分迁于浙江、河南、河北、山东、北京等地。明中叶以后，闽粤等沿海省份的骆姓有渡海定居台湾。如今，骆姓在全国分布较广，尤以广东、贵州、北京等省市多此姓。

【家训】

敬祖宗，孝父母，宜兄弟，和夫妇，睦宗族，教诵读，戒溺孩。

【名人】

骆俊（？—197），字孝远，会稽乌伤（今浙江义乌）人。有文武才干，少为郡吏，擢拜陈留相。时值袁术借号，群贼并起，骆俊动员军民组织起来，加强防御，贼不敢犯。后袁术军众饥困，就向骆俊求粮，骆俊不应，袁术大怒，就秘密使人将骆俊刺杀。

骆统（193—228），字公绪，三国时吴国人。骆俊之子。年二十岁，试为乌程相，有惠政，孙权召为功曹，出为建忠郎将。随陆逊破蜀有功，升为偏将军。曹仁攻打儒须，骆统与严圭共同击退曹军。封为新阳亭侯，后为孺须督。

骆宾王（约619—？），字观光，汉族，婺州义乌（今浙江义乌）人，唐代诗人，神童，“初唐四杰”之一。历任武功、长安主簿。仪凤三年（678年），入为侍御史，因事下狱，次年遇赦。曾为临海丞，不得志而辞官。武则天光宅元年（684年），为起兵扬州反武则天的李敬业作《代李敬业讨武曌檄》，敬业败，亡命不知所之，或云被杀，或云为僧。

骆成骧（1865—1926），字公骕，四川资中人。光绪二十一年（1895年）状元，官至山西提学使。一生清廉自守，为人坦荡光明。民国元年（1912年），任四川省议会议长，后执教于四川法政学校、成都高等师范。因而家用贫困，厨灶屡空，有“穷状元”之称。

【故事】

骆宾王咏鹅

骆宾王是唐朝初期的著名诗人，从小就才思敏捷。七岁时，有一天他家来了客人，一家人忙着招待客人，骆宾王就独自一人跑到了池塘边玩耍。

池塘边有很多美丽的花草，草丛中不时有小虫子跳来跳去。柳树枝条一直垂到水面，在微风的吹拂下把水面划出一道道波纹。池塘里一群大白鹅正在戏水。骆宾王捉了几只小虫子朝水里扔去，鹅群赶紧向这边游来，就像一团团白絮在水面漂浮。红红的脚掌像小船桨一样划水，清清的水面上扩展着

冯超然《骆宾王诗意图》

扇形的涟漪。

骆宾王最喜欢大白鹅了，他捡起一根木棍，在地面上画起了白鹅游水图。这时候，家人因不见了骆宾王，找到塘边来了。客人也跟了来，看到地上的画，还真有些像呢。于是灵机一动，想考考这孩子，因为他早就听说这孩子聪明异常。于是指着白鹅叫他作诗一首。骆宾王朝着水中想了一会儿，就高声吟诵起来：

鹅，鹅，鹅，曲项向天歌。
白毛浮绿水，红掌拨清波。

客人听了非常赞服，夸骆宾王是小神童。这首诗很快传播开来，像歌谣一样流传。甚至在千年之后，它仍是中国人从小必背的唐诗之一。

高

高姓图腾

【源流】

出自姜姓。相传姜尚后世子孙受封于高邑，称公子高，其孙傒取祖名为氏，为高傒，是渤海高氏始祖，后代高洪为东汉渤海郡守。渤海高氏由此发轫，成为高姓族群中最庞大的一支。高氏五大望族有四支出自渤海高氏。高洪的后裔高瞻创立了渔阳高氏、辽东高氏，另一后裔高悝创立广陵高氏。渤海高氏的后人高伯祥又创立了京兆高氏。

高氏发源于今河南省境内，但自春秋以后的高姓却大都出自齐鲁之地。战国或秦时，高氏已自山东迁入今河北、辽宁省境。东汉时，有渤海郡太守高洪定居渤海蓨（今河北省景县）。南北朝时，高欢曾在北魏执政达十六年之久，其子高洋后代东魏称帝，为北齐。高氏大批南迁始于西晋末年。唐初，有高氏随陈政、陈元光父子入闽开漳，定居此地。宋绍元年间，高升太夺取大理段氏政权，自立为王，其后裔历经元明清数代均为云南土司。

【家训】

勿不仁不义，兄弟争利；勿逾规逾矩，致罹罪愆。勿伦常乖舛，玷辱祖先；勿秦越相视，煮豆燃萁。宜孝亲敬长，畏圣畏天；宜敦宗睦族，无党无偏。宜恤孤怜寡，济困扶倾；宜急公好义，崇德尊贤。

【名人】

高渐离，生卒年不详，战国末燕（今河北定兴）人，荆轲好友，擅长击筑，荆轲刺秦王临行前，于易水击筑送之。秦灭六国后，借秦王请他到王宫击筑之时，试图以筑击杀，失败被杀。

高适（约704—约765），字达夫、仲武，渤海郡（今河北景县）人，后迁居宋州宋城（今河南睢阳）。唐代著名边塞诗人，笔力雄健，气势奔放，洋溢着盛唐特有的奋发进取、蓬勃向上的时代精神，与岑参并称“高岑”。曾任刑部侍郎、散骑常侍、渤海县侯，有《高常侍集》等传世。

高凤翰（1683—1749），又名翰，字西园，号南村、南阜等，山东胶州人。清代画家、书法家、篆刻家。雍正初，以诸生荐得官，生性不羁，画山水花鸟俱工，晚因病风痹，用左手作书画。工诗，尤嗜砚，藏砚千，皆自为铭词手镌之。有《砚史》《南阜集》传世。

高剑父（1879—1951），名仑，字剑父，后以字行，广东番禺人。近现代国画家、美术教育家、岭南画派创始人之一。在广州设立“春睡画院”，培养了不少美术人才。后历任中山大学国画教授、南京中央大学艺术系教授、广州市立艺术专科学校校长。与陈树人、高奇峰一起致力于中国画改革，后人称为岭南画派。

【故事】

高适的“一字师”

唐代大诗人高适，早年久留边疆，熟悉军事生活，但他年过五十才开始“留意诗作”，虽然起步晚，但由于他作诗时观察细致入微，总是能写出生动真切的好诗。他所作多边塞诗，诗作意境雄浑，情调苍凉，但也偶有清丽俊秀的咏景佳作。

有一次，高适到台州巡察，路过杭州清风岭时，触景生情，想出四句诗。当时正好夜宿寺庙僧房。过去的文人都有随处题诗的嗜好，无论在道旁、石壁上、墙上，都爱留下墨宝。因此高适便让随从拿来笔墨，在僧房的墙上留了一首诗：

绝岭秋风已自凉，鹤翻松露湿衣裳。
前村月落一江水，僧在翠微闲竹房。

写完，自己甚为得意，一路上，仍反复吟咏着刚才的诗句。途经钱塘江时正值月落，高适细看江潮，发现月落时，江潮随风而退，只有半江之水，并不像自己诗中写的“前村月落一江水”。想来想去，他觉得还是应该把诗中的“一”字改为“半”字。

巡察完以后，高适特地回到寺院，准备把墙上的诗作改了。可是，一踏进房门，便看见这句诗已被人改过来了，高适忙问是谁改的。僧人告诉他，有一官员从此路过，偶然看见了这首诗，连声赞叹，但惋惜诗中的“一”字用得不如“半”字准确，径直改了。高适暗暗称奇，心想：“这人真是我的一字之师！”后来多方打听，他才得知那位改诗的是大文学家骆宾王。

夏

夏姓图腾

【源流】

出自姒姓。相传禹治理了水患，舜封他于夏（今河南登封东），还把帝位传给了他。夏禹死后，其子启继位，建立了中国历史上第一个奴隶制国家——夏朝。后因夏帝桀暴虐无道而被商汤推翻，夏王族便以国为氏。

秦代以前，夏姓主要在中原生息繁衍，并迁往陕西、山东、安徽、山西、河北等地。秦汉之际，有代（今河北西北部、山西中部与北部等地）相夏说；安徽夏氏出自随桀逃至南巢一部分夏王族的后裔。魏晋南北朝以前，主要活跃于我国北方广大地区，特别是中原一带。夏姓南迁始于汉代，大举南迁则为魏晋之际，经过长期繁衍，使得夏姓的分布中心移向了江南地区。唐宋以后，主要以江南广大地区为其繁衍地，广布于今安徽、浙江、湖南、湖北、江苏、福建和广东、广西等省（区），以浙江最为集中。

【家训】

祭祖心诚，居安思源，重德重才，勤俭持家，教子学贤，敬业上进，爱国爱乡，和睦邻里。

【名人】

夏圭，生卒年不详，南宋杰出画家。早年工人物画，后以山水画著称。并与马远同时，号称“马夏”。画风洒脱，糅合李唐、范宽与米芾的画法，用秃笔带水作大斧劈皴，构图多作半边或一角之景，时称“夏半边”。

夏完淳（1631—1647），字存古，号小隐，松江华亭人。明末抗清志士，诗人，夏允彝之子，师从陈子龙。自幼聪明，有神童之誉，十四岁随父抗清。父殉后，他和陈子龙继续抗清，兵败被俘，不屈而死。有《狱中上母书》。

夏明翰（1900—1928），字桂根，湖南衡阳人，出生于湖北秭归。1925年兼任湖南省委组织部长、农民部长和长沙地委书记，极力主张武装农民。中共八七会议后，在湖南积极参加组织秋收起义。1928年初，调任中共湖北省委常委。同年2月，在汉口被敌人逮捕，不久就义，时年二十八岁。

【故事】

夏完淳慷慨就义

明末清初，十六岁的夏完淳参加抗清被通缉，被立刻押赴南京受讯。此前他的老师陈子龙已投水殉国，他也早存死志。

清廷主持江南一带招抚的第一把手，乃大汉奸洪承畴。他听说夏完淳与其岳父钱旃被抓，很是得意，便想亲自劝降这翁婿二人，此举不仅能为清朝主子招纳人才，又能给自己脸上贴慈德金粉。洪承畴喝问夏完淳：“汝童子有何大见识，岂能称兵犯逆。想必是被人蒙骗，误入军中。如归顺大清，当不失美官。”

夏完淳不为所动，反问洪承畴：“尔何人也？”

旁边衙役厉声叱喝：“上面审你的，正是洪承畴！”

夏完淳朗声一笑：“不要骗我！洪亨九先生死于大明国事已久，天子曾临祠亲祭，泪洒龙颜，群臣呜咽。汝等何样逆贼丑类，敢托忠烈先生大名，穿虏服虏帽冒充堂堂洪先生，真狗贼耳！”

夏允彝父子像

洪承畴汗下如雨，羞愧欲死。忽然，一旁因久受严刑而难以支撑的钱旃忽然闷声倒地，匍匐不起。夏完淳见状，忙上前扶起岳丈，厉声激励道："大人您当初与陈子龙先生及我完淳三人同时歃血为盟，决心在江南举义抗敌。今天我二人能一同身死，可以慷慨在地下与陈子龙先生相会，真真奇大丈夫平生之豪事，何必如此气沮！"听女婿如此说，钱先生咬牙挺起。

洪承畴默然久之，只得挥挥手，令士卒把二人押回牢狱。然后，上报清廷，处死了夏、钱二人。

蔡

蔡姓图腾

【源流】

出自姬姓，为周文王后裔。周武王灭商后，封弟叔度于蔡，后蔡叔趁周成王年纪太小，联合管叔、霍叔和殷商遗民武庚反叛失败，被放逐。成王改封蔡叔度的儿子胡于蔡，称蔡仲。春秋时，因受楚逼迫，多次迁移。蔡平侯时迁新蔡（今属河南），称上蔡；昭侯迁州来（今安徽凤阳），称为下蔡。蔡国立国六百多年，后被楚国攻灭，子孙散居楚、秦、晋、齐等国，以蔡为姓。

先秦时期，主要在今河南、安徽境内发展繁衍。汉代，已有蔡姓居于今江苏、浙江。汉末，蔡丕任五原（今属内蒙古）太守，在当地安家，其子孙居住在朔方一带。两晋之际，有族人随中原士族南渡，居于江浙一带。南北朝时期，已有蔡氏人徙居于今宁夏、甘肃境内。唐初，有蔡氏族人随陈元光入闽，居于漳州、浦州，其后子孙繁衍，迁往龙溪、赤岭及广东广州等地。唐末，河南蔡氏又有随王潮、王审知入闽者，先居于福建宁华县，后传至广东梅州。明末，有蔡姓部属随郑成功收复台湾，后留台湾垦荒，此后，又有大批蔡姓人从福建、广东到台湾开基，移居东南亚及欧美诸国。

【家训】

积善之家，庆必有余。为善最乐，福寿双至。为人良善，天必佑之。知错责己，天心相之。仁义礼智，时刻注意。处世从善，安分守己。勿参赌博，坚定不移。勿贪财色，才免忧虑。不事诉讼，和睦乡里。奸雄之人，交之不利。发家致富，多方考虑。勿违法规，财物皆聚。勤奋立业，坚定心志。青壮有为，光耀门楣。富贵分定，各自有时。观其德行，切勿嫌迟。百尺高楼，由地而起。华丽可观，经营伊始。行程万里，跬步开始。年少志大，奋斗及时。欲图家计，各安生意。势在必行，勿失良机。父母恩情，当报才是。人不孝顺，神人责备。尊敬长上，才是合宜。时刻做到，事事有利。教训子孙，攻读诗书。功成名就，流芳百世。家族团结，外侮消除。安居乐业，万民喜气。奉劝子孙，且依本谕。戒哉勿忘，神人共喜。

【名人】

蔡伦（？—121），字敬仲，东汉桂阳郡（今湖南郴州）人。汉明帝永平末年入宫给事，因有功于太后而升为中常侍，又以位尊九卿之身兼任尚方令。其最大贡献在改进造纸工艺，制成“蔡侯纸”。后奏报朝廷，得以推广其造纸法。

蔡邕（133—192），东汉时著名文学家、书法家。博学多才，爱好辞章，精通音律。熹平四年（175年）以定“六经”文字而著称，世称“熹平石经”。东汉四大画家之一。又工隶书，创飞白书。

蔡琰，生卒年不详，字文姬，东汉陈留圉（今河南杞县西南）人，蔡邕之女。初嫁于卫仲道，丈夫早死。后被匈奴左贤王掳走，嫁给匈奴人，育有两子。十二年后，曹操统一北方，用重金赎回，并将其嫁给董祀。擅长文学、音乐、书法。现在存世作品只有《悲愤诗》二首和《胡笳十八拍》。

蔡襄（1012—1067），字君谟，兴化军仙游（今属莆田）人。北宋著名书法家、政治家、茶学专家。任泉州知府时，主持建造了中国现存年代最早的跨海梁式大石桥泉州洛阳桥；在建州时，主持制作武夷茶精品“小龙团”，所著《茶录》总结古代制茶、品茶的经验。所著《荔枝谱》被称赞为“世界上第一部果树分类学著作”。

蔡锷（1882—1916），原名艮寅，字松坡，今湖南邵阳人。民国初年杰出军事将领。辛亥革命时期在云南领导新军起义，后来积极参加了反对袁世凯称帝、维护民主共和国政体的护国军起义。其遗著被编为《蔡松坡集》。

【故事】

蔡伦造纸

在纸张出现之前，文字是刻在甲骨上，或写在竹简、丝绢上的，这些材料有的十分笨重，有的十分昂贵，给人们造成了许多不便。西汉时开始使用一些较为便宜的植物纤维造纸，但十分粗糙，书写很不方便。

到了东汉，人们把煮好的蚕茧用棍子敲烂，铺在席子上，就成了丝绵。人们把丝绵取下后，将留在席子上的一层薄薄的纤维晒干，就成了纸。有人发现丝纸可以书写文字，用起来比竹简方便多了。但这种丝纸还不能算是真正的纸，而且这种纸的原材料是丝，产量少，价钱昂贵，一般人用不起。

宦官蔡伦决心为人们寻找一种实用的造纸方法。他经常到河边，观察妇女们洗蚕丝和抽蚕丝的“漂絮”过程，发现好的蚕丝拿走后所剩下的破乱蚕丝，会在席上形成薄薄的一层东西。有人就把它晒干，用来糊窗户、包东西，或是用来写字。他到造纸的作坊，向造纸的工匠们请教，渐渐地了解和掌握了造纸的基本过程。为了造出既经济又实用的纸，蔡伦采用了树皮、麻皮、破布、废渔网等常见的材料，把它们捣碎，做成纸浆。

他采用“漂絮”的方法，用席子去捞那些纸浆，捞出来的纸浆就会在席子上形成薄薄的一层，晒干后就成了纸。终于成功了，蔡伦造出了价格低廉、便于携带和书写的纸，这一伟大发明被列为我国古代四大发明之一。

此后全国各地开始大量制造、使用这种纸。直到现在，我们使用的宣纸、绵纸还沿用着当初蔡伦造纸的方法，只是现在用的材料已经变成了竹子、木材等。

胡

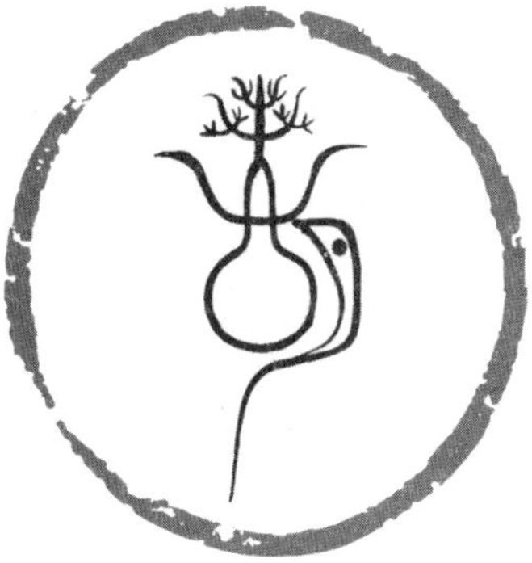

胡姓图腾

【源流】

胡姓主要有三个源流。一是出自妫姓，始祖为胡公满。《元和姓纂》载，胡氏为虞舜的后裔，其始祖是被周武王封为陈地（今河南淮阳）的胡公满。另外两支源于古代的国名。周代有两个胡子国。一个在今河南，是西周初分封的周朝同姓诸侯国。它曾参与以楚国为首的联军去攻打吴国，后来又跟随楚国与吴国作战，楚国回师途中顺便吞并了胡子国。另一个胡国是归姓，周代有异姓诸侯胡国，在安徽阜阳县，在鲁定公时被楚国灭掉。这两个胡子国亡国之后，王族子孙都以原国名为姓，又形成两支胡氏。

胡氏后世子孙逐渐向四处延伸。经过数代的繁衍，先后南达新蔡，北到山西，并成为当时的胡姓望族。后又由新蔡和山西两地的胡姓向其他各地迁居、繁衍。胡氏南迁，始于西晋末年。先迁到安徽，又从安徽再迁至福建。最后迁居入台湾。台湾的胡姓，较为集中并且人数最多的是台南、台北、彰化和新竹等地。

【家训】

敬如宾，共勉励。理家事，齐努力。讲道德，有仁义。学本事，通古今。

勤而学，壮而行。上报国，下泽民。父创业，多艰辛。子承业，勿奢侈。

【名人】

胡铨（1102—1180），字邦衡，号澹庵，吉州庐陵芗城（今江西吉安）人。南宋政治家、文学家，爱国名臣，庐陵“五忠一节”之一，与李纲、赵鼎、李光并称为“南宋四名臣”。

胡大海（？—1362），字通甫，泗州虹县（今安徽泗县）人。明朝开国功臣，长身铁面，智力过人，后被部将蒋英以铁锤打死。朱元璋取杭州之后，杀死蒋英，血祭胡大海，并作文以祭。明朝建立后，特赠光禄大夫，追封越国公，谥武庄。

胡汉民（1879—1936），幼名胡衍鹳，后改名胡衍鸿，字展堂，晚号不匮室主，汉民为笔名。祖籍江西吉安，出生于广东番禺。资产阶级革命家，国民党早期主要领导人之一，也是国民党前期右派代表人物之一。

胡适（1891—1962），原名嗣穈，字适之，徽州绩溪人（今属安徽）。新文化运动领袖之一，是第一位提倡白话文、新诗的学者。曾任北京大学校长、中华民国驻美大使等职，对中国近代史产生了较为深远的影响。著有《白话文学史》《胡适文存》《尝试集》《中国哲学史大纲》等。

胡耀邦（1915—1989），字国光，湖南浏阳人。中国共产党和中华人民共和国的主要领导人之一，曾任中共中央主席和中共中央总书记。“文化大革命”结束后，曾任中共中央政治局常委兼任中央纪律检查委员会第三书记、中共中央总书记，是改革开放早期平反冤假错案和真理标准大讨论的具体执行者。

【故事】

胡适用白话文发电报

20世纪30年代初，胡适在北京大学任教授。由于讲课时常常对白话文大加称赞，一些喜欢文言文的学生大为不满。

有一次，一位姓魏的学生打断了胡适的话，站了起来问："胡先生，难道说白话文就毫无缺点吗？"胡适微笑着回答说："没有。"那位学生仍旧不依不饶地说："肯定有！白话文废话太多，打电报用字多，花钱多。"

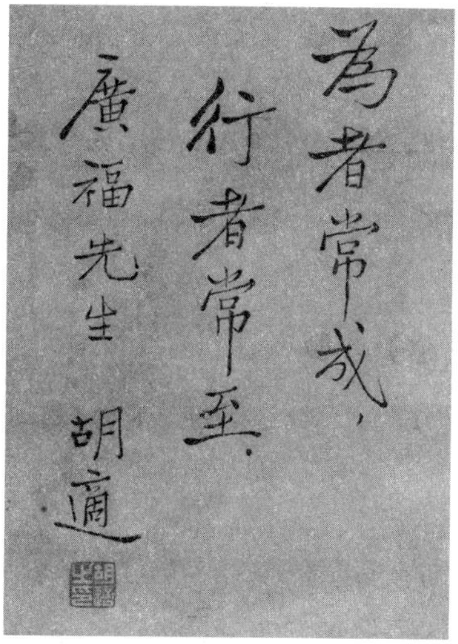

胡适书法

这时，胡适的目光顿时亮了，和气地解释："也不一定吧！前几天有位朋友给我打来电报，请我去政府部门工作，我决定不去，就回电拒绝了。复电是用白话写的，看来也很省字。请同学们根据我这个意思，用文言文写一个回电，看看究竟是白话文省字，还是文言文省字？"胡教授刚说完，同学们开始思考起来。

十五分钟过去，胡适让同学举手报告用字的数目，然后挑了一份用字最少的文言电报稿，电文是这样写的："才疏学浅，恐难胜任，不堪从命。"胡适说，这份写得确实不错，仅用了十二个字。但我的白话电报却只用了五个字："干不了，谢谢！"

胡适又解释说："干不了"就有才疏学浅、恐难胜任的意思；"谢谢"既对朋友的介绍表示感谢，又有拒绝的意思。所以，废话多不多，并不在于是文言文还是白话文，只要注意选用字词，白话文也可以比文言文更省字。

凌

凌姓图腾

【源流】

凌姓出自姬姓，是周文王姬昌的后裔。文王第九子康叔被封于卫，其子在周朝任凌人之职，掌贮藏冰块的冰室，属周礼天官之列，其后人以其官职为姓。

【家训】

尚节俭以惜财用，隆学校以端士习；黜异端以崇正学，讲法律以警愚顽；明礼让以厚风俗，务本业以定民志；训子弟以禁非为，息诬告以全良善；戒窝逃以免株连，完钱粮以省催科；联村组以弭盗源，解忧忿以重身命。

【名人】

凌统（189—217，一说189—237），字公绩，三国时期吴国余杭（今浙江杭州）人。十五岁就拜为别部司马。曾经与周瑜等在乌林将曹操打败，升迁为校尉。严格要求自己，礼待下属，不贪财，重义气，有国士之风。后从征合肥，曾护卫孙权冲出重围，受重伤而死。

凌濛初（1580—1644），字玄房，号初成，浙江乌程（今浙江湖州）人，明代文学家、小说家和雕版印书家。其著作《初刻拍案惊奇》《二刻拍案惊奇》与冯梦龙的作品合称“三言二拍”，是中国古典短篇小说的代表。

凌十八（1819—1852），广东信宜人。农民起义领袖。道光三十年（1850年）春，在家乡发动起义，率部进攻广西桂林和玉林，打算参加金田起义。后来因道路受阻，未能与太平军的主力会合。率众回到广东化州，后来又到罗定地区活动。咸丰二年（1852年）为两广总督叶名琛打败，被捕就义。

凌瑚，字仲华，号香泉，江苏如皋人。工人物、仕女，得北宋人法。尤长花卉、禽虫，傅色妍冶，风致婵娟。浙人称梁同书行楷、钱维乔山水、瑚之写生为三绝。亦能著色山水。年仅四十而殁。

【故事】

凌濛初妙联去祸

凌濛初像

传说凌濛初五十多岁才中举，为了这点功名，还差点送了老命。

那是一年冬天，已过知天命之年的凌濛初上京赶考，却遇上个贪财的考官，由于没有送礼，又一次名落孙山。他本想找考官评理，偏巧又碰到下雪天，他就弄了顶破草帽跑到考官居住地，看到门上贴着“爱才如了，执法如山”的对联，顿时气不打一处来，便再添了几字，成了：

爱才如子，金子银子，皆吾子也；
执法如山，钱山靠山，其为山乎？

考官恼羞成怒，一张状子送到刑部。刑部尚书一看状子，嘿嘿一笑，说：“木匠做枷枷木匠，斩！”

凌濛初早就听说刑部尚书原先是个翰林，就叹了口气回道：“翰林监斩斩翰林，绝！”

刑部尚书一惊，这人出口不凡，慌忙喝止，重新审了一遍案情，马上给宰相呈文，要求赦免凌濛初。宰相也早听说家乡有个叫凌濛初的才子，便召见凌濛初，却见他须发皆白，也颇同情，又想试一下这老乡的才情，就出一上联：

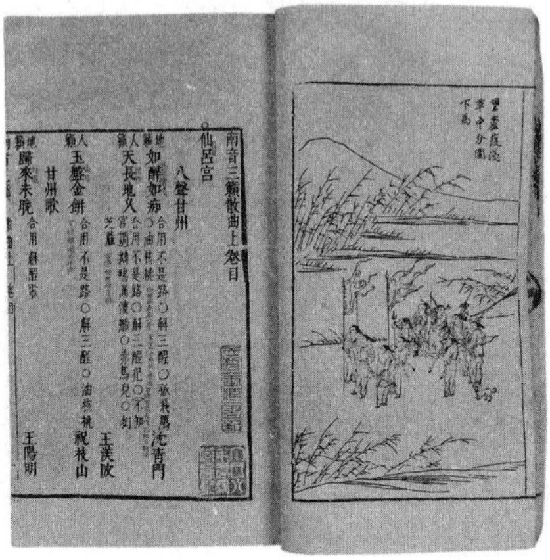

凌濛初“二拍”书页

上钩为老，下钩为考，
老考童生，童生考到老。

凌濛初悲愤联道：

二人为天，一人为大，天大人情，人情大过天。

这对子含蓄道出科场舞弊。宰相于是朱笔一挥，在刑部的呈文上批了个“准”字，并向考官荐举凌濛初。最终考官无奈，只好将他点为举人。

霍

霍姓图腾

【源流】

出自姬姓，是周文王的后代。周文王第八子、周武王的弟弟叔处是武王的同母兄弟。武王临朝执政后，封叔处于霍（今山西临汾霍州），建立了霍国，人称霍叔。周武王灭商后，既想让商代的贵族得到安居，但又提防他们叛乱，就将商代的一部分贵族迁居到山东、山西一带，并封自己的亲族到那里，以便监督，霍叔就负有这种责任。当时霍叔、管叔、蔡叔共同负监督之责，被称为“三监”。到周成王时，霍叔随同管叔和蔡叔勾结武庚叛乱，失败后被废为庶人，由他的儿子继任霍君。霍国于公元前661年被晋献公灭掉。霍君的后人遂以原国名为姓，称霍姓。

【家训】

以和为贵，以干为本。

——《霍氏家训》

【名人】

霍去病（前140—前117），西汉名将，卫青的外甥。官至骠骑将军，封冠军侯，后任大司马。先后六次出击匈奴，解除了西汉初以来匈奴对汉王朝的威胁。汉武帝曾要为他建造府第，他拒绝说："匈奴未灭，何以家为？"病故时年仅二十四岁。武帝为了显示他的战功，给他修筑了一座好似祁连山形状的大坟墓。

霍光（？—前68），西汉政治家，霍去病之弟。武帝时，任奉车都尉，与桑弘羊等同受遗诏，立昭帝为嗣，以大司马大将军辅政，封博陆侯。昭帝死，迎立昌邑王刘贺为帝，不久废，又迎立宣帝，前后执政二十年。甘露中，帝思股肱之美，图开麒麟阁，霍光居首位。

霍元甲（1868—1910），天津市西青区精武镇人。爱国武术家，迷踪拳第七代传人。1909年扬名上海，并创办了精武体育会，培养了大批武术人才，为强健国民体质、传承武术文化做出了突出贡献。

霍英东（1923—2006），原名官泰，祖籍广东番禺，生于香港。杰出的社会活动家，著名的爱国人士，香港知名实业家。曾创立立信置业有限公司，长期担任香港中华总商会会长。改革开放以来，积极投身内地经济建设。曾任香港特区基本法起草委员会委员、全国政协副主席。

【故事】

匈奴未灭，何以家为？

霍去病是卫青的外甥，从小生长在奴婢群中，生活艰辛，但他十分好学，跟随舅父习得骑马、射箭、击刺等各项武艺。后来，卫青的姐姐卫子夫受到汉武帝宠爱并封为后，卫家才逐渐摆脱穷困，从此平步青云。

十六七岁的霍去病，体魄健壮，身手敏捷，智勇兼备，深受汉武帝的赏识，派他在身边保护自己，并封他为侍中官。公元前123年春天，卫青奉命出塞攻打匈奴，刚满十八岁的霍去病便向汉武帝请战，汉武帝见他年少威武，就任命他为骠姚校尉，卫青还挑选八百名英勇矫健的骑兵由他指挥。首次出征，霍去病毫不畏惧，他带兵灵活机动，成功地突袭敌营，斩杀了匈奴兵二千多人，战绩居全军之冠，汉武帝因而封他为冠军侯。

后来汉武帝想与大月氏等西域各国结盟，共同对付匈奴，于是发动了河西战役。公元前121年春，霍去病被拜为骠骑将军，率领精骑一万名，从陇西出发，直击匈奴。此战，霍去病军队横扫千军，途中还击溃五个匈奴部落，所向披靡，大获全胜。同年夏天，汉武帝决定乘胜追击，再次发动河西战役。霍去病在无法联络上公孙敖的情况下，孤军前行，实行迂回战术，将匈奴军队打得四处逃窜。

两次河西战役，汉朝成功地掌控了河西地区，相对地，匈奴却遭到空前沉重的打击，不仅死伤惨重，更痛失诸多领地。匈奴人非常悲痛地唱道："亡我祁连山，使我六畜不蕃息；失我燕支山，使我妇女无颜色。"至此，霍去病声望直追舅舅卫青，地位也日益显赫。汉武帝为嘉勉他，便命人在长安为他建了一座豪宅，完工落成后叫他去看是否满意，但霍去病谢绝了汉武帝的美意，并说："匈奴未灭，何以家为？"

这句话流传千古，成为后世爱国军人的常用名言。

霍去病雕像

管

管姓图腾

【源流】

出自姬姓，始祖为管叔。武王灭商以后把叔鲜封在管，建立管国，后管叔、蔡叔联合叛乱被杀，其后代遂以国为姓。在西周众多诸侯国中，管国立国早，消亡亦早，多数子孙播迁山东，亦有南徙安徽、江苏北部和河南东部一带。

管氏郡望平原应在秦汉之际形成。魏晋南北朝时期，因社会动荡，管氏避乱有西去秦陇，南及潇湘者。南北朝时亦有管氏避居江南，唐宋之际，江南管氏繁衍日盛。五代后唐年间，管思藏有后裔真郎，返徙江西带源居住，后其子孙播衍闽、粤、赣各地。明朝时，管氏作为山西大槐树移民姓氏之一，被分迁于河南、河北、山东、陕西、天津、江苏、安徽等地。清朝时，开始渡海赴台，进而侨居海外。如今，管氏在全国分布甚广，尤以江苏、山东等省居多。

【家训】

敬祖宗，孝父母，尊长辈，和兄弟，怜幼小，睦亲邻；重道义，重礼仪，惠贫困，恤孤寡，卫家国，志当齐；正家门，敬职业，耕当勤，读当专，尚俭朴，尚忍让；行修身，树齐家，慎交游，不胡迷，隆尊师，品格美；气忌躁，言忌夸，才忌傲，学忌骄，胆忌暴，人忌妒；心忌贪，行忌邪，忌嫖赌，忌为盗，忌吸毒，忌非为；严教子，肃闺门，乐嫁娶，喜当聚，丧厚葬，当尽礼；凛国法，立大志，振家声，远流徽。

【名人】

管仲（前719—前645），名夷吾。春秋时期齐国人，和鲍叔牙是好朋友，后来经过鲍叔牙的推荐到了齐国任宰相，帮助齐桓公建立霸业。他执政四十余年，实行改革，使齐国不断富强，使齐桓公成为五霸之首。著有《管子》八十六篇。

管宁（158—241），字幼安，朱虚（今山东临朐）人。三国时著名学者，游学天下，学问很高。黄巾军起义，逃避到辽东，聚众讲《诗》《书》三十年之久。魏文帝想让他当官，他没有答应。明帝让他出来做官，他又没有同意。著作有《姓氏论》。

管道升（1262—1319），字仲姬，一字瑶姬，浙江德清人，祖籍江苏青浦（今属上海）。元代著名女性书法家、画家、诗词创作家，赵孟頫之妻，世称管夫人，幼习书画，笃信佛法。曾手书《金刚经》数十卷，赠名山寺。所写行楷与赵孟頫颇相似，所书《璇玑图诗》笔法工绝。

【故事】

管鲍之交

管仲二十来岁时就结识了鲍叔牙，起初二人合伙做点买卖，因为管仲家境贫寒就出资少些，鲍叔牙出资多些。生意做得还不错，可是有人发现管仲用挣的钱先还了自己欠的一些债。更可气的是到年底分红时，鲍叔牙分给他一半的红利，他也接受了。

这可把鲍叔牙手下的人气坏了，有个人对鲍叔牙说，他出资少，平时开销又大，年底还照样和您平分效益，显然他是个十分贪财的人，要我是管仲的话，我一定不会厚着脸皮接受这些钱的。鲍叔牙斥责手下道：“你们满脑子里装的都是钱，就没发现管仲的家里十分困难吗？他比我更需要钱，我和他合伙做生意就是想要帮帮他，我情愿这样做，此事你们以后不要再提了。”

管仲雕像

后来这哥俩又一起充了军，二人更是相依为命。有一次齐国和邻国开战，双方军队展开了一场大厮杀，冲锋的时候管仲总是躲在最后，跑得很慢，而退兵的时候，管仲却跟飞一样地奔跑。当兵的都耻笑他，说他贪生怕死，领兵的想杀一儆百拿管仲的头吓唬那些贪生怕死的士兵。

关键时刻又是鲍叔牙站了出来，他替管仲辩护道：“管仲的为人我是最了解不过了，他家有八十多岁的老母亲无人照顾，他不得不忍辱含羞地活着以尽孝道。”管仲听了鲍叔牙的这番话，感动极了，动情地说：“生我者父母也，知我者唯有鲍叔牙。”

卢

卢姓图腾

【源流】

出自姜姓，为炎帝神农氏之后裔。

其发源地有多处，而以地为氏立姓最早的是在今山东省济南市长清区西南。秦时，齐国的卢邑也很出名。自田氏代齐，卢氏便散居燕秦之间，其后卢姓主要在河北涿郡（治今北京西南）一带繁衍，其中以范阳最盛。同时，有卢氏已迁至宁夏固原与甘肃平凉间地。此外，战国后期，卢蒲氏改为单姓卢氏后，繁衍于今北京大兴区一带，以后属涿郡。至三国魏时，涿郡改为范阳郡，卢氏便以范阳称，俗称“范阳卢氏”。范阳卢氏历代显赫，一举成为“四海大姓”之一，世称“崔卢王谢”。魏晋南北朝之际，卢姓开始大举南迁。西晋末年因“永嘉之乱”，随晋室南迁；又有一支迁居东北，后成为辽西卢氏大族。唐代，卢姓在北方的繁衍区域更广，其中以河南繁衍最为著称，南迁主要繁衍于江西、江苏、四川、福建等地。卢姓于唐末入闽，宋时入粤。元明清之际遍及全国大部分地区。但卢姓仍以北方居多，历代卢姓名人也多出自北方，尤以河北最为突出，是我国一个比较典型的北方大姓。

【家训】

孝父母，敬长上，友兄弟，教子孙，睦宗族，和乡里，重贞节，供国课，安本分，敦朴素，息争讼，戒骄淫。

【名人】

卢芳（？—55），字君期，安定郡三水县（今宁夏同心）人。王莽时期，假称自己是汉武帝的曾孙来迷惑百姓。公元24年，被更始帝刘玄任为骑都尉。自称为武帝曾孙刘文伯，联合三水地区羌、胡贵族起兵，后被匈奴单于立为帝。公元40年投降东汉，被封为代王。

卢照邻（约636—约680），字升之，自号幽忧子，幽州范阳（今河北定兴）人，“初唐四杰”之一，出身望族，曾为王府典签，又出任益州新都（今四川成都北部）尉，在文学上，他与王勃、杨炯、骆宾王以文词齐名，并称“王杨卢骆”。

卢纶（739—799），字允言，唐代“大历十才子”之一，河中蒲（今山西永济）人。屡试不第。大历六年（771年），宰相元载举荐，授阌乡尉；后由王缙荐为集贤学士、秘书省校书郎，升监察御史。出为陕府户曹、河南密县令。后元载、王缙获罪，受到牵连。德宗朝复为昭应令，官至检校户部郎中。有《卢户部诗集》。

卢前（1905—1951），原名正绅，字冀野，江苏南京人。戏曲史研究专家、散曲作家、剧作家、诗人，词曲大师吴梅的高足。一生致力于戏曲史研究、诗词曲创作，著述丰富。主要剧作有《饮虹五种》、《楚凤烈传奇》十六出等，又有戏曲史论著作《明清戏曲史》《饮虹曲话》《冶城话旧》等。

【故事】

卢前王后

王勃、杨炯、卢照邻、骆宾王被称为“初唐四杰”。

其中，王勃是隋末学者王通的孙子，从小才思敏捷，六岁便能写文章。由于他才华卓著，尤其是在二十五岁时路过洪州，在都督阎伯屿办的宴会上，写下了流芳百世的佳作《滕王阁序》，尤其是“落霞与孤鹜齐飞，秋水共长天一色”这样的千古名句，为当时名士所推崇，所以被名列首位。

然而，屈居第二的杨炯却很不满意。他成名也很早，十二岁就能作诗，被誉为神童，并跻身长安士林。他的边塞诗写得很有气势，受到宰相张说的高度赞扬。他对“王杨卢骆”的排名耿耿于怀，扬言道：“我愧在卢前，耻居王后。”意思是，我对排在卢照邻之前感到惭愧，但对排在王勃之后感到羞耻！

这卢照邻是什么人，会让一向自傲的杨炯如此服气？在四杰中，卢照邻年纪可说最长，小时候也非常聪明，因被赏识而获得提升，一直到都尉。但他患了“风疾”，因此不得不退职，药王孙思邈曾悉心为他调治。但是后来他的病越来越严重，双脚萎缩，一只手也残废了。他买了几十亩地来养老，但终因疾病的痛苦，决定与亲属道别，投颍水自杀。

卢照邻擅长诗歌骈文，以歌行体为佳，意境清迥。《长安古意》中的“得成比目何辞死，愿作鸳鸯不羡仙”常被后世有情人引用，遂成千古名句。

后来人们也把“卢前王后”这一典故，用来表示平排列的名次或指同为诗文之友。

莫

莫姓图腾

【源流】

莫姓源流主要有三。一源于颛顼，据载，颛顼造鄚阳城（今河北任丘、平乡一带），其支庶子孙定居于鄚阳城，后人去“邑”为“莫”，以地名为姓氏，世代称莫氏至今。二源于芈姓，出自春秋时期楚国莫敖之官职，属于以官职为氏。三是源于妫姓，出自上古圣君虞舜之祖幕，属于避难改姓为氏。

先期的莫姓主要分布于河北和长江以南地区。到南北朝时，在河南、湖北等地繁衍较快，但因北方战乱频繁，一部分人向西北迁移，一部分人向南方和东南迁移，最终成为南方望族。宋元明期间，其人口的流动主要由北方向南、西南和东南迁移。宋朝时期，主要集中于浙江、甘肃和江苏三省，形成了以西北甘肃、东南江浙为中心的两大块莫姓人口聚集区。明朝主要集中于广西、广东、浙江、江苏。当代莫姓主要集中于广西、广东、贵州三省区，大约占莫姓总人口的71%。

【家训】

为人忠孝当先，治家勤俭为本，静坐当思己过，闲谈莫论人非。

——《莫氏宗祠家训》

【名人】

莫邪，战国铸剑师，干将之妻，欧冶子之女。吴王命令干将铸剑，铁汁不下，莫邪窜入火中，铁汁流出，于是铸成两把利剑。雄的叫干将，雌的叫莫邪。后人经常用干将、莫邪来比喻锋利精美的剑。

莫宣卿（834—868），字仲节，号片玉，谥孝肃。出生在封川县（今广东封开河儿口镇西村）。两广第一个状元，也是我国科举制度时代最年轻的状元，高中时只有十七岁。

莫是龙（1537—1587），字云卿，更字廷韩，号秋水等，南直隶松江府华亭（今上海松江）人。明代文学家、书画家、藏书家。八岁读书，十岁属文，十四岁补郡诸生，人称“神童”。皇甫汸、王世贞辈亟称之。不喜科举业而攻古文辞及书法、绘画，以贡生终。

莫友芝（1811—1871），独山（今属贵州）人，清道光举人。少年时期就很喜欢读书，精通苍雅故训六艺名物制度，旁及金石目录家言。工于诗，书法也很好，与郑珍齐名，时号“郑莫”。著有《声韵考略》《遵义府志》《过庭碎录》《唐写本说文木部笺异》。

莫荣新（1853—1930），字日初，广西桂平人，莫宣卿后裔，行伍出身。早年跟从陆荣廷坐镇梧州，担任广西第一师第二旅旅长。1915年担任桂平镇守使。曾参加护国战争，升为第三军军长。后来转任广东省广惠镇守使。后参加护法战争，曾经担任护法军政府代理总裁兼陆军部长。1920年被逐，败回广西。

【故事】

岭南第一状元莫宣卿

公元834年，莫宣卿出生在岭南封川（今广东封开），因生父莫让仁早逝，母亲带着孩子改嫁给莫及芝。莫及芝是个忠厚长者，对莫宣卿也比较好。少年莫宣卿表现出异常的天赋，七岁就能吟诗。有一次与众儿童玩耍，莫宣卿被欺负和讥笑，便愤而在沙中题诗：“我本南山凤，岂同凡鸟群？英俊天下有，谁能佐圣君？”

这诗一出，乡亲们都惊叹不已，称为神童。

稍大一点，莫宣卿就读于梁明甫先生门下，十二岁就考中了秀才。他更加勤奋苦读，盼望着早日登科及第。

公元851年，他由地方政府送到京师，参加殿试。“对扬清问，首魁天下”，考取制科第一名，当时年仅十七周岁，是岭南第一个状元。

《全唐诗》收入他的《赋得水怀珠》一诗，这是莫宣卿参加科举考试时所作，写得非常真切优美，是试帖诗中难能可贵的力作：

长川含媚色，波底孕灵珠。素魄生蘋末，圆规照水隅。
沦涟冰彩动，荡漾瑞光铺。迥夜星同贯，清秋岸不枯。
江妃思在掌，海客亦忘躯。合浦当还日，恩威信已敷。

莫宣卿自己，不也是一颗长川波底孕育着的明珠吗？风景如画的家乡，郁郁葱葱的麒麟山，川流不息的渔涝河，故乡的山川灵秀，孕育了这位岭南第一状元。

中状元时，莫宣卿也作了一首《及第自咏》：

羽翼高飞到碧霄，鹏程万里岂知遥。
才吞王母千年药，便夺龙头第一标。
脚下云霞随地起，眼前尘土霎时消。
万金书寄南飞雁，三级天门已一跳。

此诗抒发他状元高中后的情怀和抱负，以及切盼鸿雁传书，让慈母共享他的快乐之情。在被视为南蛮的落后地方，一个少年一举压倒全国众多的才子，自然轰动一时。

缪

缪姓图腾

【源流】

出于姬姓。春秋末，鲁穆公名姬显，死后谥号为“缪”（同“穆”），所以又写作鲁穆公。其支庶子孙以他的谥号为姓，称缪姓。

据历史记载，缪、颜、廖姓一脉同源，皆出自颛顼和周文王。今福建部分地区和浙江平阳、苍南等县仍有不少“缪颜廖宗祠”。商朝末年，纣王无道，缪、颜两姓因为弃官隐于洛阳山谷，改姓廖，留形表示不忘本源。直到商朝灭亡后，其中一部分人才恢复了原来的缪姓和颜姓，而另一部分则仍然保留廖姓，成为后来部分廖姓人的祖先。

【家训】

凡为人兄者，克尽友爱；凡为人夫者，治家严肃，正己有方；凡处宗族最宜敦睦，凡治家当以勤俭为最。

【名人】

缪袭（186—245），字熙伯，东海兰陵（今属山东苍山）人。三国时曹魏文学家。先辟御史大夫府，历事魏四主，后拜散骑常侍。官至尚书，拜光禄勋。有《列女传赞》一卷、文集五卷。钟嵘《诗品》称：“熙伯《挽歌》，唯以造哀尔。”

缪希雍（约1546—1627），字仲淳，明嘉靖、天启间人。十七岁患久疟，自检方书治愈，遂嗜医。生平好游，寻师访友，旨在搜集方药，切磋学问，探讨医理。曾增益群方，几经修订，撰《先醒斋医学广笔记》及多部医学典籍。

缪嘉惠（1831—1908），字素筠，昆明人。通书史，善篆隶，尤工画。嫁予同邑陈氏，早年孀居。光绪年间入宫为供奉给事，深受慈禧太后宠爱，人称缪先生。相传慈禧之画，多为她代笔。

缪荃孙（1844—1919），字炎之，又字筱珊，晚号艺风老人，江苏江阴人。中国近代藏书家、校勘家、教育家、目录学家、史学家、方志学家、金石家，被文化教育科技界尊称为中国近代图书馆的鼻祖。

【故事】

缪荃孙创办图书馆

缪荃孙出身官宦家庭，学识渊博，交流广阔，著述繁富，尤于金石碑帖、版本目录之学钻研特深，熟娴文史掌故，在学术界名满天下。在清末民初，他与王壬秋、张季直、赵尔巽齐名，誉称四大才子。

1903年，缪荃孙和徐乃昌等奉张之洞命赴日本考察教育，重点考察了东京的帝国图书馆，回国后汇报建议在中国开办公共图书馆。当时中国民族资产濒临破产，多有藏书家因破产被迫出售藏书，建立公共图书馆是启发民智，也是防止典藏散佚和流落海外。1907年夏，陆氏皕宋楼、十万卷楼和守先阁藏书为日本人购去，消息传出，国人震惊。

后来，缪荃孙建议端方购买将要外售的杭州丁氏八千卷楼藏书，又规划建成了江南图书馆，即南京图书馆的前身。1910年8月18日，图书馆正式开放阅览，读者络绎不绝。

1908年，主持北京学部的张之洞筹建京师图书馆，他采取端方建议，购置

缪荃孙像

常熟铁琴铜剑楼藏书，并委托缪荃孙赴常熟购书，但藏主瞿启甲不同意，经缪协商、沟通，始先将其中孤本和罕见抄本选出七十一种，再加上旧刊本，共凑成一百种送呈北京。后因辛亥革命而中止。

1909年7月25日，学部行文筹建京师图书馆，并任缪荃孙为监督（馆长）。在北京筹备学部图书馆的一年里，缪荃孙花很多时间整理图书和编制目录，整理图书长达五个月。与此同时，编制了《清学部图书馆善本书目》，并将为外界所罕见甚至未见的珍本整理集刊了为馆藏《宋元本留真谱》，收录每书的序跋题识，并撰考证一篇。

辛亥革命前夕，缪荃孙告假南返，随着清王朝灭亡，学部图书馆也为民国政府接收，隶属教育部，它历尽百年沧桑，演化为今天的中国国家图书馆。

宗

宗姓图腾

【源流】

四岳之后，以职官命氏。四岳是尧时官名，司掌四时、方岳。周朝时，其后代有人为宗伯官，掌握邦国祭祀典礼之职，为世袭，其子孙遂以祖上官职命姓，称为宗氏。

汉朝时期，河南南阳宗氏是当时望族，名家辈出。东汉以后，在陕西西安落籍，并播迁到今甘肃陇西、兰州一带。两晋时期，已有宗氏族人落籍山西介休。河南南阳宗氏历魏晋南北朝而不衰，隋唐时期南阳宗氏族人徙于蒲州河东（今山西永济）。唐末五代时期，宗泽八世祖由南阳迁于浙江义乌。此时宗姓广布于黄河中下游诸省，并有在今北京、天津一带定居者。

宋朝以后，宗氏族人的发展重心渐移到今江苏、江西、浙江、安徽等地，后避乱逃至今福建、广东、广西等省区。明朝初期，又作为大槐树移民姓氏之一，被分迁于今河南、湖南、湖北、山东、河北等地。清朝时期广布全国，并有山东等地的宗氏族人入居东北三省。如今，宗氏族人在全国分布较广，以浙江、江苏、山东、安徽、江西、河北等地为多。

【家训】

宗圣公训：孝悌忠信、礼义廉耻、三省诚身、道传一贯；祖训十则：孝父母、睦兄弟、和夫妇、序长幼、尊宗亲、严内外、训子孙、勤职业、明义利、慎官守。

——《宗圣重光》

【名人】

宗均，东汉人，生卒年不详，字叔庠，南阳安众（今属南阳）人。先后任上蔡令、九江太守；永平元年（58年），迁东海相。明帝以其能，征拜尚书令，后任司隶校尉、河内太守。建初元年（76年），卒于家。

宗资，东汉人，生卒年不详。字叔都，南阳安众（今属南阳）人。家代为汉将相名臣。宗均之孙。少时在京师学孟氏易、欧阳尚书。后举为孝廉，拜议郎，补御史中丞、汝南太守。署范滂为功曹，委任政事，推功于滂，不伐其美。任善之名，闻于海内。

宗炳（375—443），字少文，南阳郡涅阳（今属南阳）人。南朝宋杰出书画家。少聪颖。东晋末至南朝宋时，屡征其为官，均不就。长于琴书，尤喜书画，精于言理。曾游名山大川，遂画所游山水名胜。著有《明佛论》和《画山水序》。

宗泽（1060—1128），字汝霖，北宋、南宋之交杰出的政治家、军事家，主要抗金将领。靖康元年（1126年）任河北义兵都督总管，用岳飞为将，屡败金军，临终时，还三呼“渡河”。

【故事】

宗泽“过河”

靖康二年（1127年）五月，宋高宗赵构即位重建宋朝，史称南宋。靖康之

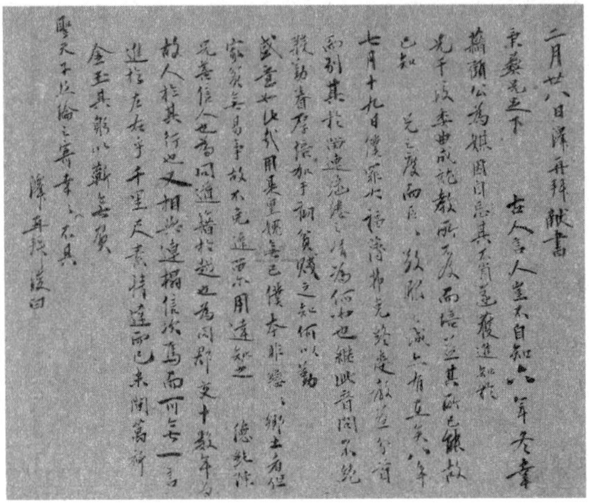

宗泽致秉彝札

变以后，老将宗泽担负起抗金重任。时年六十九岁的宗泽，全面负责东京的防务。

当时的河北活动着大批的地方武装，其中最大的一股是王善。河东义军首领王善拥兵几十万准备进占开封，宗泽单骑进入王善营中，握着他的手流泪说："朝廷当危难之时，使有如公一二辈，岂复有敌患乎？今日乃汝立功之秋，不可失也。"什么意思呢？宗泽对王善说，如今正是国家生死存亡的紧急关头，假如有几个像你这样的英雄，大家齐心抗敌，还怕敌人打不垮吗？今日正是你立功的时候，机会千万不能失掉啊！王善深为感动，立即归降。其余义军首领杨进、王再兴、李贵、王大郎等先后投到宗泽麾下，军威大振。当建炎二年（1128年）金朝大军向开封逼近时，宗泽成竹在胸，指挥刘衍、阎中立、张伪、赵世兴等将领一次次打退金兵。北方百姓尊敬地称威震天下的宗泽为"宗爷爷"。

宗泽坚守开封的同时，先后上疏二十余次，强烈要求宋高宗回銮开封，收复失地，但均为黄潜善、汪伯彦等所阻。眼看收复故土无望，宗泽忧愤成疾，病疽发于背。他常吟唐代大诗人杜甫的诗句：出师未捷身先死，长使英雄泪满襟。

在一个风雨交加的夜晚，忧愤的宗泽已奄奄一息，但是他对自己的家事没有安排一句话。临终前，他只是连呼了三声："过河！过河！过河！"开封的军民听到宗泽去世的消息，都为这位老英雄流下了伤心的热泪。宗泽卒年七十岁。

邓

邓姓图腾

【源流】

出自姒姓。相传夏帝仲康有子孙封在邓国（今河南邓州一带），邓君的后世子孙就以国为氏。

邓姓发源于今河南省境，大举南迁于东晋之时，而播迁入闽、粤则早于汉代。汉代中期，邓况自楚徙居南阳新野。至东汉初，因族人为光武帝刘秀的中兴汉室立下大功及与东汉皇室的亲戚关系，一跃而成为东汉最显赫的家族。但至东汉安帝时，有人诬告邓弘等曾反对立安帝，引起安帝不满，因而使邓氏遭受了一次大的劫难。此后，南阳邓氏不断外迁，有南至湖南、湖北者，也有西至山西、甘肃者。西晋末年“永嘉之乱”时，有南阳邓叔攸迁至福建宁化石壁乡，后又分支泉州等地。东晋十六国时，中原邓氏大举南迁，分布于江南许多省份，以江西、江苏居多。与此同时，已有邓姓南迁入今四川、广东等地。至晋代，邓姓的子孙在北方已落籍于山东、陕西、山西、甘肃、安徽等地，在南方已迁居到今江苏、湖南、四川等地。至唐代，南阳邓氏分衍出的支派更多，分别居于甘肃、山西、湖南、河南等省的一些地区。宋时，邓姓在南方已播及江西、湖北、福建、广西等地。明末，闽粤邓氏又有一些人向台湾迁徙，进而又有徙居海外者。今天邓姓人最集中的地方是中原地区、长江流域及沿海一带，其中江西、湖南、河南为最，四川、广东、福建、江苏次之。

【家训】

崇宗敬祖，孝敬父母，和睦兄弟，联亲联谊，培育后代；尊师敬贤，勤俭持家，遵纪守法，绝禁吸毒，戒嫖戒赌。

【名人】

邓析（前545—前501），春秋战国时郑国大夫，著名教育家、思想家、刑名家、法家先驱，或称“邓析子”。他创办私学，以所作《竹刑》教人，宣传法治。是“名辩学”的倡始者。

邓石如（1743—1805），初名琰，字石如，避嘉庆帝讳，遂以字行，后更字顽伯，号完白山人等，安徽怀宁人。清代篆刻家、书法家。少好篆刻，客居金陵梅镠家八年，尽摹所藏秦汉以来金石善本。工四体书，尤长于篆书。性廉介，遍游名山水，以书刻自给。有《完白山人篆刻偶存》。

邓世昌（1849—1894），原名永昌，字正卿，广东番禺（今广州海珠区）人，清末海军杰出爱国将领、民族英雄。1894年为致远号巡洋舰管带，在黄海海战中壮烈牺牲，谥壮节公，追封太子少保衔。

邓小平（1904—1997），中国共产党第二代领导核心，马克思主义者，无产阶级革命家、政治家、军事家、外交家，同时也是中国人民解放军、中华人民共和国的主要领导人之一。他是中国社会主义改革开放和现代化建设的总设计师，创立了邓小平理论。他所倡导的“改革开放”及“一国两制”政策理念，改变了20世纪后期的中国。

【故事】

邓世昌与舰同沉

1894年9月，北洋水师护送四千余名援军入朝，返航时在大东沟遭遇日军袭击，北洋水师仓促应战，黄海海战爆发。

黄海海战

由于时间仓促，北洋舰队完全未处于有效的对阵状态。日军甫一开炮，便收到意想不到的效果——将定远望台打坏，在望台上督战的丁汝昌身受重伤。由于日方舰艇具有快速的优势，很快形成太极阵，裹住北洋水师的人字阵，将致远、经远、济远三舰隔绝于阵外。

致远号管带邓世昌攻敌最力，两阵甫合，其他船还在后面，他便独自向前猛驶冲锋直进，开放船首船尾英国制造的十二吨大炮，并施放机器格林炮，先后共出击百余次。此时其他舰艇已在一片混乱之中，无一舰能勇往协助致远，致远显示出孤军深入、无复后继的态势。日舰见有机可乘，便以四舰环攻致远舰，致远多处中弹，船身倾斜，情况十分危急。

在此危急时刻，邓世昌认为："倭舰专恃'吉野'，苟沉是船，则我军可以集事。"他激励将士说："吾辈从军卫国，早置生死于度外，今日之事，有死而已！"这时吉野舰迎面驶来，邓世昌于是下令以最快的速度向"吉野"冲去。日军发现了致远的企图，便集中火力，轰击致远，最终，致远在炮火下沉没，邓世昌坠入海中。此时，随从刘忠递给他一根浮木，但他坚决不接，愤然地说："事已如此，誓不独生！"有义犬见主落水，也跳水相救，邓世昌按犬头入水，最终殉国，年仅四十五岁。英法各国水师观战者皆感叹邓世昌之忠勇为不可及。

光绪帝后来亲撰挽联道："此日漫挥天下泪，有公足壮海军威。"

洪

洪姓图腾

【源流】

为共工后代。相传共工掌管水利，被尊为水神。颛顼帝时，起兵争天下失败，被逐出中原。共工氏为了不让后代忘记自己是水神，在姓旁加上三点水，称洪姓。

宋朝时期，洪姓大约有十九万人，排在第七十五位。洪姓第一大省是江西，约占全国洪姓总人口的43%。在全国的分布主要集中于江西、浙江、江苏、福建，这四省洪姓大约占全国洪姓总人口的82%，其次分布于四川、河北、河南、广东。全国形成了以赣、浙、苏、闽为中心的洪姓聚集区。

明朝时期，洪姓大约有十七万人，约占全国人口的0.18%，排在第九十六位。明朝时期，浙江为洪姓的第一大省，约占全国洪姓总人口的33%。在全国的分布主要集中于浙江、安徽、福建，这三省大约占洪姓总人口的64%，其次分布于江西、江苏、湖北，这三省的洪姓又集中了20%。宋元明期间六百余年，洪姓的分布总格局变化较大，其人口主要向东南沿海地区迁移。全国的洪姓中心仍在浙、苏、闽地区。

【家训】

宁可人穷，不可志穷；宁可身冷，不可心冷。

——汕头岐山《洪氏家训》

【名人】

洪迈（1123—1202），字景卢，号容斋，饶州乐平（今江西乐平）人。南宋外交家、史学家。洪皓第三子。官至翰林院学士、资政大夫、端明殿学士，宰执（副相）。卒谥“文敏”。著有《夷坚志》《容斋随笔》等。

洪亮吉（1746—1809），初名莲，又名礼吉，字君直，一字稚存，号北江，阳湖（今江苏常州）人。清代经学家、文学家。乾隆五十五年（1790年）科举榜眼，授编修。嘉庆四年（1799年），上书军机王大臣言事，亟论时弊，免死戍伊犁，次年诏还。善骈文，学术长于舆地。其论人口增长过速之害，实为近代人口学说之先驱。

洪秀全（1814—1864），广东花县（今广州花都）人。近代农民起义领袖，太平天国运动领导者。1843年创立了农民革命组织“拜上帝会”，著有《原道救世歌》《原道醒世训》等。1851年，在广西桂县发起金田起义，后在南京建立太平天国，称天王。病逝不久，天京陷落，起义失败。

洪仁玕（1822—1864），广东花县（今广州花都）人，洪秀全族弟。旅居香港多年，是太平天国领导层中对西方见识较广的一位将领。1859年到天京（即南京），获封为军师、干王，一度总理朝政。所著《资政新篇》是具有发展资本主义主张的政治纲领，在当时算是相当先进的思想。

【故事】

洪亮吉与黄仲则

洪亮吉与黄仲则是少年时代的同学和知交，两人的遭遇颇同，都出身贫

洪亮吉像

寒，都曾在科场苦战，也都曾客幕依人。因此二人同病相怜，莫逆于心。黄仲则虽有“乾嘉诗人第一”之誉，但穷困潦倒，怀才不遇，且终生布衣。洪亮吉与这样一个既无地位又无钱财的朋友相交十八年始终不渝。

乾隆四十二年（1777年），黄仲则客居北京，想把母亲妻儿也接到北京生活，洪亮吉就帮他把自有的田地及三间屋卖了以后筹足路费，送到北京。三年以后，黄仲则经济窘迫，到了贫病交加的地步，又想让老母妻儿回常州，但是连打发回去的盘缠也没有。此时洪亮吉自己也是个“十有九人堪白眼”的穷书生，但是他仍旧挺身而出，不顾自己穷愁潦倒，东奔西走为至友“营家室南归之资”。

后来，黄仲则于乾隆四十七年（1782年）在贫病中客死山西解州。而洪亮吉已是举人，仕途有望。也许有些人因为地位变了，会变得势利起来。但是，洪亮吉借马疾驰，日走四驿，赶到解州为死去的朋友抚七尺之棺，理身后之事，又“炎天走千里，素车白冯送君归”，把黄仲则灵柩拖运回常州安葬。以后，黄仲则的遗稿整理、老母妻儿的安排乃至黄仲则子女的婚嫁，都由洪亮吉一手承办。

朋友相交，潦倒时能做到“交情为贫重”易，富贵时不至“一阔脸就变”难；一时意气为朋友“两肋插刀”易，天长日久特别是“人去人情在”难。但是，洪亮吉却能做到贫贱富贵不移，足证二人之间的深厚友谊。

包

包姓图腾

【源流】

包姓出自多源。一出自风姓，为上古太昊（伏羲）的后代。伏羲创制八卦，教民捕鱼、畜牧，以充庖厨，故又名庖牺或庖羲。故《路史》载：“包羲氏后有包氏。”一出自申姓，为春秋时楚国大夫申包胥之后。申包胥曾赴秦国求兵援楚，其后代以其名中的包字为姓。

包氏是一个非常典型的多民族、多源流姓氏，在当今姓氏排行榜上名列第一百八十一位。蒙古族包姓人口约三百八十万，主要分布在内蒙古、外蒙、新疆、辽宁、吉林、黑龙江、青海、甘肃、云南；汉族包姓人口约八十多万，主要分布在江苏、浙江、福建、广西、安徽、四川、江西、海南、山东。

【家训】

后世子孙仕宦，有犯赃滥者，不得放归本家；亡殁之后，不得葬于大茔之中。不从吾志，非吾子孙。

——包拯家训

【名人】

包咸（前7—65），字子良，会稽曲阿（今江苏丹阳）人，少为诸生，师事博士右师细君，学习《鲁诗》《论语》。东汉初年举为孝廉，封郎中，迁大鸿胪。明帝即位，以咸有师傅恩，特加赐俸禄，咸皆散于诸生之贫者。永平八年（65年）病逝。

包拯（999—1062），字希仁，庐州（今安徽合肥）人，北宋名臣、清官，被誉为包青天。天圣五年（1027年）进士。仁宗时任监察御史，后任天章阁待制、龙图阁直学士，官至枢密副使。知开封府时，执法严峻，不畏权势，为民申冤，树立了清正廉洁官员的榜样。明人以他断案的民间传说写成《包公案》一书，流传甚广。

包世臣（1775—1855），字慎伯，号倦翁，清朝泾县人。嘉庆十三年（1808年）举人。曾任江西新喻县知县，对农政、漕运、盐政、货币等问题都有论述，主张积极抗英。善书法、书论，肆力北魏，兼习二王，对咸同年间的书法影响甚深。著有《艺舟双楫》《管情三义》《浊泉编》《齐民四术》等。

包玉刚（1918—1991），名起然，浙江宁波人。世人公推的华人世界“船王”。1978年创立“环球航运集团”，是第一个进入英资汇丰银行的华人董事，1976年被英国女王封为爵士。热情支持祖国建设，曾在家乡捐资建学，还建造北京兆龙饭店、上海交通大学包兆龙图书馆、包玉刚图书馆，设立包兆龙、包玉刚留学生奖学金等。

【故事】

岁满不持一砚归

宋康定元年（1040年），包拯升任端州知军州事，乘船来到西江岸边的古端州。他在端州掌政三年，治理西江水患，创办岭南最早的星岩书院，还修建丰济仓，储粮备荒。他主持在端州城内外挖掘了七口水井，让端州百姓不再饮用不洁净的西江和沥湖水。

肇庆包公祠

传说，宋仁宗庆历二年（1042年），被誉为“包青天”的包拯任期满离肇庆时，船出羚羊峡，突然波浪翻腾，狂风骤起。包公立即查问手下人。原来是端州砚工为了表达他们对包公体恤民情的敬仰，托人送来了一方用黄布裹着的端砚。手下人见是一方石砚，并非金银珠宝，于是便收下了。包公立即取来端砚抛到江中。霎时，风平浪静。后来，在包公掷砚处便隆起了一块陆洲，这就是砚洲岛。包砚的那块黄布，顺流而下，在不远处的西江边形成了一片黄色的沙滩，这就是现在的“黄布沙”。现在肇庆民间仍广为流传着“包公掷砚成洲”的故事。

由于包拯执法如山，铁面无私，惩治贪赃枉法的皇亲国戚、朝廷要员，为百姓申冤报仇，被后人尊称为包公、包青天，成为一个家喻户晓的传奇式人物。现在的肇庆城内仍然幸存着与包公有关的遗址和珍贵文物，流传着包公的传奇故事和民间传说。

崔

崔姓图腾

【源流】

出自姜姓，以邑为氏。相传为炎帝神农氏后裔，西周时齐国季子曾食采于崔邑（今山东章丘），子孙以邑为氏，是为山东崔姓。得姓有三千余年历史。

崔姓发源于山东境内，门庭显赫，人丁兴旺，有清河、博陵两大郡望。东汉末年，有族人避居朝鲜，后发展为朝鲜大户。魏晋南北朝时，崔姓依旧以门第高贵、族大人众而著。唐代崔姓官仕宰相者多达二十七人。其间崔姓繁衍之地以北方为主，山东、河北、河南、陕西、山西、甘肃遍布崔姓。宋元时期，南迁于江苏、安徽、浙江、江西等地。明朝初年，有山西大槐树崔姓移民于人迹稀疏之地。明清之际又有大批崔姓族人迁往辽东一带，多与朝鲜族杂居。至今主要分布于山东、河南、黑龙江、辽宁、江苏等省。

【家训】

孝敬父母，友爱父兄，择选配偶，抚教儿孙，团结宗亲，和睦乡里，尊敬长辈，敬业乐业，早完国课，履行俭朴，恭敬祖宗。

【名人】

崔骃（？—92），东汉涿郡安平（今属河北）人，有“儒家之林大才子”之称。少与班固、傅毅齐名，曾为府掾，后改主簿，著有《达旨》等。其子崔瑗，著名书法家，工章草，其书“点画精微，神变无碍”，人称“草贤”，著有《草书势》。

崔颢（704？—754），汴州（今河南开封）人，唐代诗人。开元年间进士，官至太仆寺丞，天宝中为司勋员外郎。经典名诗《黄鹤楼》，据说曾让李白为之搁笔，有“眼前有景道不得，崔颢题诗在上头”的赞叹。《全唐诗》收录其诗四十二首。

崔与之（1158—1239），字正子，号菊坡。原籍江西宁都，幼年随父移居广东增城，故《宋史》载其广州人。南宋名臣。绍熙四年（1193年）进士。授浔州司法参军，调淮西提刑司检法官，特授广西提点刑狱。端平元年（1234年），授广东经略安抚使兼知广州。端平二年（1235年），除参知政事。端平三年（1236年），拜右丞相兼枢密使。著有《崔清献公集》。

崔述（1736—1816），字承武，号东壁，河北大名人。乾隆时期举人。清代历史学家、考据学者。曾任福建罗源、上杭知县，兴利除弊，为人称道。三十岁后，专攻古史，对近代史学界怀疑古书古事的风气颇有影响。所著书以《考信录》为主，包括《三代考信录》《丰镐考信录》《洙泗考信录》等，近人汇印为《崔东壁遗书》。

【故事】

崔与之直言荐贤

崔与之任秘书少监时，第一次奏章就分析内外之情不通是当今大患，而人才的进退、言路的通塞则与国家安危紧密联系在一起。他建议朝廷，用人要听其言观其行。他在任内一直“以致君泽民，经邦辅国，进贤退不肖为己任”。他举荐人才的标准，是德才兼备，而且将德放在首位。

增城崔与之像

有一天上朝，宋宁宗问崔与之家乡有什么人才，崔与之当即推荐吴纯臣有监管之才。不久朝廷提拔吴纯臣担任提点广西刑狱。崔与之推荐温若春适宜担任清要之职，于是朝廷任命温若春为秘书郎。他们都成为称职的官员。崔与之当京官或地方官期间，先后向朝廷举荐了数十人。这些人才“各以道德文章功名表于世”，有的后来甚至成为高官显宦或出名学者。

有个学子叫李心传，他乡试落第后，不再应举，闭门著书。崔与之等推荐他，平民之身的李心传被召入史馆，赐为进士。李心传主修多部史书，成为南宋有名的史学家，后来官至工部侍郎，以敢于上疏直言闻名。

崔与之举荐的人，绝大多数与他没有私交，只有吴纯臣、李昴英等出身同邑或门下。无论对谁，崔与之都出于公心。他的弟子李昴英应试荣登榜首之后，写信向老师致谢。崔与之告诉他，读书人成名后要坚持操守，盛名之下，更要谦虚；初入仕途不必挑拣官职和地方，朴素谨慎是日后发展的开始。后来李昴英官至龙图阁待制、吏部侍郎，为官不畏强权，敢于伸张正义。崔与之的姐姐也曾为儿子求官，但崔与之说：“当官贤能与否，事关百姓的欢乐和忧愁，官位断不可私相授受。”他始终没有循朝廷恩例为外甥求官。

吉

吉姓图腾

【源流】

出自姞姓，相传黄帝之后伯儵受封于南燕（在今河南延津县境），赐姓姞。其后代子孙省去女旁，世代相传姓吉。

古时吉姓和姞姓族群是多元并行的。秦以后，姞姓逐渐被"吉"或其他姓氏所取代。汉唐时期，中原吉氏族人的聚居地主要为陕、豫、晋、鄂等，并出现冯翊、洛阳等吉氏郡望。经历魏晋南北朝的长期战乱后，冀、苏、鲁、皖、甘等地已有吉氏族人定居落籍，浙、赣、川、湘等地也已成为吉氏族人的活动领域。五代宋元时期，中原吉氏族人多次迁徙到江南各地，粤、桂、闽等地又成为吉氏族人的新迁居地。元末明初，山西吉氏作为洪洞大槐树迁民姓氏之一，分迁于陕、冀、鲁、豫、皖、苏等地。到了明代中叶，吉氏族人开始迁入台、琼等地。到了清代，一些满族旗改而姓吉。清康雍乾以后，冀、鲁、豫等地的吉氏汉族人中有因闯关东而定居于东北者。如今，除了汉族和满族的吉氏，在黎族、土家族、蒙古族、彝族、回族、藏族、哈萨克族、朝鲜族、傣族等民族中，都有以"吉"为姓的。

【家训】

念先人立身教家，不失纲常大节。嘱后裔继志述事，毋忘忠孝初心。

【名人】

吉士瞻，梁朝人，生卒年不详，字梁容，冯翊莲勺（今陕西渭南）人。自幼心怀壮志，曾梦得十一张鹿皮，喜曰“鹿者，禄也”，后来果然当上太守、刺史。“鹿皮系梦”之说广为流传，湖南吉氏遂以“梦鹿堂”为堂号。为官清廉，家无蓄积。病卒，谥“胡”。

吉惟善（约1350—1432），祖籍山西洪洞大槐树。明永乐年间迁开州榆林里（今河南濮阳），永乐中署开州学事。明朝著名哲学家，性恬淡，进退雍容，有儒者风，端方整肃，言行不苟，钻研性理之学，以五经授徒，为后学宗师。

吉文元（？—1854），广西人。太平天国运动将领。早年参加拜上帝会。金田起义后，历任侍卫、将军、指挥、春官副丞相。1853年奉命与林凤祥、李开芳率军北伐。在临洺关（河北永年县治）击溃清直隶总督讷尔经额部，封平胡侯。后攻克天津附近的静海。次年三月与清军僧格林沁、胜保作战，中流弹牺牲。

吉鸿昌（1895—1934），字世五，原名恒立，河南省扶沟人。抗日英雄，爱国将领。1913年入冯玉祥部，从士兵递升至军长，骁勇善战。1932年加入中国共产党。11月9日，在天津法租界遭军统特务暗杀受伤，遭工部局逮捕，被杀害于北平陆军监狱，时年三十九岁。

【故事】

吉鸿昌“我何惜此头”

1931年9月21日，吉鸿昌将军被蒋介石逼迫下野，到国外“考察实业”。船到美国，吉鸿昌就接二连三地遭到意想不到的刺激，如那里的头等旅馆不接待中国人，对日本人却奉若神明。有一次，吉鸿昌要往国内邮寄衣物，邮局职员竟说世界上已经不存在中国了，吉鸿昌异常愤怒，刚要发作，陪同的使馆参赞劝道：“你为什么不说自己是日本人呢？只要说自己是日本人就可受到礼遇。”吉鸿昌当即怒斥：“你觉得当中国人丢脸吗？可我觉得当中国人光荣！”为抗议帝国主义者对中国人的歧视，维护民族尊严，他找来一块木牌，用英文仔细地在上面写上：“I am a Chinese！（我是一个中国人！）”并将其挂在胸前，走在美国的大街上，让每个人都能看到。

吉鸿昌及其题字

在国外，吉鸿昌通过利用记者的采访，以事实揭露了日本侵略中国的种种罪行，并斥责英国纵容日本侵略中国和蒋介石对日妥协的丑恶行径。在德国时，吉鸿昌曾多次要求到苏联进行访问，遭到蒋介石政府使馆的百般刁难，不予签证。悲愤之下，吉鸿昌挥笔疾书：“渴饮美龄血，饥餐介石头。归来报命日，恢复我神州。”

面对“立时枪决”的命令，吉鸿昌镇定安详地向敌人要来纸和笔，挥笔疾书，写下了自己坎坷曲折而终于走向革命道路的一生，历述蒋介石祸国殃民的种种丑行。在给夫人胡红霞的遗嘱中写道：“夫今死矣，是为时代而牺牲……”吉鸿昌披上斗篷，从容不迫地走向刑场。他用树枝作笔，以大地为纸，写下了浩然正气的就义诗：“恨不抗日死，留作今日羞。国破尚如此，我何惜此头！”

龚

龚姓图腾

【源流】

出自共工氏。共工在黄帝时为水官，有一支以单字“共”作为姓氏，后改为“龚”。

龚氏源头较多，支脉亦繁，早期主要繁衍于华北的山东、河南、山西、河北及辽宁等省境。汉后，则以我国南方的江苏、四川、湖南、湖北、安徽、江西等省为主要的繁衍地带。魏晋南北朝时，已成为湖南、湖北一带望族。至唐宋，龚姓便繁衍称盛于江南广大地区，主要繁衍于今江苏、福建、浙江、广东等省。福建、广东的龚姓宗族大多以南宋龚茂良为始祖。龚茂良的四世孙龚庄有数子：长子龚英居荆山，其后代有的又迁居安海；次子龚沼居晋江沙堤，其后有的又迁居安溪；三子龚徒居福州城内梅枝里。宋初，又有翁氏改姓龚姓的，使得龚姓在福建增多。明代以后，又移居至今上海、广西等地。从清乾隆年间开始，闽粤龚氏陆续有人移居台湾，进而迁往新加坡等国家。

【家训】

酒能养老实难忘，切勿多杯困在床；烂肺腐肝如斧伐，人能节饮命延长。赌终败业何勿忘，日夜营谋不近床；祖产化尘都不悟，定知受苦后来长。衣能蔽体岂遗忘，勿喜丽都睡快床；狐貉有时人见鄙，缊袍不耻圣称长。

【名人】

龚遂，生卒年不详，字少卿，山阳郡（今山东邹城）人。西汉官员。初奉昌邑王刘贺。刘贺继位后骄奢淫逸，在位二十七天遭废。属臣二百多人都遭诛杀，只有龚遂与中尉王阳因多次规劝免于一死，但被判处四年徒刑。汉宣帝继位后，其担任渤海太守，平定盗贼叛乱、鼓励农桑，颇有政绩。后升任水衡都尉，卒于任上。

龚胜（前68—11），字君宾，西汉末年以好学明经与崇高名节而见称。汉哀帝时，曾三举孝廉，后因王莽篡权而归隐乡里。王莽数次征召，欲拜为上卿，以“吾受汉厚恩，岂以一身事二姓哉”拒之，绝食而死。

龚贤（1618—1689），又名岂贤，字半千、半亩，号野遗等，江苏昆山人。明末清初著名画家，“金陵八大家”之一。早年曾参加复社活动，明末漂泊流离，入清隐居不出。与吕潜并称“天下二半”（吕潜，号半隐）。工诗文，善行草，源自米芾，又不拘古法，自成一体。著有《香草堂集》。

龚自珍（1792—1841），字瑟人。清代著名的思想家、文学家。博览群书，通晓经学、文字学、历史、地理等各方面知识，为今文经学派的重要人物。道光年间进士，官至礼部主事。当林则徐赴广东查禁鸦片时，他曾预见英国可能侵犯，建议加强战备。其诗、文有较高成就。

【故事】

龚胜绝食

龚胜少年时爱好学习，精通经义，以有节操而闻名于世。后来被荐为秀才。汉哀帝做定陶王时就已听说他的名声，即位后就征召他为谏大夫。

龚胜身居谏官期间，多次上书求见，陈述百姓贫苦，主张应该以节俭宽大表率天下。任谏大夫两年多，升任为丞相司直，调任为光禄大夫，担任右扶风太守。几个月后，皇上了解到龚胜不是善于处理繁冗政务的人才，于是又让他做光禄大夫。

王莽篡权后，派五威将帅巡视天下风俗，将帅亲自捧着羊、酒去问候龚胜。第二年，王莽派使者前去任命龚胜为讲学祭酒，龚胜推说有病而不应召。过了两年，王莽又派使者捧着盖有玉玺的诏书和太子师友祭酒印绶，前往龚胜的乡里拜他为官。使者想让龚胜起身迎接，长时间地站在门外，龚胜推说病重，卧床接见使者，说：“我向来愚昧，加上年老患病，已是命在旦夕，若跟随您上路，一定会死在路上，这样对国家对个人都毫无益处。”

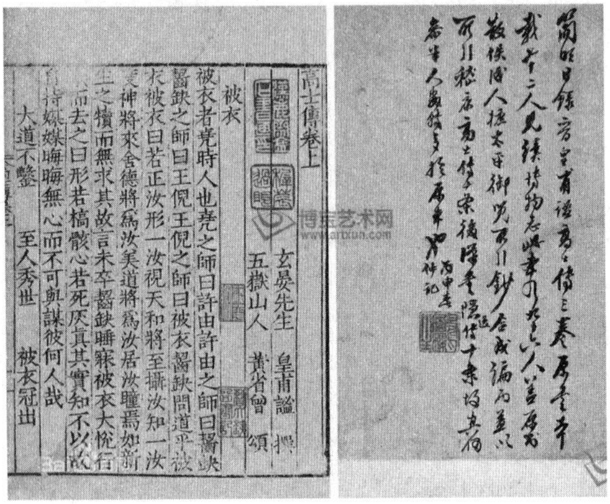

龚胜的事迹被记录在皇甫谧的《高士传》

此后，使者每隔五天就与太守一起前来问候饮食起居，对龚胜的两个儿子和门人高晖等人说：“朝廷虚心对待龚胜先生，要封他为侯，即使他病情严重，也应当起身到驿站，以表示出有赴行的意思，这样定会给子孙后代留下大基业的。”高晖等人把使者的话告诉了龚胜，龚胜知道自己的话无人听从，就对高晖等人说：“我蒙受汉家深厚的恩德，没有什么用来报答，如今年老了，很快就要入土，按照道义难道可以用一身侍奉二主，到地下去见原来的主子吗？”说完，就不再开口饮食，拖延到十四天后死去，死时七十九岁。

裴

裴姓图腾

【源流】

裴姓源流主要有三。一源于嬴姓，为伯益之后蓝陵在周僖王时被封为解邑（今山西蔺猗西南）君，去掉邑字，改加衣字，表示离开，称为裴姓。二是源于周朝秦国，以城邑为姓，秦非子后代中被封为裴乡（在今山西闻喜）侯，世称裴君。三是源于春秋时晋国被封到裴中（今陕西岐山北）的首领，亦称裴君，后人以地名为氏。

其中闻喜裴氏是一大世家。后裴氏分为三支，分居河东、燕京、西凉等地。裴氏家族自古为三晋望族，也是中国历史上声势显赫的名门巨族。裴氏家族"自秦汉以来，历六朝而盛，至隋唐而盛极，五代以后，余芳犹存。在上下二千年间，豪杰俊迈，名卿贤相，摩肩接踵，辉耀前史，茂郁如林，代有伟人，彪炳史册"。其家族人物之盛、德业文章之隆，在中外历史上堪称绝无仅有。自汉魏，历南北朝，至隋唐、五代，在中华大地两千多年的历史进程中，裴氏家族在政治、经济、军事、外交等诸方面，均做出了突出的贡献。仅隋唐二代活跃于政治舞台上的名臣就有数十人。

【家训】

源洁水清，身正影直；心中有爱，肩头有担；腹中有墨，胸中有识；目中有人，脚下有迹；上敬长老，下扶弱幼；左守孝道，右遵规法；众助公益，齐心创业。

【名人】

裴秀（224—271），字季彦。河东闻喜（今山西闻喜）人。魏晋时期大臣，著名地图学家。少年时便颇有名气，后被大将军曹爽辟为掾属，曾迁黄门侍郎、廷尉正等，历任司马昭安东将军及卫将军司马，参与谋划军国之政。在平定诸葛诞叛乱时为司马昭出谋献策。著有《禹贡地域图》十八篇。

裴松之（372—451），字世期，河东闻喜（今山西闻喜）人，后移居江南。出身士族官僚家庭，南朝宋著名史学家，为《三国志》作注。与儿子裴骃、曾孙裴子野被称为“史学三裴”。

裴果（？—567），字戎昭，河东闻喜（今山西闻喜）人。南北朝时西魏和北周名将。出身将门世家，少年慷慨自任，颇有谋略。北魏太昌年间，被任命为阳平郡丞。后被北周开国皇帝宇文泰倚为心腹，随从讨伐北魏，每战必奋勇争先，因喜爱骑黄马，时人称为“黄骢年少”。

裴度（765—839），字中立，河东闻喜（今山西闻喜）人。中唐杰出的政治家、文学家。力主消除藩镇。元和十二年（817年），督师破蔡州，唐代藩镇叛乱的局面暂告结束，“名震四夷”，“天下莫不思其风烈”。

【故事】

裴度射雁

坐落在曲沃、绛县、闻喜三县交界处的紫金山，奇峰挺秀，松柏蓊郁，夏秋两季来这里游山观景的人很多，于是三县的绅士们合计好在峰顶修盖一座魁

［清］黄慎《裴度故实》

星庙。刚开始，三个县齐心协力，每县还赶来一千多只羊，在每只羊脊背上搭两块砖，每天往山顶运三次就是几万块。进展十分顺利。

但半道上，有个风鉴先生胡说八道：“山门向哪个县开，哪个县就要出大官，大的封侯拜相，最小的也是个八府巡按。”三个县便争起庙门要朝自己县开的问题来了。或说：“庙宇坐北朝南是老规程，庙门当然应该朝闻喜县开。”或说：“古书上写着‘紫气东来’，庙门朝我县开最合适。”曲沃县也想出个理由：“既然是魁星庙，北斗星最亮，自然应该朝北开。”一时争执不下，最后官司闹到府里。

刚好绛州知府碰上坐八抬大轿出来巡察，停轿问明情况后，心想，这类事情在皇家律条上也找不出根据，怎么能判定庙门应该朝哪县开？正在作难的时候，凑巧闻喜县出去的晋国公裴度骑马过来，听了知府汇报后，微微一笑。他对闻喜县的张绅士说：“毫末小事，何苦伤了和气？三县人情同手足，不论哪一县出了人才，都是三县人的光彩。依老夫之见，我们县就让了他们吧。”张绅士一听茅塞顿开，还是晋国公站得高，拱手相让了。绛县的王绅士脑子灵活，也跟着道：“庙门就朝曲沃县开吧！”曲沃县的李绅士倒觉得不好意思了，也谦让起来：“庙门还是朝二位的县开吧！”裴度一看，刚才是你争我夺，现在是你谦他让，比天空白云变化还快。可庙门朝哪个县开的问题，究竟该怎么解决？眉头一皱，计上心来，他在马上拈弓搭箭，对着天上飞过来的雁行说：“我射落其中的一只雁，掉在地上后，它的头朝哪个县，庙门就朝哪县开。”

后来，这座庙盖成了，名为“三谦庙”。而这个故事也在民间流传，成为佳话。

陆

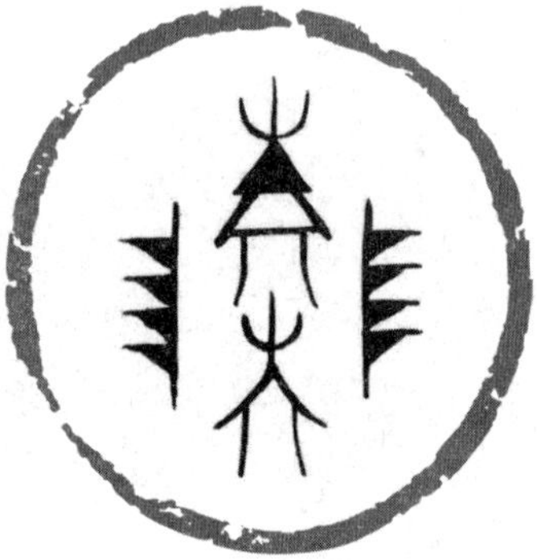
陆姓图腾

【源流】

出自火神之子陆终。相传帝尧时火神祝融有子名终，在陆乡一带，人称陆终。其后代以陆为姓，是为山东陆氏的起源。

陆氏的发源地有多处。历代以今山东、河南、江西、湖北、浙江、江苏六个省为主要分布地。分布于这些地方的陆姓大多为战国时宣王的儿子陆通之后。陆姓早就兴盛于江浙一带，据史料记载，陆通有子陆发，任齐为大夫，子孙后来又有迁徙至荆州、丹徒的。三国鼎立时，位于江东的东吴，陆氏人才辈出，有陆逊、陆抗、陆机和陆云一家三代。到了南北朝时期，南北方各地的陆氏都得到了更大规模的发展。宋元之后，陆氏遍布全国各地。

【家训】

重大事项亲手操，烟酒赌娼绝不沾；谦受益也满招损，尊老爱幼振家声。

【名人】

陆贾（约前240—前170），西汉著名政治家、辞赋家。西汉定鼎后，常作为说客出使诸侯。力倡儒学，“行仁义，法先胜”，并辅以黄老的“无为而治”的思想，对汉初政治曾起过较大影响。南越王赵佗即是在他两次劝说下归汉。

陆机（261—303），字士衡，吴郡吴县（今江苏苏州）人。西晋著名文学家、书法家。出身吴郡陆氏，为孙吴丞相陆逊之孙、大司马陆抗第四子，与其弟陆云合称“二陆”，又与顾荣、陆云并称“洛阳三俊”。文采斐然，著有《文赋》等，书法有《平复帖》传世。

陆羽（733—804），复州竟陵（今属湖北）人，唐代著名茶道专家，人称“茶圣”。为人诙谐风趣，闭门著述，不愿为官，一度做零工维持生计，一生的嗜好是喝茶，是当时品茶的最高权威。著有《茶经》。

陆游（1125—1210），字务观，号放翁，山阴（今浙江绍兴）人，南宋著名爱国诗人。政治上坚决抗金，晚年退居家乡，收复中原的信念始终不变。现存诗九千多首，内容多抒发政治抱负，反映人民生活疾苦，风格浑雄豪放，表现出渴望恢复国家统一的强烈感情。《关山月》《书愤》《农家叹》《示儿》均为传世名作。

陆九渊（1139—1193），字子静，号象山，书斋名“存”，世人称存斋先生，江西抚州人。南宋著名的理学家、思想家和教育家，宋明两代“心学”的开山之祖。

【故事】

陆游临终留诗

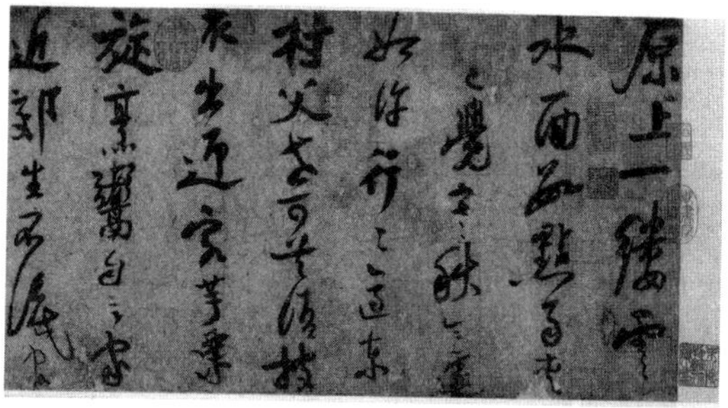
陆游自书诗帖（局部）

宋孝宗即位时，很想做一番恢复中原的大事业。1163年，他任用了老将张浚做枢密使，负责北伐事业。张浚就派陆游起草北伐诏书，号召中原人民奋起抗战，配合宋军收复失地。

陆游是著名的爱国诗人，从小就尝够了国难的痛苦，热情支持北伐。可是担任统帅的张浚缺少指挥的才能，手下的两名主将又相互猜忌。宋军出兵没有多久，就战败全线溃退。一贯主张求和的大臣趁机攻击主战派，张浚被排挤出朝廷，陆游也罢官回山阴老家去了。

差不多过了十年，负责川陕一带军事的将领王炎把陆游请到汉中去做他的幕僚。到了那里，陆游经过详细考察之后，向王炎提出一个计划，他认为恢复中原一定要先收复长安。但是，当时临安的南宋朝廷并没有北伐的打算，陆游的希望又落空了。不久，王炎被调走，陆游也被调到成都，在安抚使范成大部下当参议官，从此以“放翁”自号，一任颓放下去，把满腔爱国热情寄托在他的诗歌创作上。

1206年，韩侂胄担任宰相，发动了一次大规模的北伐。这使陆游十分兴奋。但是北伐失败了。韩侂胄被杀后头颅被送到金朝，宋金订立了屈辱的和约。

陆游一生渴望收复失地、统一祖国的强烈愿望，始终没有实现。1210年，这位八十六岁的爱国诗人病重。临终前，他还念念不忘恢复中原，写下了传诵千古的《示儿》诗：

死去元知万事空，但悲不见九州同。
王师北定中原日，家祭无忘告乃翁。

翁

翁姓图腾

【源流】

出自姬姓，为西周昭王后代。相传昭王幼子出生时双手紧握，掰开时发现左掌纹路如篆书“公”字，右手掌纹如篆书“羽”字。周昭王遂为他取名为“翁”，其后代也以翁为姓。另据《元和姓纂》和《六桂堂丛刊》等记载，西周初年，昭王的支庶子孙受封于翁山（今浙江定海东），其后以邑名“翁”为姓。另外避乱改姓是翁姓的又一来源。

翁氏的南迁始祖为翁田，共有四个儿子。第廿代为翁墀，廿一代为翁元祖，廿二代为翁伦元，廿三代为翁承皎，廿四代为翁盖，廿五代为翁卯，廿六代为翁乾德，廿七代的翁弘，便是长时以来湖南、湖北、贵州、福建、两广、江西、浙江、江苏及台湾各地翁氏家族所共奉的。

唐德宗时期，翁氏有一支脉何公由中原入莆，卜居莆阳（今福建莆田），为入莆始祖。传入第五世，生下翁乾度。翁乾度在闽国年间官拜郎中，娶妻陈氏，生六子，分姓洪、江、翁、方、龚、汪六姓，其六子皆中进士，史称“六桂联芳”。

【家训】

正心术，端品行，慎处事。

【名人】

翁卷，生卒年不详，字续古，字灵舒，乐清（今属浙江）人，南宋诗人。工诗，为“永嘉四灵”之一。曾领乡荐《四库提要》作“尝登淳祐癸卯乡荐”，生平未仕。以诗游士大夫间。有《四岩集》。

翁方纲（1733—1818），字正三，一字忠叙，号覃溪，晚号苏斋。直隶大兴（今属北京）人。清代书法家、文学家、金石学家。乾隆十七年（1752年）进士，授编修。历督广东、江西、山东三省学政，官至内阁学士。精通金石、谱录、书画、词章之学，书法与刘墉、梁同书、王文治齐名。论诗创“肌理说”，著有《粤东金石略》《苏米斋兰亭考》《复初斋诗文集》等。

翁同龢（1830—1904），字声甫，号叔平，晚号松禅，江苏常熟人。晚清清流派领袖。两代帝师。《马关条约》签订以后，倾向于变法图强。曾经以皇帝老师的身份走访过康有为，反复讨论变法的事情。光绪二十一年（1895年），在康有为的策划下，命令别人起草十二道新政诏书，准备通过光绪帝依次颁行，但是被奕䜣阻挠。著有《翁文恭公日记》等。

【故事】

帝师翁同龢

两代帝师翁同龢是同治、光绪的老师。

光绪二年（1876年）三月二十一日，是翁同龢向光绪帝授业的第一天。翁同龢首先教光绪帝写了“天下太平”“光明正大”八个字。接着，又教光绪帝朗诵了“帝”“德”二字。从这一天起直至光绪二十三年（1897年）一月毓庆宫书房被撤，翁同龢担任光绪帝师达二十多年之久。二十多年中，翁同龢尽心尽力，循循善诱光绪帝，彼此结下了深厚的感情。

光绪二年（1876年）至光绪四年（1878年），毓庆宫书房是半天上课，之后改为全天上课。翁同龢见光绪帝年已渐大，不督促他读好书会贻误其终生，便与其他师傅商定采用罚读法，少读一遍罚加两遍。有一次，光绪帝一怒之下离开书房，罢学回宫而去。翁同龢和其他师傅不得不上奏西太后慈禧，经良言相劝，光绪帝才答应回书房。

翁同龢自题岁寒对梅图

经过光绪帝罢学这场风波，翁同龢和师傅们得出经验，认为罚读法也并非一个劝学的好办法。于是，他们决定改用表扬法，每读完一遍表扬一番，从正面进行教育。表扬法采用后，光绪帝感到心情非常舒畅，学习的积极性大增，学业不断长进。

翁同龢不但在学业上是光绪帝的良师，而且在生活上也是光绪帝的益友。光绪帝从小体弱多病，胆子小，每逢雨天电闪雷鸣之时特别害怕。每当此时，翁同龢总是将光绪帝抱在怀中，安慰他不必惧怕。为此，光绪帝视翁同龢为知己，有什么喜悦都愿意与翁同龢述谈。

翁同龢还注意对光绪帝加强道德修养方面的教育。在以后长达二十二年之久的授读过程中，翁同龢时常规劝光绪帝在言行举止、待人接物方面应庄重大方，不要迂腐。经翁同龢等人精心教诲，光绪帝随着年龄的增加，变得越来越懂事，立志要做一位像康熙那样的一代圣主。

巫

巫姓图腾

【源流】

以职业为姓。古代巫是替人祈福驱祸、争取平安的职业，多世代相传，人们便以其所从事的职业称呼他们，后演变为姓氏。黄帝时有名医巫彭，伏羲的后代有巫咸，商代有名臣巫贤，其后代都姓巫。

从上古开始的巫氏家族，主要在平阳（今山东邹城）繁衍，以后播迁到全国的巫氏后人，皆以山东为祖地。巫姓先人于明代初迁江苏，然后从江苏南下，移居闽粤。清朝时，又有巫姓人氏从广东渡海迁台，在台湾开基立业，繁衍滋长。

【家训】

敦孝悌以重人伦，训子孙以端士习，积烝尝以隆追报，笃宗族以昭雍睦，勤农桑以资衣食，务节俭以备荒，善处事以息争讼，广积德以贻子孙，周婚丧以济缓急，恤孤寡以免饥寒。

【名人】

巫咸，生卒年不详，古代神巫。《归藏》载："昔黄帝将战，筮于巫咸。"《列子·黄帝》："有神巫自齐来，处于郑，命曰巫咸，知人生死存亡，期以岁月，旬句如神。"据传其料事如神，亦精通医道。曾为尧的医生，"能祝延人之福，愈人之病，祝树树枯，祝鸟鸟坠"。

巫妨，生卒年不详，上古身兼医、筮两道的著名人物，著有《小儿颅脑经》，据传可据以卜天寿，判病疾。他传之子孙，再由他的世代子孙相互传授，为中国最早的一部幼儿科医学专著。

巫子秀，生卒年不详，广东兴宁人。兴宁名士，以英勇绝人著称。据传他家居罗岗，跟贼穴很接近，他设下奇略擒到贼首，还亲自把强盗头子给杀了，把首级献给官府，并请来官兵几乎把强盗剿尽。但后来巫子秀一家也被强盗报复，统统杀光，令兴宁百姓扼腕痛惜不已。

巫金锋（1914—1994），江西省南康市（前身南康县）人，原驻沈阳某军区任重职。1929年参加中国工农红军。1930年加入中国共产主义青年团，1932年转入中国共产党。

【故事】

巫咸与鼓的发明

说起"鼓"，恐怕大家都不觉得生疏，在欢乐、悲哀、愤怒或肃穆礼敬、战斗等情境下，它都可以派上用场。然而，说起它产生的历史有多久，发明者是谁，恐怕就鲜有人知道了。据说它是三千多年前由巫咸发明的。

传说在舜帝时代，巫咸和夔都是舜帝的战将，在大战蚩尤的战役中，舜帝派夔为将，夔为妇人纠缠，没有听到作战的号令，贻误战机而失败。舜帝杀了夔，命巫咸为将，巫咸以夔皮扣为鼓，用夔之骨擂其鼓"其声如雷"，一震五百里，连震三千八百里，威震天下，使蚩尤闻声丧胆而惨败。舜帝为表夔之忠心，在夔曾经战斗过的地方封为夔山（即三峡夔门），后来巫咸死后又在夔门之东的灵山封为巫山。夔门、巫山之名一直沿用至今，像是两位亲密的老战友，巍然屹立，守护着蜀国的东大门。

大汶口彩陶鼓

这传说还有另一个版本，说尧、舜时期巫咸和夔均为宫中乐官，《尚书·舜典》：“帝（舜）曰：‘夔，命汝典乐，教胄子。……’夔曰：‘於！予击石拊石，百兽率舞。”夔剥自己的皮叫巫咸制成鼓，而衍生音乐的发明，夔为音乐之神，巫咸则成为鼓的发明者。

如今传说似乎也为考古发现所佐证。尧都平阳、舜都蒲坂和禹都安邑那一大片地方，至今已知最早的一批原始之鼓就是在这里发现的。1980年，我们的考古工作者曾在山西省襄汾陶寺村的六座墓中出土了七具用鳄鱼皮蒙制的“灵鼍之鼓”，用挖空了的树干做鼓腔的夏代木鼓遗痕，其中建鼓一面，悬鼓两面，扁鼓四面，其年代约在四千二百年前的古人类墓葬。

侯

侯姓图腾

【源流】

出自姒姓，是夏禹的后代。相传夏禹的后代被封于侯，其子孙以地为氏。

侯姓发源于山西境内，秦汉之际已遍布山西、河北、河南、山东、宁夏等省，尤以河北最盛。汉末，侯恕为北地太守，举家迁到三水（今陕西境内）。魏晋南北朝时期，在河南形成望族。西晋末年，侯氏因战乱迁到南方，遍及长江中下游广大地区。唐代开始移居福建、广东等地。宋后已遍及全国各地。

【家训】

处于家者，守纪守纲；仕于朝者，为忠为良；居于内者，和亲和邻；旅于外者，爱国爱乡。致力仁义，兄弟不争；遵规守矩，无党无偏。

【名人】

侯谨，东汉敦煌人，少时家贫为佣，但刻苦好学。朝廷屡次征召，都以病推辞。后徙居山中，专心论著。曾作《矫世论》，讽刺当时的丑恶现象。又写《皇德论》记叙当朝史事。河西人敬称他为"侯君"。

侯叔献（1023—1076），字景仁，江西抚州人。宋朝著名大臣、水利专家。少怀大志，刻苦读书，宋庆历六年（1046年）进士。始任雍丘县尉，改桐庐县令。所到之处，皆有政绩。后调制置三司条例司任秘书丞，参与议法。

侯方域（1618—1655），字朝宗，河南商丘人，清代著名文学家。与方以智、陈贞慧、冒襄合称“明末四公子”。入清后应试河南，中副榜。工诗、古文，字学韩愈、欧阳修。清代孔尚任的名剧《桃花扇》即以他和李香君的恋爱故事为题材创作而成。

侯芝（1768？—1830），字香叶，号香叶阁主人，江苏上元（今南京）人，清代女诗人，弹词小说家。进士侯学诗之女，文学家梅曾亮之母。幼承家学，通经史，性好吟咏，有往来赠酬者，诗多佚。有许多词流传于世，以《再生缘》最为著名。

【故事】

侯叔献巧用古城

侯叔献画像

宋神宗熙宁年间（1068—1077年），担任权都水监丞（掌管水利方面的官）的侯叔献征发民工，在睢阳（今河南商丘）县境内掘开汴河河堤，引用汴河中的大量泥沙淤灌田地。

谁料这一年，洪汛特大，汴河水突然暴涨，堤防崩溃。侯叔献望着脸色严峻的民工们，大声说：“现在硬堵已是没用了，只有把缺口开得更大些……”民工们怒吼了：“你这昏官，这不是要我们大家的命吗？”

“不！”侯叔献声若洪钟，盖过了黄色巨流的吼叫声，“只有想法泄洪，减缓凶猛湍急的水势，才有可能修复堤防，堵住决口！”接着侯叔献向大家解释：在离睢阳几十里的上游，在汴河河边，有一座废弃的古城，里面虽无人居住，房屋也都早已毁坏，但那几尺厚、几丈高的城墙却还是基本完好，用它来临时泄洪储水真合适。

侯叔献一声令下，带领民工们火速奔向上游那座古城边，连夜掘开了汴河河堤，把水引到古城里。

第二天，下游的水量大大减少，侯叔献马上带领民工堵塞住了汴河河堤上的缺口。当古城里的水储满，又往汴河里流的时候，原来塌陷的堤已修复了。百姓的生命财产保住了，农田也免遭淹没。人们为侯叔献在大水汹涌的紧急关头随机应变的智慧所折服。

甘

甘姓图腾

【源流】

夏朝时，有诸侯国甘国（在今河南洛阳西南），其君主家族在亡国后散居各地，以原封国名为姓，成为甘姓的一支。

《说文解字》：“美也。从口含一。一，道也。凡甘之属皆从甘。古三切。”可见，甘姓来源于职业。甘姓祖先是上古巫师，以占卜为业，所以说出来的话都是“道”。黄帝战胜炎帝、蚩尤，一统天下后，利用上天赐予的宝鼎，测定日月星辰的运行规律，制作干支；用占卜用的蓍草推算历法，预知节气日辰。按照节气教导百姓播种百谷草木，驯养鸟兽鱼虫。黄帝将掌管天文历法占卜这一重大事件交给第十三个儿子，并封他在甘。后来子孙繁衍，以国为姓，是为甘姓祖先，研究天文历法占卜事。

【家训】

敦孝悌：事亲敬长，敬宗睦族，千枝万叶，原为一本。重教育：养育子女，过在不教，殷勤灌溉，培养贤才。笃忠敬：急公守法，完粮息讼。营生业：农工学商，各尽所事，颓情自甘，一事难成。慎丧祭：慎终追远，惟在诚敬，节约将事，何用浮文。厚风俗：吉庆凶吊，体恤孤寡，分多润少，鲍叔堪师。慎婚姻：及龄婚嫁，法定宜遵，选择贤良，何必同姓。尚和睦：捍患救灾，协力第一，同舟共济，不问吴越。端志节：自食其力，勿图依赖，艰苦奋斗，无事不成。严杂禁：奸盗赌博，谋占吞欺。

【名人】

甘德，生卒年不详，本是鲁国人，战国时为齐国史官，掌管天文，善说星宿。张耳败走，欲奔楚归项羽。甘公说："汉王入关，五星聚东井，楚虽强，后必归汉。"故张耳与甘公同归汉朝。甘公著《天文星占》八卷、《长柳占梦》二十卷，均已佚。

甘延寿，生卒年不详，字君况，西汉北地郁郅（今甘肃庆域）人。少善骑射，入羽林郎，又为期门，以材力获宠，升辽东太守。元帝时，出任西域都护骑都尉。匈奴郅支单于杀汉使者，延寿与副校尉陈汤进军康居，斩郅支单于，被封为义成侯。卒谥壮。

甘宁（？—220），字兴霸，巴郡临江（今重庆忠县）人。三国名将。先依刘表，后归吴。陈计于孙权，先取黄祖，尽获其士众。又从周瑜破曹操，攻曹仁，拜西陵太守。曹操出濡须，宁为前都督，衔枚出破敌，敌惊退。时称江表虎臣，官至折冲将军。

甘泳（1242—1290），字中夫，一字泳之，自号东溪子，江西崇仁人。宋末元初诗人。性刚正，不与时俯仰。读书不拘绳尺，尤工于诗。年二十余，浪迹东南，受知于徐径畈、杨东涧，又与赵东林、黄大山、林正庵、曾平山游。至元二十七年（1290年）卒。生平事迹见《万姓统谱》卷六六、《元诗选》三集。

【故事】

百骑劫曹营

百骑劫曹营是《三国演义》中的经典桥段，其主人公是吴国大将甘宁，字兴霸，巴郡临江（今重庆忠县）人。

当时孙权在濡须口收拾军马，忽报曹操自汉中领兵四十万前来救合肥。孙权与谋士计议，准备设伏，挫其锐气。当问谁可前往破敌时，凌统自告奋勇说：“愿率三千人去破敌。”甘宁却说：“只须百骑，何必三千！”凌统大怒，两人就争竞起来。孙权觉得不可轻敌，便命令凌统带三千军出濡须口去哨探，遇曹兵，便与交战。凌统率三千人马与曹兵交锋，不分胜败。孙权恐凌统有失，令吕蒙接应回营。

甘宁不甘，又向孙权请命，表示要带一百人马去夜劫曹营。孙权遂调拨了帐下一百精锐兵马，又以酒五十瓶、羊肉五十斤赏赐为他们壮行。甘宁回到营中，斟酒在手说：“今夜奉命劫寨，请诸公各满饮一觞，努力向前。”众人闻言，面面相觑。甘宁便拔剑在手，怒声说：“我为上将，且不惜命；汝等何得迟疑！”众人皆起拜曰：“愿效死力。”

当天晚上二更时候，甘宁取白鹅翎一百根，插于盔上为号，披甲上马，杀入曹操寨中。但是曹操中军人马以车仗伏路穿连，围得铁桶似的，不能得进。不过甘宁带着百骑人马，左冲右突，在营内纵横驰骋。曹兵惊慌，以为大军来犯，自相残踏的不少。后来，他又带着人马从南门杀出，不折一人一骑。曹操也虑及深夜恐有埋伏，不敢追袭。

后人有诗为赞：“鼙鼓声喧震地来，吴师到处鬼神哀！百翎直贯曹家寨，尽说甘宁虎将才。”孙权也常对众将说：“孟德有张辽，孤有甘兴霸，足以相敌也。”

刘

刘姓图腾

【源流】

出自祁姓，为炎帝尧陶唐氏之后。相传祁姓是黄帝的后裔所分得的姓氏之一，后来祁氏被封于刘国，亦即今定州唐县。其子孙以国为姓，相传姓刘。史称刘氏正宗，这就是陕西刘氏。

刘氏最早发源于河北唐县，而始姓刘氏却在今天的陕西省境内。公元前300多年前开始向河南及江苏传播。战国时晋大夫会有子留居秦国，称刘氏，其十世孙在魏国任职，魏灭后迁至大梁，生子刘清，辗转到今江苏等地。后来刘氏建立西汉、东汉两朝，统治天下，于是其子孙分布于天水、中山、南阳、彭城、东平等十四处之多。汉末三国之际，中原的刘氏为避"董卓之乱"不断向四方迁徙，主要是向东南投奔孙吴和向西南进入四川投奔蜀汉。魏晋南北朝时期刘氏大举南迁，在江南影响很大。唐代和宋代，刘姓已遍布大江南北，盛于全中国，直至今日。

【家训】

敦孝悌，睦亲族，和乡邻，明礼让，务本业，端士品，隆师道，修祖墓，戒犯讳，戒争讼，戒赌博，戒淫恶，戒犯上，戒轻谱。

【名人】

刘邦（前256—前195），名季，沛县（今江苏徐州）人。汉高祖。秦末时陈胜起义，他在沛县聚众三千人响应。后受楚怀王之命与项羽分兵入关，公元前206年攻占咸阳，被项羽封为汉王。后在楚汉战争之后得胜，建国称帝，国号汉，定都洛阳，后迁都长安，史称西汉。

刘彻（前156—前87），即汉武帝。景帝之子。采“罢黜百家，独尊儒术”，用法术刑名；颁行“推恩令”，削割据势力；官营盐铁贸易，平抑物价；治理黄河，兴修水利，移民屯边，行“代田法”；派张骞等出使西域，任用卫青、霍去病等大破匈奴，设郡县于云南、贵州，将汉朝推向全盛时期。

刘秀（前6—57），南阳蔡阳人，东汉开国君主，史称光武帝，公元22年在舂陵起兵，加入绿林军，以恢复汉时制度为号召，联合贵族势力，打败赤眉起义军。建武元年（25年）称帝，定都洛阳。后消灭了各地割据势力统一全国。

刘禹锡（772—842），字梦得，晚年自号庐山人。洛阳人。唐代大儒、哲学家、文学家、诗人，有“诗豪”之称。他在哲学上的主要成就是提出了“天人交相胜”的学说。著作有《天论》等。诗文俱佳，有《陋室铭》《竹枝词》《杨柳枝词》《乌衣巷》等名篇。

刘墉（1719—1804），字崇如，号石庵。刘统勋之子。清朝政治家、书法家。乾隆十六年（1751年）中进士，历任翰林院庶吉士、太原府知府、江宁府知府、内阁学士、体仁阁大学士等职，以奉公守法、清正廉洁闻名于世。书法造诣深厚，是清代帖学大家，被世人称为“浓墨宰相”。

【故事】

刘邦选才

初时，大臣魏无知向刘邦举荐降臣陈平，因为深信魏无知，刘邦立刻封陈平为护军中尉。然而没过多久，就有人偷偷对刘邦说：“陈平只有花拳绣腿，没有真才实学。不仅如此，他还是一个品行低劣的小人。他投魏不被魏所容，又投楚不合己意，无奈之下才投奔了您。他现在刚刚做了官，就收受别人的贿赂。重用这样的小人，后患无穷！”

刘邦听后非常生气，便来责问魏无知。魏无知回答道：“我举荐的是陈平的才能，而不是他的品行，这两者根本就不是一回事。品德再好却没有才能的人，能帮您打天下吗？如今正值用人之际，若非要等到既有才能，品德又无可挑剔的人，那么等到选到人才的时候，已经不知是何年何月了。请您对臣所言多加深思，看看是否有道理。”

刘邦遂召来陈平，听他的说法。陈平自信地回答：“我离开魏王，是因为他一意孤行；我离开楚王，是因为他疑心太重、任人唯亲；我投奔汉王，是因为听说您是一位任人唯贤的明君，我在您这里可以施展才华。我的确收受了下属的贿赂，但您可以派人去我家里查，我对收受的贿金一两未动，全部用军印贴着封条，封条上写着‘特殊军饷’几个字。我是想用这笔钱作为打仗时的赏金，因为重赏之下必有勇夫。”

刘邦听后大喜，他暗自庆幸自己没有听信一面之词，错失良臣。他升了陈平的官，还任命他专门监督诸将。从此，陈平一心一意辅佐刘邦，帮他夺取天下，自己也官至宰相，成为西汉的著名谋臣。

刘邦像

詹

詹姓图腾

【源流】

詹姓源流较多。一是出自姬姓，周宣王封庶子于詹，子孙以国为氏。二是据《路史》所载，相传虞舜封黄帝之后得詹（同瞻，备受尊敬）者，子孙因以为氏。三是出自古代负责詹（占）卜的詹尹官，以官名为氏。四是出自春秋时晋之詹嘉、郑之詹伯，均以邑为氏。五是蒙古、土家等少数民族的姓。

春秋时期，詹姓已分布于晋（今山西）、虢（今河南郑州）、郑（今河南新郑）等地。两汉时又有落籍今湖北、湖南一带者。在长期的繁衍播迁中，形成渤海、河间等郡望等。堂号有“河间”“奎光”“洁身”等。永嘉之乱后南迁，为入闽八姓之一，后发展成为南方名门著姓之一。唐末五代又有一次南迁，使得南方詹姓更为壮大。两宋之际，詹姓见诸史册之名人甚多，且多为南方人。明初，詹姓作为大槐树迁民姓氏之一，被分迁于山东、河北、陕西、江苏、湖北等地。明清时期，闽粤詹姓开始渡海赴台谋生，进而远徙东南亚，播迁欧美。如今，詹姓在全国分布较广，又以广东、江西、湖北、台湾、福建等省为多。

【家训】

心存俗务，当持恭俭为本；慎行为务，泛爱亲贤；维忠维孝，居朝廷克赞其君；贵不僭上，富不骄下，贫不滥取，急无苟免。

【名人】

詹体仁（1143—1206），建宁浦城（今属福建）人，宋代大臣、名士。少从朱熹学，后进士及第。初任太常少卿等职，因参与策立宁宗，升太府卿，不久出知福州。后改任静江知府，任内减免赋税，赈粮救灾。博极群书，著有《詹元善先生遗集》。

詹凤翔，生卒年不详，江西乐安人，元末明初理学家、文学家。洪武初被荐于京，以病免，归任本府儒学训导。自少至老书不释手，有《大学中庸章句》《家礼括要》《律吕新书括要》《理学类编》《奎光堂文集》等。

詹天佑（1861—1919），字眷诚，号达朝。广东南海（今属广州荔湾区）人，近代铁路工程学家，我国自行设计修建铁路第一人。十二岁赴美留学。后入耶鲁大学，学土木工程及铁路专科。1905年创建京张铁路，全线通车后，举世皆惊。特授工科进士。著有《铁路名词表》《京绥铁路工程纪略》等。

詹大悲（1887—1927），原名培翰，又名翰，字质存，湖北省蕲春县人。记者，革命家，中国民主革命烈士，辛亥革命先驱。曾任《商务报》《大江白话报》主笔，后追随孙中山协助重建大元帅府，参与起草《国民党政组宣言》。

【故事】

詹天佑修铁路

清朝末年，我国派出了第一批出国留学生。他们都是些少年。有个才十二岁的少年叫詹天佑，十分聪明好学，又立志为国效力。后来他学习工程技术毕业，回到了国内。可清朝政府对本国人才不信任，像修铁路，就都让外国人主持。詹天佑尽管有才干，也只能当助手。

詹天佑照

1905年，修建北京到张家口铁路的消息传开了。英国和俄国都争着要修，因为他们知道这条铁路位于中国的战略要地，掌握了它就能控制中国，双方争执不下，最后达成“协议”，说中国如果不让他们修，他们就什么也不提供。他们以为中国人离开他们肯定修不成这条铁路。

清朝政府这才让詹天佑担任总工程师。有人对他不放心，说他自不量力，说他胆大包天，劝他不要承担这项难度非常大的工程。詹天佑说：“京张铁路如果失败，不但是我的不幸，也会给中国带来很大损失。外国人说中国工程师不行，我则坚持由自己来办！”为了给中国人争口气，他把全部精力都投入进去，和工人们一起吃住在工地，细心勘探，大胆试验，经过四年艰苦的劳动，终于成功地修筑了京张铁路。这是中国人自己设计施工的第一条铁路，极大地鼓舞了全国人民的志气。詹天佑为祖国赢得了荣誉，原来那些瞧不起中国工程师的英国人也对他表示由衷敬佩。

龙

龙姓图腾

【源流】

出自黄帝龙行。据《姓氏录源》《竹书纪年》所载，黄帝臣有龙行，是为河南龙氏始祖。

龙姓起源因多涉及神话，故难以确定其始祖和具体发源地。但大约在汉代，龙姓已形成了三大繁衍中心，一为甘肃省境，二为湖北、湖南省境，三为河南、山西、河北、山东之间。

龙姓支派繁多，一开始就分布很广。汉代以前已有龙姓迁入蜀中之地，并由蜀中南迁于贵州。到了魏晋南北朝时，龙氏家族也输入了许多新的支派。如《北史》所载，“且弥王、焉耆国王皆龙姓”。焉耆是当时称霸西域的一个国家，在龙会当国王时，曾击败龟兹王白王，声名远播。后其子龙熙嗣立，投降后凉之主吕光，遣子入侍，逐渐与汉人融合。与此同时，中原一带的龙姓也因北方战乱大举南迁，为后来江南一带的龙姓繁衍打下了坚实的基础。

【家训】

敦厚周慎，孝悌忠贞，清廉玉洁，礼义善忍。口无择言，勤读精耕，酒色财气，切莫妄行。谦约节俭，开拓创新，德铸后嗣，承传文明。孝养父母，教训子孙，分别尊卑，毋作非为。清明祭扫，禁止争讼，照管孤幼，禁大欺小。

【名人】

龙子，最早见于史籍的龙姓名人，又被称为龙叔，由于主张“治地莫善于助，莫不善于贡”被孟子引用以告滕文公，因此青史垂名。

龙伯高（前1—88），名述，京兆（今西安）人。汉光武帝建武二十五年（49年）敕封为零陵太守，“在郡四年，甚有治效”，“孝悌于家，忠贞于国，公明莅临，威廉赫赫”，历代史志皆有褒扬。

龙禹官，字相丞，北宋元丰四年（1081年）被封为南昌节度使。又封为湖南安抚招讨使，平定楚苗之乱。病故营中，追封为南平侯，谥忠武，并赐“湖湘世家”称号。

龙鸣剑（1877—1911），四川荣县人。早年赴日留学，参加同盟会，后组织同志军，开展武装斗争，在去往叙州（今宜宾东北）的行军途中因病去世。

龙云（1884—1962），字志舟，原名登云。彝族人，彝名纳吉鸟梯。云南昭通炎山人，民国时期滇军将领，云南省政府主席。

【故事】

龙云打擂台

龙云出生在云南昭通一户彝民大姓家里，早年流浪于云南昭通与四川凉山的金沙江两岸地区，拜江湖术士马得胜为师，学得一手好拳法，颇有侠义心肠，与卢汉、邹若衡并称为“昭通三剑客”。1912年，他和卢汉在老师谢汝翼的保荐下，进入云南讲武堂第四期学习。由于学科术科都名列前茅，所以被唐继尧所赏识，把他分派在唐的卫队佽飞军中担任小队长。

在他毕业前这一年的夏天，一个法国籍的江湖奇士在昆明摆了擂台，一连几天，击败了上台挑战的好手。恰巧龙云和卢汉都放假下了五华山，便相率前

龙云戎装照

往观看。看到法国大力士那副目空一切的样子，龙云是个血性男儿，于是一扬声，愿向大力士挑战，从容地迈步登台。大力士一看，来的人个子不高，身子不壮，言不出众，貌不惊人，便存七分轻视。可是龙云却一脸严肃之态，一拱手说声请，要对方出拳，大力士不见龙云出拳，便先动手，对准他的鼻梁一拳，怎知龙云见对方一拳打出，就用右臂轻轻一抬把大力士的来拳挡开，然后一个扫堂腿把大力士扫出了擂台。两人交手还不到一分钟，大力士便被击倒了。台上台下一片喝彩，从此龙云便成了昆明家喻户晓的英雄。

这次打擂台使名不见经传的龙云名声大振，并受到了云南督军唐继尧的赏识，于是提升他为佽飞军大队长。后来龙云与胡若愚等策动“二六政变”迫使唐继尧下台，投向广州国民政府，任国民革命军第三十八军军长，至1945年，共主政云南十八年之久，被称为“云南王”。

叶

叶姓图腾

【源流】

叶姓源流较多。一出自芈姓，以封邑为氏。史载，春秋时沈尹戌曾任楚国左司马，战死沙场，昭王封其子沈诸梁在叶（今河南叶县），称为叶公，有功于楚。后人便以邑地为姓氏。叶公成为叶氏始祖。二是出自许姓。唐时许姓入闽，由河南光州固始县向福建迁徙，落脚于福建政和东湖。政和漈头成为许裔叶氏祖地。三是出自中国古姓“叶阳氏”“叶大夫氏”，后改为叶氏。四是由少数民族改姓而来。

叶氏族人多出河南。东汉末年南迁到浙江、安徽等地，始迁祖叶望。浙江叶姓成为当地望族。晋永嘉之乱后避乱迁到福建、江西等地者不少。西晋末年，又有一部分流徙陕、冀的叶姓后裔重返中原，形成了南阳叶氏等望族。唐宋南迁的叶氏主要来自河南，分别迁到福建、江苏、浙江、广东、四川等地。唐代迁徙最频繁，成为江南著姓。有两次大迁闽，一是随陈政、陈元光入闽开漳，定居繁衍，二是唐末随王潮、王审知南下，在福建定居开族。宋末是中原叶氏南迁的又一高潮。明清时期过海去台湾开创基业的不少，江苏、浙江、江西、广东的叶姓客家人也大多出海发展，以新、马、菲最多，美、加、澳、日等国有叶姓贤达、精英。

【家训】

爱国爱乡，敦亲睦族；朴诚好善，广施惜福；严于律己，慎于接物；孝亲尊师，心服口服；兄友弟恭，力行慎独；将心比心，勿加不欲；各行各业，勤学勤读；荣祖归根，相扶相续。

——平远叶氏家训

【名人】

叶适（1150—1223），号水心，永嘉（今浙江温州）人，宋代著名哲学家、思想家。南宋永嘉学派集大成者。著述自成一家，主张“通商惠工，以国家之力扶持商贾，流通货币”，反对传统的只重农业、轻视工商的政策。著有《习学记言》《水心先生文集》等。

叶圣陶（1894—1968），名绍钧，江苏苏州人。著名作家、教育家。历任出版总署副署长、人民教育出版社社长、教育部副部长等职，并当选为第五届全国人大常委、第五届全国政协常委和民进中央主席。著有《倪焕之》等。

叶挺（1896—1946），原名为询，字希夷，广东惠阳人。中国人民解放军创始人之一。抗日战争爆发后，任新四军军长。1941年“皖南事变”中被国民党当局扣押，坚贞不屈，写下著名的《囚歌》。获释后由重庆去延安途中，因飞机失事不幸遇难。

叶剑英（1897—1986），原名宜伟，字沧白，广东梅县（今梅州）人。中国人民解放军十大元帅之一。1927年与张太雷等领导了广州起义。1934年10月参加长征，任军委第一纵队司令员。1955年被授予元帅军衔。

【故事】

叶挺写《囚歌》

1937年抗战爆发，叶挺出任新四军军长，他率领新四军与日伪军进行了四千余次战斗，击毙、击伤、俘获日伪军十万余人。

1941年1月，蒋介石制造了震惊中外的“皖南事变”。他一面命令新四军从皖南北撤，一面秘密调集七个师的兵力，埋伏在新四军北撤的必经之路。叶挺率领部队拼死搏斗，亲自开炮轰击敌人的重机枪阵地，部队突围时，他决定自己断后掩护，还勉励大家：“我们抗日，到哪里都有群众。留得火种在，不怕不燎原！”最后，项英等以党组织的名义，决定由叶挺代表新四军与国民党军队谈判。叶挺奉命前往，不幸被俘。敌人把他关押在一个终年不见阳光的山洞里。但是，他毫不屈服。一天，敌人要提审他，他怒斥敌人：“你们有什么资格审问我？我军奉命北移没有过错。如果要审判罪犯，你们的蒋委员长应首先受审！”敌人见硬的不行，就用软的，把他转押到重庆，准备了一座漂亮的小楼，房间里摆放了许多华丽的家具，一些国民党要员以“老同学”“老同事”的身份登门劝降。他不剃头发、不刮脸，对敌人说：“把这一套收起来吧！现在是国家危急存亡之秋，我叶挺主张抗战，别无他求。”弄得敌人束手无策。在狱中，叶挺写下了名诗《囚歌》，表示要“在烈火与热血中得到永生”。

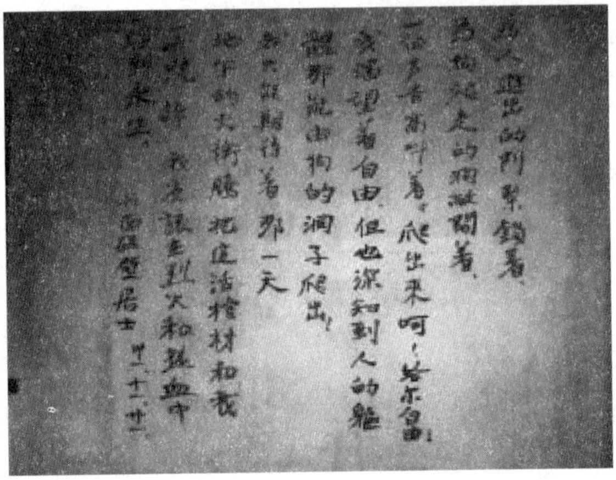

叶挺《囚歌》手迹

抗战胜利后，经过中国共产党的坚决斗争，蒋介石被迫释放了叶挺。结束了五年的囚禁生活时，国民党当局要给他换衣服，他说：“我来的时候穿的是新四军发的军装，我要穿回去！”这身破旧的军装表达了他矢志不渝的信念和坚不可摧的意志。

黎

黎姓图腾

【源流】

出自九黎的后裔。据《风俗通义》等所载，九黎，古时为我国南方土生土长的庞大种族之一，相传为少昊（传说中古代东夷首领）金天氏之时的诸侯。黎曾被封为北正（一说火正）官，掌管民事，其后裔有以字为氏，称黎氏。

黎姓最早繁衍于古黎国之地，即今山西黎城一带。早在战国时，黎氏就有向外迁徙的。据《黎氏族谱》所载，战国时“黎氏之族或因官而处，或避难而居，于是西入梁（今属陕西）、益（今云南晋宁），东向青、徐（今属山东、江苏），南迁交、广（今属广西、广东及越南北部一带），北徙燕、冀（今属河北）”。到汉朝时，黎姓还有迁居江西、湖南的。至魏晋南北朝时，由于北方战乱，黎姓家族再次南迁，并在以后的时间里也主要繁衍迁徙于南方各地，浙江、福建也有黎氏迁居。宋明以后，黎姓逐渐遍布全国各地，但仍以南方分布最多。换言之，历史上，黎氏是我国较典型的一个南方姓氏。

【家训】

为父者严，为母者慈，为子者孝，为妻为妇者顺，为兄弟者怡怡愉愉。然黎氏亦仅仅十家产耳，每俭月，常以贷为赈；岁饥，即以赈为施；乡邻唯恐其不蕃衍也。

——《黎氏大宗祠碑记》

【名人】

黎简（1747—1799），字简民，一字未裁，号二樵。广东佛山市顺德区弼教村人。清代岭南著名诗人、书画家。乾隆五十四年（1789年）拔贡。诗画书称三绝，诗学李贺、黄庭坚，刻求新颖，书得晋人意。性喜山水，与张如芝、谢兰生、罗天池并称为“粤东四大家”。有《五百四峰草堂诗文钞》《药烟阁词钞》等。

黎庶昌（1837—1896），字莼斋，贵州遵义人。清末散文家，曾为曾国藩僚属，与张裕钊、吴汝纶、薛福成并称“曾门四弟子”。历任驻英、法、德、日四国参赞，又为出使日本大臣。论文推衍曾国藩之说，尊崇桐城派，作有《拙尊园丛稿》，编有《续古文辞类纂》。

黎元洪（1864—1928），字宋卿，人称“黎黄陂”。湖北黄陂人，祖籍安徽宿松。袁世凯死后，继任中华民国大总统。后段祺瑞利用张勋将其驱走，由冯国璋代理大总统。晚年投资实业。辛亥革命武昌首义的都督，也是中国历史上唯一一个两任大总统和三任副总统的人。

【故事】

黎庶昌辞官

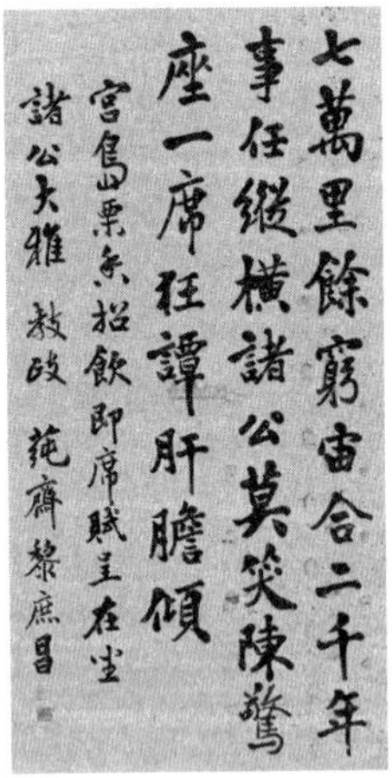

黎庶昌书法

清光绪年间，川东一带粮食歉收，民不聊生，地方官员却中饱私囊，行贿受贿成风。此时，黎庶昌第二次出使日本回国，被委任为川东道员。

黎庶昌贫苦家庭出身，一生正气清廉。他低调上任，在师爷的陪同下，二人静悄悄地来到川东衙门。由于前来送礼的人太多，他们只好紧闭衙门不出。师爷劝道：“衙门不开，怎样为黎民办事；只有打开衙门，才不负皇上重托。”

可是衙门一开，首先涌进来的却不是百姓，而是一大群地方官员绅士富商，大箱小箱、大挑小挑的绫罗绸缎、金银财宝鱼贯而入，密密麻麻地摆满了衙门大院。

黎庶昌见状，命差役赶紧关门，一律不接待。来送礼的官员绅士富商，见新来的道员不接见他们，不收他们的礼物，一个个心里犯嘀咕。

一连几天，来送礼的把大院堵得水泄不通。师爷便说：“大人，这礼看来不收不行了，老是开不了场，影响正常工作开展啊！”

此后几日，师爷帮着黎庶昌收了礼物，一五一十地记在账簿上。黎庶昌过目后倒吸了一口冷气：“这可比任官十多年的俸禄还要多啊！”他吩咐师爷，将这些钱财锦帛全部送给贫苦百姓。

晚上，黎庶昌仰望明月，辗转反侧，心想：“这样的官不做也罢，免得败坏了风气，祸害黎民百姓。”他翻身起床，掌灯连夜速写了一封辞职书送到朝廷，谎称家中父亲患重病。朝廷准允，于是，黎庶昌辞掉官职，丁忧回乡，孝养父母。

白

白姓图腾

【源流】

出自芈姓。相传楚平王时，太子建逃亡被杀，其子熊胜逃到吴。楚惠王即位后，楚令子西把熊胜招回国，任巢大夫，封在白邑，称为白公胜。白公胜后因发动政变失败自杀，其子孙以祖辈封邑为氏，也有以“白公”“白侯”为氏的。

白氏早期主要分布于秦、楚、魏等地。秦始皇统一六国后，封其子白仲于太原，故子孙世为太原人。白仲二十三世孙白邕，任北魏太原太守，邕五世孙白建，北齐五兵尚书，因功赐田韩城，因以为家。其曾孙白温，任唐检校都官郎中，迁华州下邽，第六子白锽，任巩县令，居郑州，生五子，各以其官散居四方。白锽长子白季庚，任襄州别驾，生四子，次子就是唐代大诗人白居易。白居易晚年居洛阳香山，成为白氏迁洛祖始，其后代分衍今河南淮阳（古陈州）、偃师、伊州、宜阳、巩义、郑州、新郑、沁阳等地。此外，白氏在秦汉时期有迁至今山东者，如西汉白光为东海兰陵人；隋唐时期有迁至今宁夏、甘肃、广西者，如唐代白孝德为安西人，白耸为马平人；宋明时期还分布于今浙江、安徽、江西、江苏、广东、福建、河北以及东北、西北的一些地方。自清初开始，闽、粤白氏陆续有人迁至台湾，后又有移居新加坡等国者。

【家训】

对族内子弟要严加教育，促其成才，务必兄友弟恭；长者需严以律己，作好典范，做到正人先正己，切忌倚强凌弱。

【名人】

白起（？—前257），又称公孙起，郿县（今陕西眉县）人。战国时秦国著名将领、军事家。为秦昭王征战六国，曾在伊阙之战大破魏韩联军，攻陷楚国国都郢城，长平之战重创赵国主力，功勋赫赫，与廉颇、李牧、王翦并称为“战国四大名将”。

白居易（772—846），字乐天，号香山居士。唐代杰出诗人，与元稹并称“元白”，新乐府运动倡导者之一。贞元进士，历任秘书省校书郎、左拾遗及左赞善大夫。在文学上积极倡导现实主义和朴素文风。所著《与元九书》诗论，为我国文学批评史上的重要文献。诗文朴实无华，广为流传。

白玉蟾（约1134—1229），本姓葛，名长庚。为白氏继子，故名白玉蟾。字如晦，号海琼子、武夷散人等。祖籍福建闽清，生于琼州（今海南），南宋道教金丹派南五祖之一，是内丹理论家，为道教内丹派南宗的实际创始者。

白朴（1226—约1306），原名恒，字仁甫，后改名朴，祖籍隩州（今山西河曲），后徙居真定（今河北正定县）。元代著名杂剧作家，与关汉卿、马致远、郑光祖并称为“元曲四大家”。代表作主要有《唐明皇秋夜梧桐雨》《裴少俊墙头马上》《董秀英花月东墙记》等。

【故事】

为两块石头自责的白居易

白居易不仅是唐代的一位著名诗人，而且还是一位清廉勤政的官员。

任杭州刺史期间，他为官清廉，为当地老百姓做了很多好事，深受拥护和

香山居士行吟图

爱戴。三年后，白居易辞去官职，回到家乡。

一天，白居易吃过早饭走进书房，很自然地拿起书桌上两块杭州天竺山的石头观赏。看着看着，猛地他心头一震，感觉自己做了一件很不光彩的事，于是，他提笔写下了一首满含自责的诗。恰在此时，他的朋友刘禹锡登门拜访。他一眼看见书桌上那首墨迹还没有干透的诗，就问白居易："区区两块小石头，你何必放在心上呢？还写诗责怪自己，不值得，不值得！"

白居易却说："是啊，区区小石头说明不了什么。可是倘若每一个来天竺山游玩的游客都把天竺山的石头带回家，那哪里还有天竺山秀美的景色呢？虽说当时我只想把它们带回来做纪念，现在看来就像是我贪污了杭州人民的千两黄金，怎么不让我感到自责呢？"一席话说得刘禹锡连连点头。

为人要自清，为官当自廉。带回两块石头对于常人来说应该是一件很小很小的事，但在白居易眼里却关乎天竺山的秀美景色，关乎一个人的为官之道。白居易这种"慎微"的律己精神，不仅使刘禹锡折服，也让后人肃然起敬。

赖

赖姓图腾

【源流】

出自姬姓，为周文王后代。周武王有弟叔颍被封于赖，赖国后为楚灵王所灭，其后代遂以国为氏，是为河南赖氏。

赖氏早期聚居在鄢陵一带，主要是在今河南境内繁衍发展，后在颍州郡、河南郡、河内郡形成望族。由于任官、战乱等原因，颍州赖氏有一支迁于江南，分布于今江西、福建、湖南、浙江、江苏、广东等省的一些地方，还有一支徙居陕西。广东蕉岭《赖氏族谱》、兴宁《赖氏源流》及江西《宁都莲湖松阳赖氏十二修族谱》尊叔颍为赖氏始祖，称赖先为叔颍的第十四世孙。赖氏谱牒还记载：赖氏族人为避楚灵王之害，有改为罗、傅二姓者。川、滇一带的赖氏多数人融入阿昌族。清朝乾隆年间，有赖云自福建漳州渡海至台中开基，此后，闽粤赖氏陆续有人迁往台湾，有的进而移居海外，去新加坡等地谋生。

【家训】

养子不教如养豕，立规施教不宜迟；人要慎初分善恶，光明磊落辨是非。勿因善小而不作，莫以恶小而为之；教儿懂得敬父母，老病床前出孝儿。贤妻良母女子德，相敬如宾贤夫妻；尊老爱幼亲情暖，家中和睦万宝聚。成由勤俭败由奢，家有千金计划支；从小勤学知奋发，攀高贵在少年时。天生我才必有用，劳其筋骨炼肤肌；身处逆境须磨炼，励志图强大有为。己所不欲勿施人，温良谦让睦邻里；见义勇为实无价，欺凌弱小鄙而卑。尽忠报国人钦敬，济贫扶困乐善施；烟酒为害人皆知，少吸少喝切莫痴。造福一方为己任，廉明公正官声驰；不义之财莫贪取，身修行洁众口碑。

【名人】

赖镜，生卒年不详，字孟容，号白水山人、增城山人，出家为僧，法名深度，广东南海人。清代书画家。善画山水，笔力遒劲，疏逸秀润，有沈周风致。工诗，书法仿苏轼、文征明，时称诗、书、画三绝。传世作品有《山水斗方图册》《坐看白云图》等。

赖布衣（1101—1126），原名凤冈，字文俊，自号布衣子，故俗称赖布衣，江西定南人。宋代风水大师。曾任国师，后受奸臣秦桧陷害，流落民间，足迹踏及全国，以风水术扶危济困，助弱抗强，留下了许多传说。

赖汉英（1813—1909），清广东花县（今广州花都）人，太平天国初期将领，洪秀全妻弟，初于广西行商并行医，后参加金田起义，攻占江西全境，仅南昌久攻不下，召回天京，授予删去儒经、改革文化工作。再赋领军北攻占扬州，后太平天国失败回花县隐居。

赖少其（1915—2000），广东普宁市人，斋号木石斋。独创"以白压黑"技法，成为新徽派版画的主要创始人。新中国成立后，曾任安徽美术家协会主席、中国板画家协会副主席、上海美术家协会副主席、广东美术家协会名誉副主席、安徽省政协副主席等。杰出的革命文艺战士，当代著名书画艺术大师。1996年被授予鲁迅版画奖。

【故事】

最有战斗力的木刻家

书画艺术大师赖少其年轻时，因生活所迫，十四岁时坐船经香港，后到广州，考入广州市立美术学校西画系。当时，鲁迅先生在上海积极倡导新兴版画运动，号召把木刻艺术作为抗日救亡的战斗武器，赖少其积极响应，他同老师李桦发起成立了“现代版画研究会”，还亲手编译出版了《创作版画雕刻法》一书。

1934年，赖少其读到鲁迅编印的《引玉集》，便与李桦商量给他写信求教，信中还附寄一些作品。很快他们就收到了鲁迅的回信，这给致力于木刻版画的赖少其极大的鼓励。在以后的两年中，赖少其不时地给鲁迅写信，想得到更多的教诲，鲁迅也每信必回。在他给广州市美专师生的许多信中，给赖少其个人的就有五封。

1935年5月28日，赖少其信中向鲁迅坦率地谈了自己忧郁、彷徨的心情，另外还寄上小说《创烟工人》和七幅木刻作品，并请教如何写文章。鲁迅回复说：“太伟大的变动，我们会无力表现的，不过这也无须悲观，我们即使不能表现它的全盘，我们可以表现它的一角，巨大的建筑总是一木一石叠起来的，我们何妨做一木一石呢？”

鲁迅还把《创烟工人》介绍给良友公司在《新小说》上发表。几十年后，赖少其发现，自己的这篇稿子居然在鲁迅纪念馆中陈列着，过后他才知道稿子发表后鲁迅先生一直保存着。这怎能不让赖少其感到兴奋呢？鲁迅对一位文学青年的关心和爱护，使赖少其终身难忘。从此，赖少其以“一木一石”的精神自勉，并以此作为自己的书斋名。

1936年，鲁迅在身患重病时，还参观了由赖少其和李桦组织的“第二回全国木刻展览”，他为广州木刻运动蓬勃发展感到高兴，尤其看到赖少其在版画创作上的进步和成就，称赞赖少其是中国“最有战斗力的木刻家”。

卓

卓姓图腾

【源流】

出自芈姓，是春秋时期楚国王族的后裔。楚威王有个儿子名叫公子卓，其后代以祖字为姓，称为卓氏。

【家训】

爱国家，孝父母，友兄弟，睦宗族，崇祭扫，敬祖宗，训儿女，和邻里，端心术。

【名人】

卓文君（前175—前121），汉代才女，富翁卓王孙之女。丈夫去世不久后与才子司马相如相爱私奔，相如家徒四壁，文君当垆卖酒，后终为富贵。后来司马相如想娶茂陵人女为妾，文君作一篇《白头吟》自绝，相如读后十分感动，打消了纳妾的念头。

卓茂（？—28），字子康，南阳郡宛县（今河南南阳宛城区）人。汉朝官员，云台二十八将之一。汉元帝时卓茂到长安求学，师从博士江生，学习《诗经》《礼记》和历法算术，深得师傅之学，号称“渊博儒士”。卓茂生性仁爱恭谨，乡邻朋友都很喜欢他。卓茂初为丞相府史，跟随孔光，孔光称赞他是有德之人。

卓田（1203年前后在世），字稼翁，号西山，建阳人。开禧元年（1205年）进士。生平事迹不详。能小词，能赋驰声。尝作词云：“丈夫只手把吴钩。欲断万人头。因何铁石，打成心性，却为花柔。君看项籍并刘季，一怒使人愁。只因撞着虞姬、戚氏，豪杰都休。”存于《花庵词选》的词凡三首。

卓敬（？—1402），字惟恭，瑞安卓岙（今属浙江温州瑞安）人。明朝著名才子。少时聪颖绝伦，博学多才，诗词宏丽，文章奇拔磊落。明洪武二十一年（1388年）进士，廷对第二，授户科给事中。靖难之役后被逮捕，后被杀害。遗著有《性理发明》十卷、诗文五十卷。明末李维樾、林增志编其文集《忠贞录》三卷、附卷一卷、遗书十卷。

【故事】

文君当垆

卓王孙有个女儿叫文君，刚守寡不久，很喜欢音乐。司马相如佯装与县令相互敬重，而用琴声暗自诱发她的爱慕之情。相如来临邛时，车马跟随其后，仪表堂堂，文静典雅，甚为大方。待到卓王孙家喝酒、弹奏琴曲时，卓文

卓文君当垆卖酒

君从门缝里偷偷看他，心中高兴，特别喜欢他，又怕他不了解自己的心情。宴会完毕，相如托人以重金赏赐文君的侍者，以此向她转达倾慕之情。于是，卓文君乘夜逃出家门，私奔相如，相如便同文君急忙赶回成都。进家所见，空无一物，只有四面墙壁立在那里。卓王孙得知女儿私奔之事，大怒道："女儿极不成材，我不忍心伤害她，但也不分给她一个钱。"有的人劝说卓王孙，但他始终不肯听。过了好长一段时间，文君感到不快乐，说："长卿，只要你同我一起去临邛，向兄弟们借贷也完全可以维持生活，何至于让自己困苦到这个样子！"

相如就同文君来到临邛，把自己的车马全部卖掉，买下一家酒店，做卖酒生意，并且让文君亲自主持垆前的酌酒应对顾客之事，而自己穿起犊鼻裤，与雇工们一起操作忙活，在闹市中洗涤酒器。卓王孙听到这件事后，感到很耻辱，因此闭门不出。有些兄弟和长辈交相劝说卓王孙，说："你有一个儿子两个女儿，家中所缺少的不是钱财。如今，文君已经成了司马长卿的妻子，长卿本来也已厌倦了离家奔波的生涯，虽然贫穷，但他确实是个人才，完全可以依靠。况且他又是县令的贵客，为什么偏偏这样轻视他呢？"卓王孙不得已，只好分给文君家奴一百人，钱一百万，以及她出嫁时的衣服被褥和各种财物。文君就同相如回到成都，买了田地房屋，成为富有的人家。

池

池姓图腾

【源流】

出自嬴姓，始于战国秦国。战国时，秦国有王族公子池，为秦国大司马。家族繁盛，其后代就以他的名字为姓，遂成池姓。

据《通志·氏族略》“以地为氏”所载，池姓望出西平。今为福州大姓。又据《姓氏考略》所载：陈留有池氏。主要分布有二。（一）西平郡：东汉建安年间（196—219年）将汉代的金城郡分置西平郡。在今河南省西平县一带。东晋末年，为秃发乌孤所占，称西平王，以此为都。（二）陈留郡：秦王嬴政二十六年（前221年）置陈留县，汉代改置陈留郡。在今河南省开封地区。

【家训】

退一步自然幽雅，忍一句何等清闲，让三分依然自在，耐几时快乐成仙。

交有道之朋，绝无义之友，饮清净之水，戒乱性之酒。二三事如是，终身用之而有余，万世传之不尽矣。

【名人】

池裕得，生卒年不详，号明洲，明朝同安（今属福建厦门）人。嘉靖年间进士。作为遂昌县令，他为官清廉，办事公正，通达事理，能够以理服人。他所到一处，调查民情，一旦发现问题，能及时辟径解除民间疾苦，因此深受人民群众的爱戴。累迁太常寺少卿。

池生春（1798—1836），字剑之，清朝楚雄（今属云南）人。道光年间进士，官至国子监司业。他为人慷慨大方，言行举止悉合礼仪，以不欺人为本。善于书法。著有《入秦日记》《直庐记》《诗文剩稿》等。

池峰城（1904—1955），原名凤臣，河北景县人。1936年1月，受陆军少将衔；10月，受陆军中将衔。1938年参加徐州会战。1945年11月起，先后任保定警备司令、华北“剿匪”总司令部中将参议等。1949年参加北平和平解放。

【故事】

池峰城血战台儿庄

池峰城十六岁入冯玉祥西北军，长期隶属于冯玉祥帐下孙连仲所部，因池峰城悍勇善战，故深得孙连仲赏识，一直倚为心腹大将。他一生虽临阵无数，但至今仍被后人所津津乐道的，莫过于抗战中的台儿庄战役。

1938年3月20日，日军矶谷师团主力在飞机、坦克、大炮的掩护下，进逼台儿庄。国军第五战区司令长官李宗仁则命第二集团军总司令孙连仲率部固守台儿庄，而孙连仲又将据守台儿庄的重任交付池峰城所部第三十一师。

其间，日军曾于4月3日占据大半个庄子，形势岌岌可危。池峰城向孙连仲请示，可否转移阵地，暂时撤到运河南岸。孙连仲上报李宗仁，李宗仁不愿功亏一篑，电告孙连仲：“敌我在台儿庄已血战一周，胜负之数决定于最后五分钟。援军明天中午可到，我本人也将于明晨亲来台儿庄督战，你务必守至明天拂晓。这是我的命令，如违命令，当军法从事。”

随后，孙连仲亲至台儿庄督战，电令池峰城：“士兵打光了你就自己上前填进去。你填过了，我就来填进去。有谁敢退过运河者，杀无赦！”池峰城闻言，心知已无退路，更下令炸毁运河上的浮桥，背水一战。入夜后，池峰城又将残余兵力组织成敢死队，入夜，在炮火的掩护下，五十七名敢死队员，均穿戴日军军服、钢盔，分数路爬墙入城，插入敌背后，以迅雷不及掩耳之势冲入敌阵。激战至午夜，收复掩蔽所五个、房舍数幢。战斗结束后，敢死队仅剩下十三人。黎明后，汤恩伯军团在日军身后出现，敌军撤退不及，陷入重围。国军至此全线反击，遂大捷。

台儿庄战役后，池峰城因功于1938年6月7日获颁青天白日勋章，后于1939年2月17日升任第三十军中将军长。

谭

谭姓图腾

【源流】

出自姒姓，是夏禹的后代。周初大封诸侯时，姒姓的一支被封于谭国（今山东章丘西），爵位为子。谭国不久就沦为齐国的附庸。到了春秋初期，齐桓公称霸诸侯，吞并了谭国。谭君之子逃亡到莒国（今山东莒县）。留在故国的子孙就以国为氏，史称谭氏正宗，是为山东谭氏。

谭氏起源于山东。汉代巴南（今川东、鄂西南部）少数民族中也有谭姓。巴南谭氏有可能是谭国遗民逃到巴南，融入当地民族形成的。谭氏早期主要在山东省境内繁衍发展，后因战乱、自然灾害、官职调迁等离开故土，向各地迁徙。汉代时，谭氏已分布于河南、山西等地。南北朝时谭氏开始迁入广东，唐末迁入江西。五代时，福建泉州人谭峭在嵩山从事辟谷养气炼丹之术。从宋代起，谭姓人物渐多见于史册，分布地更广，集中于江苏、浙江、安徽及湖南、湖北、四川等地。大约从清代开始，闽粤谭氏部分族人迁徙至东南亚，侨居于新加坡等国。

【家训】

敦孝悌，以全人伦；笃宗族，以昭雍睦；和乡党，以息争讼；明礼义，以厚风俗；务本业，以足衣食；训子弟，以禁其非；尚节俭，以惜财物；守国法，以当义民；勤读书，以明事理；慎交游，以端品德。

【名人】

谭纶（1520—1577），字子理，号二华，江西宜黄人。明代抗倭名将，嘉靖进士，初任台州（今浙江临海）制服，练兵抗倭。后巡抚福建，率戚继光、俞大猷等平定境内倭寇。隆庆元年（1567年）总督蓟辽，与戚继光训练部队，加强北方防务。官至兵部尚书，主持兵事三十余年，与戚继光齐名，号称“谭戚”。

谭元春（1586—1637），字友夏，号鹄湾，别号蓑翁，湖广竟陵（今湖北天门）人。明代文学家。天启间乡试第一，与同里钟惺同为竟陵派创始人，论文重视性灵，反对摹古，提倡幽深孤峭的风格，所作亦流于僻奥冷涩，有《谭友夏合集》。

谭嗣同（1865—1898），字复生，号北飞，湖南浏阳人。改良派政治家、思想家。曾游历西北、东南各省。甲午战争后，在浏阳倡立学社。1896年入资为候补知府，1898年又倡设南学会，办《湘报》宣传变法。后被征入京，任四品衔军机章京，参与戊戌变法，政变后慷慨赴死，为“戊戌六君子”之一。著有《仁学》等。

【故事】

我自横刀向天笑

谭嗣同少年聪慧异常，胆识过人，写得一手好文章。从二十岁起，历时十年，谭嗣同驰骋西北高原，漫游祖国河山，足迹遍及大江南北、黄河上下。

甲午年（1895年），谭嗣同正好三十岁，他写了《三十自纪》一文，规划出全面改革中国的方案，还准备全力以赴将此付诸实施。1898年6月11日，光绪皇帝开始变法维新。为了加快推行变法，壮大维新派阵营，光绪皇帝决定起用一些新人来推行变法。于是，在宣布变法的第二天，下令湖广总督张之洞、

谭嗣同像

湖南巡抚陈宝箴速送黄遵宪、谭嗣同上北京，准备接受授予的新职。但是，未等谭嗣同的大志付诸实现，顽固派们便准备先行下手绞杀改革派了。9月21日早晨，慈禧发动政变，废除新政。

政变发生的当天下午，谭嗣同在自己住地与梁启超等人紧急筹商对策。他与大刀王五计议去中南海瀛台劫出被幽禁的光绪，未成；他又与梁启超去找英国传教士李提摩太及容闳等人，准备促请英、美、日驻公使出面“设法保护皇上”，结果也落了空。至此，谭嗣同眼看事情已无可挽回。

梁启超苦劝他一道出走，谭嗣同却说：“如果没人留下来，将来如何发展维新；但如果没有死者，又如何酬答圣主。各国变法，无不因流血而成。中国还没有因变法而流血的，今天就从嗣同始。”他决心为变法、为光绪帝献出生命，遂从容就义。死前曾作诗一首：

望门投止思张俭，忍死须臾待杜根。
我自横刀向天笑，去留肝胆两昆仑。

温

温姓图腾

【源流】

出自姬姓。西周初年，周武王封他的儿子叔虞于唐，号唐叔虞。唐叔虞的后代被封于温（今河南温县），其后代子孙遂以封地名命姓，称温姓。

周初，苏忿生在周朝任司寇，被封在温。公元前650年，温国被北狄人攻灭，国君温子逃往卫国，称为温氏。后来晋国攻灭狄人，温就成为晋国大夫郤至的封邑。当时郤至在鄢陵之战中指挥晋军打败楚军，成为晋国执政大臣，郤氏一家三族权倾朝野，引起其他晋卿的嫉妒。晋厉公对郤氏专权不满，早就想找借口除掉国中的这些强宗大族。有一次，晋厉公带着群臣打猎，郤至打着一头野猪，派人给厉公送去，却被厉公宠幸的太监孟张夺去，郤至一怒之下射死孟张。晋厉公对此大为恼火，说："这家伙欺负到我头上来了！"决定除掉郤氏。这个消息被郤氏知道了，郤锜便主张先攻杀厉公，郤至却认为宁可被杀也不能犯上作乱。结果厉公纠合了一批与郤氏有怨仇的臣子灭掉了郤氏。郤至的子孙中有逃到国外的，以封邑命姓，称温姓。

【家训】

日出而作，日入而息。自我检讨，刻苦耐劳。一饭一菜，来之不易。不可毁灭，更加爱惜。严父教谕，慈母良言。尊老敬师，兄弟和睦。夫妻如宾，爱护慈幼。万事商量，家中必庆。百行当中，以孝为先。勤俭美德，安康积蓄。凡事三思，不可强求。对于社会，宽容善良。修心养性，容忍其身。谦虚亲热，礼让相待。诚心修行，必有余福。家庭和气，内外和谐。

【名人】

温峤（288—329），东晋大臣，初在并州为刘琨谋主，抵抗刘聪、石勒等异族。明帝即位后，任中书令，很受朝士推崇。王敦专制朝政，他与庾亮平定苏竣、祖约之乱。不久病故于武昌。谥曰忠武。

温庭筠（约812—约866），唐代诗人、词人。精通音律，才思敏捷。晚唐考律赋，八韵为一篇，据说他八叉手即告完成，故人又称“温八叉”。诗与李商隐齐名，时称“温李”。开婉约词派之先河，对词的发展有很大影响。

温子升（495—547），字鹏举，济阴冤句（今山东菏泽）人。北魏著名文学家，官至中军大将军。北魏孝明帝初，在全国选拔辞人补充御史之职时，他在八千名应考人中名列榜首，一举成名，补为御史，时年二十二岁。东魏武定五年（547年），元瑾作乱，高澄疑子升同谋，把他囚入晋阳狱。是年饿死狱中。有《文笔》三十五卷及《永安记》三卷传于世。明人辑有《温侍读集》。

温体仁（1573—1638），浙江省乌程（今湖州）人，明代宰相。进士及第，历任编修、礼部左侍郎、礼部尚书等职，崇祯四年（1631年）入阁，不久升为首辅。其为相八年，崇祯对其恩崇无比，而温对上一味迎合，对下严厉刻薄，几无政绩。

【故事】

东晋名臣温峤

温峤是东晋初期的名臣，史书上说他“性聪敏，有识量，博学能属文，少以孝悌称于邦族。风仪秀整，美于谈论，见者皆爱悦之”，年方十七，州郡辟召，他就是不肯去，后来才出任司隶校尉的都官从事，主察举百官犯法者。散骑常侍庾敳因为贪敛钱财，被他上疏举奏。庾敳自夸“君子之心”，被温峤弹劾后，并未有报复之举，反而称赞他：“森森如千丈松，虽礌砢多节，施之大厦，有栋梁之用。”温峤由此知名。

没过多久，温峤出任平北大将军刘琨的参军。刘琨是温峤的姨夫，深知其才，以为谋主。后刘琨累迁大将军、司空，温峤也担任右建威将军、督护前锋军事。时刘琨与石勒、刘聪交战中原，多依仗温峤的谋略。

至建康后，温峤向群臣言刘琨之忠，慷慨陈词，满朝瞩目。司马睿甚爱其才，王导、周顗、谢鲲、庾亮、桓彝等名士也与之交好。未过多时，温峤请命北返，朝廷坚决不许，欲留其在江左。公元318年，刘琨被段匹磾处死。晋室欲用段匹磾平乱，不肯为刘琨发丧。温峤上谏道：“琨尽忠帝室，家破身亡，宜在褒恤。”终使得刘琨为朝廷追谥。

温峤南渡之前，其母崔氏为了阻拦他，牵袖强留，温峤不从，断袖而去。及至刘琨的死讯传来，温峤也获知母亲的噩耗。他悲痛之下，辞让朝廷加封的散骑侍郎一职，苦苦请求北返，为母亲奔丧、安葬。司马睿没有答应，下诏说：“今寇逆未净，诸军都无法迎奉先帝的灵柩，你怎么能因一己之私而不从王命呢！”温峤无奈，只得受职。

庄

庄姓图腾

【源流】

出自芈姓，春秋楚庄王之后。楚王芈旅去世后，谥号为“庄”，是为楚庄王。其支庶子孙，以此谥为姓。《名贤氏族言行类稿》载：“庄姓，楚庄王之后，以谥为姓，楚有大儒庄生，六国时为蒙漆园吏；庄周，著书，号庄子；齐有庄贾，周有庄辛。”

【家训】

忠，孝，廉，节。

【名人】

庄周（约前369—前280），宋国蒙（今安徽蒙城）人，俗称庄子。战国思想家、哲学家。曾为漆园吏。家贫，但拒绝了楚王的厚币礼聘，一生过着穷苦的生活。继承并发展老子、杨朱学说，和老子同是道家的代表人物，世称“老庄”。有《庄子》一书传世，文辞优美。

庄峤，生卒年不详，战国末期，受命经略巴、黔中以西诸地。因巴郡和黔中郡为秦国所袭夺，塞断归路，只好率其众在滇称王。这支庄姓后裔在秦统一天下之后仍为西南夷的君长。后降汉，其地被置为益州郡。

庄廷鑨（？—1655），字子襄，浙江乌程（今湖州）人。十五岁贡生，入国子监，因疾双目失明。曾广聘名士吴炎、潘柽章等为朱国祯所撰《明史》补写崇祯朝和南明史事，奉南明弘光、隆武、永历帝为正朔，直呼努尔哈赤为“奴酋”、清兵为“建夷”。书成不久病死。后被告发，掘墓刨棺，牵连甚广，史称“庄廷鑨明史案”，是清初著名文字狱之一。

庄有恭（1713—1767），字容可，号滋圃，出生于广东番禺，祖籍广东澄海，清代大臣。史载有恭“生而颖异，十三通五经，旋补诸生以选贡考，授宗人府教习”。乾隆四年（1739年）被钦点为状元，授翰林院修撰，历任江苏、浙江、福建等省巡抚、刑部尚书，官至协办大学士。文才敏捷，识度宏远，廉洁自矜，勤政爱民，尤以治水政绩彪炳于时，深为世人敬重。曾主持浙江海塘工程，又疏浚大修三江水利。工书。有《三江水利纪略》。

【故事】

庄惠之辩

战国时的大哲庄子和惠施曾有许多次精彩的对话和辩论，足以引人深思。

曾经有一次，惠施告诉庄子说：“梁惠王送给我大葫芦的种子，我将它种上，成熟之后，里面的种子就有五六百斤；可是假如用它盛水，它的坚固程度不足以使它被举起来；假如剖开作水瓢，那么实在太大而没有什么可盛。这葫芦并不是很大，但我因为它没用处，而将它砸破了。”

庄子说：“您实在是不善于利用大东西啊。曾有宋国人善于配制防止手部皮肤开裂的药，世世代代以漂洗丝絮谋生。有个外地客听说之后，请求用一百金购买它的配方。这宋人聚集一族之人商量说：‘我们世世代代漂洗丝絮，不过才挣几金，如今一下子把技术卖给他就能得到一百金，请允许我将药方给他。’外地客得到之后，带着药方去告诉吴王。越国有战事，吴王命他做将领，此时正是冬天，外地客率军与越人水战，大败越军。吴王就划了块土地给他，并封为邑君。能使手不被冻裂，效果是一样的，但有人用它封官，有人却仍然不能摆脱漂洗丝絮的劳累，就是因为使用的地方不一样啊。如今您有能装五六百斤的大葫芦，为什么不考虑用它作为形似大酒杯的器具，而借以浮游于江湖之上呢？您为它阔大没东西可盛而发愁，那么您的心就像被蓬草塞住了。”

古

古姓图腾

【源流】

古姓起源主要有三。一是出自姬姓，始祖为周族先祖古公亶父。古公亶父曾率众人到岐山（今属陕西）定居，建立了强大的周族。后人为了纪念他，以其名号为姓氏。二是以邑名为氏，周代有大夫受封于苦城，后易“苦”为“古”。三是出自南北朝时北魏鲜卑族有叶奚氏所改。

五代伊始，古氏后裔分居各地，其中一支自江西“避地于增城”，开古氏居粤之先河。今广东河源和平、紫金、龙川等地均有古氏子孙繁衍落居。清康熙年间有古氏迁台，以新竹、苗栗等地为最多，且多聚族而居。也有移居海外如马来西亚、新加坡、泰国等地。

【家训】

忠君国，敬祖宗，孝双亲，和兄弟，睦友邻，务正业，严教子，笃诗书，修祠墓，惠贫困，禁赌博，禁淫乱。

【名人】

古弼，生卒年不详，北魏时的代郡（今河北张家口）人。为人忠厚，善于骑射。因战功卓著而封为灵寿侯。历位吏部尚书，虽然事务殷凑，但坚持读书不辍。太武帝称赞他为社稷之臣。文成帝即位后，他因被诬告而处死，时人都为他叫冤。

古云应，生卒年不详，唐朝人。在宪宗元和五年（810年）以明经荐任江西省洪州（今南昌）通判，因此举族南迁，先迁赣南，后定居广东省南雄珠玑沙水村。据《梅县客家源流考》载："凡赣、闽、粤、桂、滇、琼、湘、川等古氏后裔，均以云应为始祖。"

古成之（947—1007），字亚奭，广东河源人。北宋著名诗人，宋初岭南第一个进士，被誉为"岭南首第"。年少力学，曾隐居罗浮山，苦读不倦。宋太宗端拱二年（989年）中进士，《广东通志》称"成之以文为南粤倡"。

古柏（1906—1935），江西寻乌人。1925年加入中国共产党，在广东从事党的工作。大革命失败后，领导寻乌学生、农民举行武装起义。后任中国工农红军第二十一纵队政治委员、中共寻乌县委书记。1935年底在广东龙川山区和国民党军队作战中英勇牺牲。

【故事】

"岭南首第"古成之

古成之原籍广东河源，后迁居广州增城，曾在罗浮山隐居读书十多年，"力学不怠，淹贯群籍"。宋初开科取士，任贤用能。古成之在雍熙元年（984年）被州府选中推荐进京参加考试，结果考取第二名。

当时，同舍的两个学人对古成之非常嫉妒，假装为他庆贺，暗中把能致人短时喑哑的毒药放到酒中。古成之心胸坦诚，根本没有想到会有人这样暗害他，当即饮下。第二日，廷对开始。古成之在皇帝面前只是喉咙作响，却说不出一句话来，宋太宗大怒，下令将他扶出殿外。

眼看功成名就，却功亏一篑。有人劝古成之上诉此事，古成之却拒绝了。三年后，古成之再度参加科考。端拱二年（989年），全国只取进士二十八人，时称二十八宿，古成之排在十九，成为宋朝广东第一位中进士者，被誉为“岭南首第”。因是宋初岭南第一个进士，故《广东通志》称“成之以文为南粤倡”。为了庆贺岭南首第的诞生，乡人荣之为建象宿楼。

大文豪苏东坡在惠州期间十分仰慕古成之，曾撰文赞曰：“如日月之绚彩，若美玉之无瑕，登宋进士，文藻联葩，一朝忽逢韩子，丹炉共养朱砂，竞飞于蓬岛，乐逍遥于仙家，令望犹存，今古颂嘉。”

廖

廖姓图腾

【源流】

出于己姓，为上古时期廖叔安之后裔。相传帝颛顼有个后裔叫叔安，夏时，因封于廖国，故称廖叔安，其后代以国为氏，称廖氏。

廖氏早期主要是在今河南南部发展繁衍，因西汉初属汝南郡，故以“汝南”为堂号。战国时期四川一带少数民族中也有廖氏。在隋代以前廖氏已有族人迁至今河北、湖北、湖南、四川、福建、广东等省。唐代，中原廖氏曾两次迁至福建：一次是唐初随陈政、陈元光父子入闽开辟漳州，一次是唐末随王潮、王审知入闽，均在福建定居。至宋代，福建廖氏已发展成为大族，分布于宁华、顺昌、建宁、邵武、上杭、永定等许多地方，同时又有许多人徙居广东，分为大埔、梅州、兴宁、蕉岭、五华等支派。从清初开始，闽粤廖氏陆续有人迁至台湾，还有一些人移居泰国、新加坡等国家。

【家训】

敬老爱幼，得福寿长；伦理颠倒，臭名远扬。兄弟团结，为人榜样；各自为政，家衰迹象。妯娌和睦，家园兴旺；无事生非，两败俱伤。严教子女，有福可享；放任自流，老少遭殃。勤劳耕种，粮食满仓；贪图安逸，三餐粥汤。

读书上进，无限风光；目不识丁，受骗上当。为政清廉，万民敬仰；贪赃枉法，自取灭亡。与人为善，积德满堂；行骗欺诈，终进牢房。凡事三思，妥帖顺当；性急粗暴，好事弄僵。人生在世，追求理想；坏事莫为，万古流芳。遵纪守法，平生安康；忠于家训，世代荣昌。

【名人】

廖燕（1644—1705），初名燕生，字柴舟，曲江（今广东韶关）人。清初具有异端色彩的思想家、文学家，因一介布衣，既无显赫身世，又乏贤达奥援，所以生前死后，均少人知。道光年间，阮元主修《广东通志》，其集已难寻觅。他一生潦倒，在文学上却颇有成就。

廖仲恺（1877—1925），原名恩煦，又名夷白，字仲恺。广东归善（今广东惠州）人，祖居广东梅州。近代著名民主革命活动家、中国国民党左派领袖。擅长诗词、书法，著译编为《廖仲恺集》、《双清文集》上卷。

廖承志（1908—1983），广东惠阳人，中国无产阶级革命家、社会活动家、党和国家的优秀领导人，是民主革命的先驱廖仲恺、何香凝之子。1908年生于日本东京，1928年加入中国共产党，1949年前多数时间在国统区工作，曾七次被逮捕。1949年后长期是中共海外统战工作的负责人，负责领导中日民间友好工作（1963年任中日友好协会会长），为发展中日两国人民的友谊、促进中日邦交正常化做出了特殊贡献。

【故事】

廖仲恺遇刺

廖仲恺是国民党左派，他坚定“联俄联共扶助农工”三大政策，密切地同中国共产党人合作，支持工农革命运动，推动了中国国民革命发展。

从1925年7月开始，国民党右派分子邹鲁、孙科、伍朝枢等人就开始集中攻击廖仲恺，散布种种谣言。5月间，廖仲恺发表了一篇《革命派与反革命派》，

廖仲恺照

让老右派恨之入骨。

进入8月，满城流传着刺杀廖仲恺的消息。面对这种情势，他无所畏惧，继续孜孜不倦地工作。当他听说有人要用机关枪杀他时，一笑置之，并对人戏言道："暗杀用手枪炸弹是所见的，若是用机关枪，却新鲜得很。"妻子何香凝也劝他多加两个卫士防备一下，他不以为然。

在1925年8月18日国民政府的一次会议上，坐在廖仲恺身旁的汪精卫给他写了一张条子，说有人将对他不利，他当即表示："为党为国而牺牲，是革命家的夙愿，何事顾忌！"8月19日，又有人以确切消息报告他，廖仲恺慨然道："际此党国多难之秋，个人生死早置之度外，所终日不能忘怀者，为罢工运动及统一广东运动两问题尚未解决！"

1925年8月20日上午，廖仲恺偕夫人何香凝乘车前往党部开会，竟在戒备森严的国民党中央党部门前惨遭杀害。

欧阳

欧阳姓图腾

【源流】

欧阳为复姓。《新唐书·宰相世系表》中说，夏朝少康的庶子被封于会稽，后传自无疆被楚国所灭。无疆之子名蹄被封于乌程欧余山之阳（今浙江吴兴），为欧阳廷侯，其后代则称欧阳氏或欧氏。

欧阳姓的郡望为渤海，以海鸟为图腾。先秦时，欧阳姓主要活动于浙江一带。进入秦汉，欧阳姓北上江苏、山东、河北，西挺江西，南部跨福建。到魏晋时期，欧阳姓已经西抵陕西、四川，南达湖南。唐宋时，中原两次大规模移民，欧阳姓大批进入湖南、福建、两广地区。如今主要集中于湖南、广东、江西三省，约占欧阳姓总人口的80%，又以湖南居首。

【家训】

凡我裔孙，合保嘉祥，爱此身发，不可毁伤。四维八德，三纲五常，朝夕惕厉，莫敢或忘。读书明理，敬业图强，克勤克俭，毋怠毋荒。家门雍睦，邻里赞赏，知过必改，靡恃己长。福田广种，善举毕张，恪崇礼法，务戒嚣狂。愿我族姓，怡怡雁行，同兹血脉，共协心肠。倘违祖训，神必加殃，轻则受罚，重则灭亡。兢兢勿替，守此训章，千秋万世，永享烝尝。

【名人】

欧阳生，字和伯，西汉今文尚书学“欧阳学”的开创者。伏生的弟子，世代传授尚书学，到他的曾孙欧阳高，被立为博士，曾在石渠阁讲论。

欧阳询（557—641），字信本，潭州临湘（今湖南长沙）人。唐代著名书法家，楷书四大家之一。其书于平正中见险绝，号为“欧体”。代表作楷书有《九成宫醴泉铭》《皇甫诞碑》，行书有《仲尼梦奠帖》等。曾主编《艺文类聚》。

欧阳修（1007—1072），字永叔，号醉翁，晚号六一居士。庐陵（今江西永丰）人。北宋政治家、文学家。“唐宋八大家”之一。中进士甲科，与韩琦同居相位，以文章冠天下，领导了北宋诗文革新运动，有《新五代史》《毛诗本义》《新唐书》等行世。

欧大任（1516—1596），字桢伯，号仑山。广东顺德人。曾在著名学者黄佐门下读书。八次乡试均落榜，直到嘉靖四十二年（1563年）才以岁贡生资格，试于大廷，考官展卷阅览，惊叹其为一代之才，特荐御览，列为第一，于是名声远播。

【故事】

画荻教子

欧阳修四岁时，父亲早逝，母亲郑氏带他投靠叔父欧阳晔。因其父为官清廉，死后家贫如洗，生活的重担全部落在欧阳修的母亲身上。母亲不断地给他讲如何做人的故事，告诉他不要随声附和，随波逐流；还教他认字写字，教他读唐代诗人周朴、郑谷发及当时的九僧诗。由于买不起纸笔，母亲只好以芦荻作笔，以沙滩作纸，教欧阳修认字。欧阳修也非常听话，跟着母亲的教导，在地上一笔一画地进行写字练习，反反复复地练，错了再写，直到写对写工整为止，一丝不苟。这就是史书所传的“画荻教子”。郑氏的这种教导，使欧阳修从小打下了良好的学习基础。

画荻教子雕像

随州城南的李家是一个藏书家，欧阳修常到这里与李家的孩子一起玩，时间久了，就可以将李家的书借回家看，无论隆冬酷暑，从不间断。每见到书上一些好的内容，他都赶快把它抄下来。一天，他从李家旧纸筐里，发现六卷本的《韩昌黎先生文集》，打开一看，大开眼界，便废寝忘食、日以继夜地阅读。他痛切地感到宋初以来，在社会上流行的那种只讲文法、华而不实的文章毫无用处，实在是误人子弟。而正是在这种思想的启迪下，一个学习韩愈，革除当时文坛上那种坏风气的念头油然升起。

后来，欧阳修学有所成，进入仕途。他谨记母亲的教诲，立身行事，严格要求自己，廉洁奉公，不谋私利，成为一代名相，也是文章大家。

利

利姓图腾

【源流】

始祖李利贞为楚国老子的后代，后人为纪念他，取利字为姓，是利姓的主要渊源。其他渊源还有出自芈姓，来源于封地，春秋时楚国有公子受封于利邑（今四川省广元县境），其子孙就以封地名为姓，世代相传姓利；出自姬姓，也来源于封地，春秋时晋国有大夫食采于利邑，其后人以利孙为氏，后改为单姓利氏；出自北魏鲜卑族叱利氏，入中原后渐与汉文化融合，后改为利氏。

今广西钦州、北海、南宁，广东河源、东莞、惠州、阳江、广州、湛江，河南洛阳，江西赣州等地，均有利氏族人分布。

【家训】

敦伦序，务正业，谨祭祀，守坟墓，禁非为，周贫乏，救急难，遵王法，完国赋，谨婚姻，严节育，修德行，重谱牒，戒骄奢，杜嫉妒，求团结。

【名人】

利苍，西汉长沙王丞相，今发现的马王堆湿尸就是他的夫人。

利元吉，字文伯，盱江（今属江西）人。宋代名儒陆九渊的高足，为官清正廉洁，爱民如子，为百姓做了许多好事，政绩显著。晚年以教书为乐。

利本坚，明朝英德人。由监生任赣县主簿，调任四川安岳县令。为官公正，爱民节用，为众论所推许。

利国伟（1918—2013），祖籍广东开平，生于澳门，香港银行家、政治家及教育家，1983—1997年任恒生银行董事长，曾先后获香港政府委任为行政及立法两局非官守议员。他曾倡导向外界推出恒生指数，该指数从此成为香港股市表现的参考指标。

【故事】

利国伟奋斗人生

利国伟虽然出身大家族，但他凭借自己的努力，从“红裤子”出身，由低做起，结果得到恒生银行高层何善衡和何添等的赏识，屡屡被委以重任。在多年的银行和公职生涯中，他面对过多场危机，但均被他一一化解，其中包括在1965年临危受命，成功与汇丰银行达成收购恒生银行的协议，使恒生银行避过结业倒闭的命运；1983年中英香港谈判期间，港元币值急跌，财政司彭励治爵士在他的协助下得以在短时间内宣布推出联席汇率制度稳住民心；1988年，他获指派空降被指千疮百孔的香港联合交易所，对联交所展开大刀阔斧的改革；同一年，尽管同时身兼教育统筹委员会主席和香港中文大学校董会主席两个被指互有冲突的公职，但他设法平衡各方利益，成功落实港府提出中文大学“四改三”的方案。

利国伟本身没有接受大学教育或出国留学，只有中学学历，不过，凭借个人成就，他不单历任恒生银行董事长、行政立法两局议员、联交所主席和金融管理局外汇基金咨询委员会委员等重要职务，而且还担任过港府教育委员会主席、教统会主席和香港大学校董等公职，负责统筹香港的高等教育规划，在香港殖民时代的政商界和教育界均享有崇高的地位。

名成利就的利国伟时刻不忘何善衡和何添等的提携，并常以何善衡的教导“话到口中留半句，理从是处让三分”为座右铭之一，强调“虽然认为自己是对的，亦切勿强将意见加于别人”。晚年的利国伟还与恒生元老组成何梁何利基金，再加上自己的伟伦基金会，致力行善，香港和海外多家教育机构均曾得到有关基金会的捐助。

聂

聂姓图腾

【源流】

始于西周时期。周康王即位后，封吕衡为卫国卿大夫，封地于聂北，位置与邢、卫、齐三国交界。其后代遂以“聂”为姓。

西周后期，聂姓在聊城、德州、济南、泰安、济宁分布较多。东周末至秦代，较多分布于邯郸、安阳、濮阳。北宋时期，主要分布安徽、山西、河南、江西、湖南。其中在安徽最为集中，南宋时期，北方多战乱，江西、安徽、江苏较多分布。明代，有往广东、云南两省迁徙趋势，但总体集中在江西。清代，因为清初四川人口大幅消减，跟随“湖广填四川”的人群，向重庆江津、四川遂宁迁徙的较多。当代主要分布于湖南、江西、贵州、辽宁、安徽、河北、四川，其中湖南最为集中。

【家训】

知恩图报，行侠仗义，思孝奉先，从善积德。

【名人】

聂政（？—前397），韩国轵（今山东济源东南）人，战国时侠客。韩哀侯时，严仲子与相侠累争权受挫，遂闻名拜访，献巨金为其母祝寿，并恳求代为报仇。他以老母在，不许。母病故后，仗剑直闯相府，刺杀侠累后自杀。

聂夷中（约871年前后在世），字坦之，河东郡（今山西运城）人，唐末诗人。咸通进士，曾官华阴县尉。出身寒苦，仕途失意，诗篇中多有关怀民生疾苦和讽喻时世之作，语言朴素流畅，言近意远。《咏田家》《公子行》尤为佳作。

聂士成（1836—1900），字功亭，安徽合肥人，清末将领。因镇压太平天国运动和捻军升至提督。曾赴台抗法，赴朝御日，辽阳大高岭一战，斩杀日将富刚三造。战后创立武毅军。八国联军侵华时，据守天津，力战阵亡。

聂荣臻（1899—1992），四川江津人。中国无产阶级革命家、军事家，中国人民解放军创建人和领导人之一。曾参加北伐战争、南昌起义、长征等。抗日战争时期，参与指挥平型关战斗。新中国成立后，曾任北京市市长、解放军代总参谋长、军委副主席等。1955年被授予元帅军衔。

聂耳（1912—1935），原名守信，字子义，当代著名音乐家，中华人民共和国国歌《义勇军进行曲》的作曲者。一生创作数十首革命歌曲，其音乐创作具有鲜明的时代感、严肃的思想性、高昂的民族精神和卓越的艺术创造性，树立了中国音乐创作的榜样。

【故事】

聂耳与《义勇军进行曲》

20世纪30年代中期，日寇侵占东北后又把铁蹄伸向华北，国内的反动腐朽势力却仍沉溺于纸醉金迷中。社会上充斥着《桃花江》《毛毛雨》《妹妹我爱你》一类萎靡丧志的淫歌艳曲。共产党员作家田汉找到聂耳，认为如此“唱靡

聂耳雕像

靡之音，长此下去，人们会成为亡国奴”。二人就此议定，要创作一首歌，来战胜“桃花江是美人窝”。二人研究了《国际歌》《马赛曲》和《船夫曲》，认为很有气势，可以借鉴。1935年初，田汉改编了电影《风云儿女》，并写了一首主题歌——《义勇军进行曲》。由于发现国民党特务已来追捕，他仓促间在一张小小的香烟包装纸上写下歌词，就被抓进监狱。

夏衍拿到田汉留下的剧本，在里面发现了那张写着歌词的香烟衬纸。不久，聂耳来找夏衍，听说此事后，主动提出：“作曲交给我，我干！”聂耳根据同田汉一起提出的构想，带着满腔激愤，只用两天时间便谱写了初稿，随即因躲避追捕到了日本。在那里，他一方面受到友好人士的热情接待，一方面也看到军国主义分子大肆鼓噪“扩大在支那利益”，并磨刀霍霍。聂耳由此更激发了创作灵感，迅速将歌曲定稿寄回国，其旋律更加高昂雄壮。

简

简姓图腾

【源流】

简姓起源较多，但多属于以先祖名号为氏。一源于子姓，出自殷商晚期简侯主简，二是源于嬴姓，出自春秋时期秦国大夫蹇叔，三是出自春秋时期鲁国大夫简叔之后，四是出自春秋时期陈国贵族简子齿之后，五是出自春秋时期晋国大夫赵简子之后。

《简氏祖先考》记载了两千多年以来简氏的播迁："在涿郡者，汉时有简卿，其在范阳者，三国时有简雍。晋统一天下后，简氏因离乱南迁，散居南海、靖安、新喻、东莞、马平等处。宋时南渡，避乱于福建宁化，后游南剑州，建宁府。乾道二年（1166年）迁上杭。三世祖迁太平里洪源村（先为洪源开基祖）。九世德润，于至元十七年（1280年）入赘南靖张家。是为张窖开基祖；子三，二世贵祯，自南靖移居广东，子孙分播潮阳、番禺等县。"

可以知道简氏在五代之前，就已经逐渐向南播迁。他们有的直接徙入广东，有的由赣入闽，再分支至广东，后来在广东繁衍成为一个大的家族。台湾简姓族人，很多是从福建省南靖迁居的。简氏望族居范阳郡（今河北涿县）。

【家训】

予见名门右族，其兴也，莫不由祖先忠孝勤俭而兴之；其败也，莫不由子孙愚顽奢傲而败之。兴者之难如登天，败者之易如焚毛。

父母之恩等于天地，为子者当依依膝下。聚百顺以承欢昏，定晨省冬温夏凊。养则致乐，疾则致忧，或有过则怡色，柔声而微谏。其不得已远游者，必有方以达之。此皆为子之道当然也。

——粤东《简氏大同谱》

【名人】

简雍，生卒年不详，字宪和，涿郡（今属河北）人。本姓耿，幽州人将耿说成简，便改为姓简。三国蜀汉谋士。年少时便与刘备相识，后跟随其奔走。常作为谈客，往来使命，刘备围成都时，曾劝说刘璋投降。不久官拜昭德将军。

简文会，生卒年不详，南海（今广东南海）人。五代十国南汉乾亨四年（920年）状元。幼年聪慧出众，秉性耿直。南汉帝刘晟暴戾而残酷，曾疏谏，被贬谪为祯州刺史。任上尽心尽职，颇有政声，为民所道。以清廉务实著称。

简照南（1870—1922），广东佛山人。南洋兄弟烟草公司的创始人。与弟简玉阶在香港创办南洋兄弟烟草公司，生产飞马、双喜、白鸽等名牌香烟，提出“中国人吸中国烟”的口号，受到了国内人民和广大华侨的支持。曾在家乡捐资办学，是颇受尊敬的华侨实业家。

【故事】

简文会冒死上谏

简文会从小聪颖勤学，远近称为才子。当时政治混乱，刘龑在岭南建立了南汉国，定都广州。为了笼络人心，他在自己统治的区域内进行科举考试，南汉乾亨二年（918年），简文会参加了殿试，一举夺得殿试第一名，高中状元。

简文会画像

简文会生性耿直不阿，深得皇帝的赏识和同僚的敬重，加上政绩突出，所以官位一路上升，至兵部尚书右丞相。

但是好景不长，刘龑死后，由于大儿子和二儿子都不幸早死，余下的十七个儿子开始了皇位的争夺。按照传统礼制，老三刘洪度继承了皇位。刘洪度即位后改名为“刘玢”，改年号为光天，以四弟刘洪熙辅政。但刘龑的四儿子刘洪熙在周围人的怂恿下，发动宫廷政变，将刘玢杀死，自立为帝，改名为刘晟，改号为应乾。刘晟做贼心虚，他怕自己夺位的事遭到其他兄弟的反对和不服，同样也会起来和自己争夺帝位，于是将其他兄弟全部杀死。为了不留后患，他把这些兄弟家里的男子们包括诸侄全部杀死，而把诸弟妇和侄女们全部纳入后宫为妃，供其淫辱，造成了一桩骇人听闻的宫廷惨案。

作为老皇帝的旧臣，简文会和大臣们对此是痛心疾首。朝野上下一片沉默，大家都敢怒而不敢言。唯有简文会冒死上谏，谁知惹怒刘晟被贬祯州（即今清远英德）当刺史。祯州是当时最野最穷的地方之一。他就这样在那儿“尽心民事”，继续为帝室效劳，后积劳成疾，死于任上。

曾

曾姓图腾

【源流】

曾姓来源比较纯正，据有关史料查证，主要出自姒姓，为夏禹的后裔。相传帝舜时，鲧的妻子因梦食薏苡而生禹，故帝舜便赐予禹姒姓。

曾氏出自山东，孔门著名弟子曾参就是山东人。曾子之后曾子方于西汉时家于长沙（今属湖南），是为长沙房；曾项家于扶风（今陕西兴平东南），是为扶风房，其后人分别迁居于冀州（治今河北冀州）、青州（治所在今山东淄博东南）。王莽之乱时，曾据率宗族千余人自山东南迁至庐陵（治所在今江西吉安西南）之吉阳乡，是为吉阳房。曾据后人曾略居于抚州南丰（今江西广昌东），是为抚州房。西晋永嘉二年（308年），曾氏有一支迁居会稽（今浙江绍兴）。此外，曾氏族人还迁居于韶州（今广东韶关）、虔州（今江西赣州）、交州（今广州）、蜀郡（今成都）、豫章（今江西南昌）、吴郡（今江苏功州）、河内（今河南沁阳）、南阳（今属河南）、江夏（今湖北鄂城）、襄阳（今属湖北）等地。唐末，曾氏开始迁往福建。清代，福建人曾赐锡移居台南，此后，闽、粤曾氏不断有人迁居台湾，进而又有迁居海外者。

【家训】

孝悌忠信，礼义廉耻，三省诚身，道传一贯。

——《武城曾氏重修族谱》

【名人】

曾参（前505—前435），字子舆，鲁国南武城（今属山东）人，人称曾子。十六岁拜孔子为师，一生积极实践和推行以仁孝为核心的儒家主张，传播儒家思想。曾编《论语》，著《大学》，写《孝经》等，后世尊奉为“宗圣”，配享孔庙。

曾巩（1019—1083），字子固，南丰（今属江西）人，世称南丰先生。北宋文学家，“唐宋八大家”之一。嘉祐进士，尝奉诏编校史官书籍，官至中书舍人，曾为王安石所推许。散文平易舒缓，长于叙事说理，讲究章法结构，有《元丰类稿》。

曾国藩（1811—1872），初名子城，字伯涵，号涤生。近代政治家、战略家、理学家、文学家，湘军的创立者和统帅。在其指挥和影响下，镇压太平天国农民起义，使晚清出现“同治中兴”。立身严谨，教子有方，其《家书》堪称中国古代家教范本。

【故事】

曾子杀猪

一天清晨，曾子的妻子准备去集市买一些东西。她出了家门没走多远，儿子就哭喊着从身后撵了上来，吵着闹着要跟着去。孩子还小，市集又远，带着他很不方便。因此曾子的妻子对儿子说：“你回去在家等着，我买了东西一会儿就回来。你不是爱吃酱汁烧的蹄子、猪肠炖的汤吗？我回来以后杀了猪就给你做。”她儿子一听，立即安静下来，乖乖地望着妈妈一个人远去。

曾子的妻子从集市回来时，还没跨进家门就听见院子里捉猪的声音。她

曾子像

进门一看，原来是曾子正准备杀猪给儿子做好吃的东西。她急忙上前拦住丈夫，说道："家里只养了这几头猪，都是逢年过节时才杀的，你怎么拿我哄孩子的话当真呢？"曾子说："在小孩面前是不能撒谎的。小孩子没有思考和判断能力，经常从父母那里学习知识，听取教诲。如果我们现在说一些欺骗他的话，等于是教他今后去欺骗别人。虽然做母亲的一时能哄得过孩子，但是过后他知道受了骗，就不会再相信妈妈的话。这不是用来教育孩子成为正人君子的方法。"曾子的妻子觉得丈夫的话很有道理，就不再阻止了。没过多久，曾子的妻子就为儿子做好了一顿丰盛的晚餐。

曾子用言行告诉人们，为了做好一件事，哪怕对孩子，也应言而有信，诚实无诈，身教重于言教。

沙

沙姓图腾

【源流】

出自子姓，是汤王的后裔。商朝末年，殷纣王庶兄开（一名启）被封于微，世称微子。武王克商后，封微子于商丘，建立宋国。微子的后裔有沙姓。

《郡望百家姓》中记载：沙氏望出汝南郡。《姓氏考略》中记载：望出东莞、汝南。今江苏如皋一带沙姓，仍用“汝南世济，东莞家声”作楹联，其世迁祖为沙世坚后裔沙屏北。

【家训】

明诗书，遵礼乐，勤俭持家，乐善好施。

【名人】

沙世坚，河北涉县人，北宋勇将，有文武韬略，曾任东莞太守。1127年护宋高宗南渡，知梧州。广西苗民大起义，改知宜州，平义军十万，击杀首领莫文察，广西河池有“白土平蛮碑”一尊，即其所勒。为江浙沙氏世迁祖，沙神芝、沙元炳均其后。

沙玉，明代涉县知县，劝民备耕抢收，涉民丰衣足食。尝于禾稼熟时，督民昼夜收获，未毕，飞蛾大至，临邑禾食尽，涉民得保全。

沙千里（1901—1982），原籍江苏苏州，生于上海。早在上海大丰棉布批发字号当学徒。后与邹韬奋等六人以“危害民国罪”被捕，即“七君子事件”。上海解放后担任上海市人民政府副秘书长。中华人民共和国成立后调北京，历任商业部副部长、全国工商联秘书长、地方工业部和轻工业部部长、粮食部部长等。

沙孟海（1900—1992），原名文若，字孟海，号石荒等，浙江鄞县（今属宁波）人。20世纪书坛泰斗。于语言文字、文史、考古、书法、篆刻等均深有研究。毕业于浙东第四师范学校。曾任浙江大学中文系教授、浙江美术学院教授、西泠印社社长、西泠书画院院长、浙江省博物馆名誉馆长、中国书法家协会副主席。

【故事】

沙孟海两篇电文定乱局

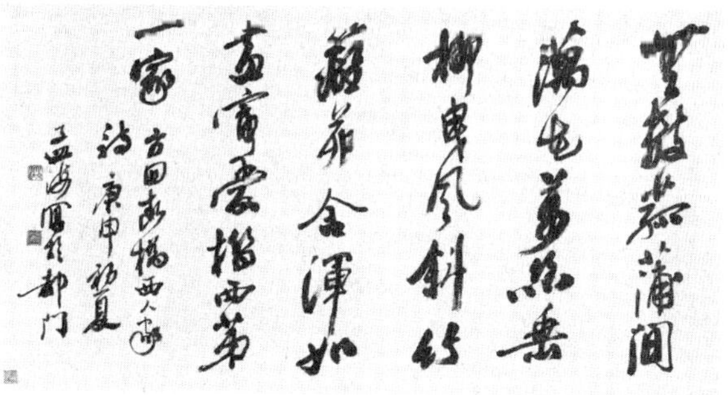

沙孟海书法

抗日战火很快燃烧起来了。武汉会战后，日本军部特派一个叫川本芳太郎的大佐专赴北平，敦促吴佩孚出山。川本为了便于接触吴佩孚，还拜吴佩孚为师，时相过从，不时试探。川本懂得洪宪劝进的故事，于是乎，“大帅府”霎时热闹空前，来自全国各地“拥吴出山”“挽救大局”的电报纷至沓来。

吴佩孚出山之事在国民党政府中造成很大震动。朱家骅在一个星期天的清晨紧急求见蒋介石，蒋介石听完汇报一脸阴沉。朱家骅献策蒋介石以中央委员会秘书长的名义给吴佩孚发一个电报，晓以大义，阻止他出山。朱家骅认为这种方法要好一些，蒋介石微微点了点头。

这时，沙孟海经同乡陈布雷介绍，已在朱家骅手下当秘书，起草电文的任务就落实给他了。沙孟海当然知道朱家骅交付的担子有多重，平时他并不喝茶，但那天晚上，他却浓浓地泡了一杯。凝笔静思，仿佛有一股神力在左右他的笔毫。一篇五百余字的四六骈文一挥而就。文中庄严声明“春秋大义”，敦促吴佩孚千万要以民族为重，不要“一失足而成千古恨”。朱家骅对电文极满意，当即令人将电文急送吴佩孚的老友张芳岩，发给吴佩孚。吴佩孚正在就“出山”与川本商定程序，当随从将他请进密室，将朱家骅的电文递交给他时，这位戎马一生的将军仿佛遭了电击。他反复诵读着那朗朗上口的电文，一种自责的情感笼罩了他的身心。

川本正在焦急地等待这位大帅做出最后的决定，他已经向东京报告吴佩孚同意出山，东京要求他确定举行就职典礼的日期。然而，当他把东京的意思提出后，吴佩孚却不紧不慢地提出了就职的条件，那就是：成立一支由吴直接指挥的三十万人的军队，日军撤出华北。川本没想到紧要关头吴佩孚会来上这一手，于是吵着要剖腹自杀，但是没等他拔刀，吴佩孚已经甩开袖子走了。

1938年12月18日，汪精卫公开投敌，朱家骅得悉汪精卫派特务欲拉吴佩孚下水的情报后，又叫沙孟海起草了第二个致吴佩孚的电文。不久，朱家骅收到吴佩孚通过张芳岩交北平地下人员拍回的一个电报，言词恳切：“仆虽武人，亦知大义，此心安如泰山。”这表示了他在大是大非上的立场。在以后的日子里，尽管日本特务计出多端，吴佩孚却始终没有“出山”。

游

游姓图腾

【源流】

出自姬姓，以祖上之字命姓。周厉王姬胡的儿子姬友，被其兄周宣王姬静封于郑，建立郑国。春秋时期郑国国君郑穆公有个儿子叫偃，字子游，他的孙子游皈以祖父之字命姓，其后皆以“游”命姓，称游姓。

【家训】

为父或为伯叔，心慈量广，温柔善教子侄；为子孙者，凡事要听从尊长言语，切勿逆命。

兄有过弟承顺而和谏之，弟有过兄直言而指明之，且上辈切切要堂皇正大，幸勿糊言怨语，则必敬之。

【名人】

游酢（1053—1123），字定夫，建州建阳（今福建建瓯）人，宋代学者，“程门四大弟子”之一。师从程颐，刻苦读书，学问渊博。元封年间中进士，再为太学博士。所著《易说》《中庸义》《论语孟子杂解》等书，尤受学者的推崇。

游日章，明代廉州知府。嘉靖进士，在临川任了五年知县，清正廉洁，爱民如子，后任廉州知府。著有《骈语雕龙》。

游寿（1894—1911），别号寿昌，安南华侨。愤恨清廷腐败，立志革命，素为孙中山所赏识。1907年参加镇南关起义，次年又参加钦廉上思之役。1911年4月27日广州起义发动后，随黄兴奋勇攻打两广督署，在战斗中壮烈牺牲。为“黄花岗七十二烈士”之一。

【故事】

程门立雪

游酢不仅是著名理学家、教育家，而且还是被誉为宋代的“草圣”书法家。清乾隆丙午年（1786年），中国书法史上第一部草书字典《草字》出版，该书作者石梁认为，游酢的“书法极精，工书，更好挥毫，落纸如云烟。字有重书而兼收者取其变化，自成一家”。因此，他把游酢列为宋朝320年间七位草圣之一。

游酢书法艺术造诣很高，尤以草书著称。游酢的草书不像米芾对二王颠张狂素的草法，而在学中求变，不拘成法，敢于推陈出新。他用笔灵活，使转委婉曲折，在转中含折，圆韵而遒劲，很有力度。

游酢书法的功力，与他的文化素养有很大的关系。他从小就有神童之称，有极高的悟性，练过武，学过剑，还中过武举，是文武全才。从他写的字里行间不难看出剑美艺术之美。笔画线条之间映带照应，气脉连贯，体势灵动。

不过最有名的故事还是他和杨时的“程门立雪”。一天，游酢和杨时一起向程颐请教问题，却不巧赶上老师正在屋中打盹儿。两人于是静立门下，等老师醒来。一会儿，天飘起鹅毛大雪，越下越急。等到程颐睡醒来时，门外的雪已经一尺多深了。“程门立雪”的故事，在中国士林中人人皆知。作为尊师好学的主人公——游酢被尊为“道南儒宗”“闽学鼻祖”，盖因他与杨时最早将北方儒学文化传到南方。朱熹认为“道南首豸山”。“豸山”是游酢的别号。

海

海姓图腾

【源流】

海姓起源于春秋战国时期，是卫国灵公姬元的大臣海春的后代。海春，原名春，本来是齐国人，居住在海岸，于是以海为姓，以海春作为自己的名字。后代世世相传，遂有海姓。

【家训】

匡弼王公葵悃日倾沾雨露，忠诚赤子铎声时振彻云霄。

——［明］海瑞

【名人】

海瑞（1514—1587），字汝贤，号刚峰，广东琼山（今属海南）人。明朝著名清官。一生经历了正德、嘉靖、隆庆、万历四朝。历任州判官、户部主事、兵部主事、尚宝丞、两京左右通政、右佥都御史等职。打击豪强，疏浚河道，修筑水利工程，力主严惩贪官污吏，禁止徇私受贿，并推行一条鞭法，强令贪官污吏退田还民，遂有“海青天”之誉。

海兰察（？—1793），鄂温克族，满洲镶黄旗人，多拉尔氏，著名清朝将领、大臣。面铁色，生有神力，乾隆时期征伐西域，收复台湾，被封为一等超勇公，逝世后被谥为武壮。

【故事】

海瑞抬棺上书

海瑞一生清廉，以清官直言之名闻世。

嘉靖四十五年（1566年），海瑞向嘉靖皇帝上《治安疏》。在这篇奏疏中，海瑞批评嘉靖皇帝迷信道教，大兴土木，竭尽民脂民膏；不视朝政，以至法纪废弛；听信道士妖言，不与皇子们相见，以致父子之情淡薄；在西苑深居，不回宫城，导致夫妇之情淡漠。正是这些荒唐的举止，导致"天下不直陛下久矣"。嘉靖皇帝看后，勃然大怒，将这封奏疏狠狠地扔到地上，向随侍的宦官说："赶快去抓了他，别让他跑了！"这时，一名叫黄锦的宦官说："海瑞向来有痴名，我听说他上疏的时候就知道得罪当死，已经买好了一口棺材，告别了妻子孩子，遣散了仆从，现在正在家里待罪呢，所以应该不会逃跑。"嘉靖皇帝震撼之余，沉默良久，又反复地阅读这封奏疏。

如何处理"抬棺"上疏的海瑞，嘉靖皇帝始终模棱两可。一方面，他对这封奏疏"感动太息"，承认海瑞"言俱是"；另一方面又命令"逮海瑞下诏狱"，对上疏请求宽宥海瑞的官员处以廷杖；但是当刑部将海瑞"论死"之后，又采用了"留中"，并未将海瑞处刑。但是历史留给嘉靖皇帝举棋未定的时间并不多，在海瑞下狱后不到两个月，嘉靖皇帝驾崩，终年六十岁。新皇帝随即下诏释放海瑞。

练

练姓图腾

【源流】

出自东姓。始祖为唐代总管府录事参军东何，因功赐姓练。据《姓苑》记载，东何跟从李勣将军征伐高句丽，献火攻战术，破南苏罗城有功，于贞观年间被赐姓练，封岐山侯。其后代相传姓练，称为练氏。世居河南省河内县（今沁阳）。其孙练友明迁建州府（今福建建宁），又传十六代练干誉迁建宁府（今建瓯市小桥镇），传至第二十二代练诒嘉时，迁到江西新淦县三洲（今江西新干）；又传至第二十八世孙练渊文，字豪，任福建宁化教谕，再次从江西入闽。明朝初期迁至广东梅县，后又迁至兴宁。

【家训】

为官而仁，为民而忠，为父而慈，为子而孝，为兄而友，为弟而恭，为叔而善，为侄而道，为夫而义，为妻而贞，为朋而信，为友而诚。

【名人】

练何（598—668），字子俊。本姓东。唐贞观时，为总管府录事参军，诏与李勣伐高句丽，献火攻策，焚南苏罗城，上以“精练军戎”，封岐山侯，赐姓练。

练定，生卒年不详，又名及柄，字公权，北宋人。嘉祐年间进士，调和州乌江尉，再除福州司理，时吕惠卿居丧温陵，闻定名及还朝，荐之为流内铨主簿，以外艰归。

【故事】

练何献火攻策

练何是练氏的始祖，原本姓东名何，世居河南省河内县（今沁阳），他智勇超群，因精练兵戎有素，被李勣举荐，并得到太宗皇帝的重用，委任为总管府录事参军，负责训练兵勇。

征伐高句丽战役，太宗皇帝率军亲征。东何带领着他训练过的“铁骑”精兵，在太宗皇帝帐下听命。战事开始后前方的士兵向太宗皇帝禀报说：“李勣将军已把南苏罗城包围得水泄不通，由于城墙坚固、高大，仍无法攻下。”太宗皇帝马上令东何带领“铁骑”随驾临阵，以助李勣。

东何临阵观察：五月的天，本来又闷又热，但此时阵阵的西南大风吹来，令人神爽。他即向太宗皇帝献计：“陛下，臣认为，欲破此城，宜借此时的西南风用火攻城。我带领骑兵，备足火种、火药，到西南角把引火之物射入城内，火借风威，风随火势，胜似十万雄兵。然后由李勣元帅派兵登城，何愁此城不破！”

太宗即令用火攻。顷刻间，整个南苏罗城一片火海。守城的官兵只好投降，南苏罗城被攻破。此役共俘虏高句丽兵将二万余人，其余人员四万余人，缴获战胜品无数。此役也是唐太宗皇帝这次亲征最满意的战役。

战事结束后，太宗皇帝在临渝关的汉武台主持举行刻石记功、论功行赏庆典活动。其中东何因“精练军戎”有素、献火攻策有功，被太宗皇帝赐姓为“练”，封岐山侯。

邝

邝姓图腾

【源流】

以国名为氏。古旷国起源于五代古国之首，辖管江南东部一带，始祖流落他乡，为不忘家国而以国为姓。《姓苑》：“邝氏，广东南海、高要多此族。”从字的组成来分析，邝由广和邑组成，广的甲骨文字形是屋室之形下一个黄字，表示住人之屋很大。邝人应是与两广的地域有关。当时，两广地域广阔，在那广阔的大地上建起房屋和城堡，四周荒无人烟，有一支擅长建筑城堡的群体被称为邝氏族，邝人所居之城为邝邑，由此产生了邝姓。

邝姓最早出现在宋朝，至今大约有一千年的历史，这可能与唐初和唐末由中原大规模南下闽粤的两次移民有关。明朝时期，当时湖南、广东是邝姓分布的集中之地，在河北也有分布。目前邝姓的第一大省为广东，居住了大约一半邝姓人口，其次分布于湖南、广西，河南、海南、江西等地。邝姓在人群中分布在粤桂琼闽、湘赣大部、浙江南端、黔云东部。

【家训】

厚人伦，务正业，戒赌博，谨祭祀，禁非为，息争斗，守坟墓，明婚姻，顾廉耻，惜身命，救急难。绳祖武，体父志，睦亲姻，丰祭养，笃同气，戒妇言，勤读书，慎交友，守基业，立功名。

【名人】

邝约，明朝弘治十五年（1502年）进士，南海人，任河南按察副使。

邝湛之，邝露从兄，番禺人，明末烈士。袁崇焕部将，战死于辽东。

邝露（1604—1650），初名瑞露，字湛若，号海雪，广东南海人。明末著名诗人、书法家。工于诗词，通晓兵法、骑马、击剑、射箭，又是古文物鉴赏家和收藏家。还精于骈文，草书字迹劲秀。清兵入粤，邝露与诸将勠力死守，城陷不食而死。

邝其照（1843—？），别号蓉阶，祖籍广东台山。早年派往美国留学，后随驻美副大使陈荔秋从事商贸活动多年。精通英语，熟悉洋务，后回国办理通商事宜，被调到广东，协助办理洋务。晚年撰著群书，创办报业，是广东赫赫有名的新闻界人物。

【故事】

中国人编写的第一本英汉字典

邝其照像

邝其照，别号蓉阶，祖籍广东台山，早年留学美国，精通英语，熟悉洋务，晚年又撰著群书，创办报业，是广东赫赫有名的新闻界人物，享誉海内外。著名历史学家周振鹤认为，最早编写英汉字典的外国人是马礼逊（汉学家，英国人），最早编写的中国人是邝其照。

1840年，第一次鸦片战争以后，清政府与外界接触急剧增加，但由于人才缺乏，语言不通，清政府对外交往存有诸多不便。当时，除了临时雇用稍通外语的商人充当翻译，清政府主要依靠雇请外国人做翻译。直到第二次鸦片战争打响，培养翻译这样一件简单的事，清政府耗费十多年间后仍然没有做到。此时，全国竟然没有一本指导学习英语的英汉字典。

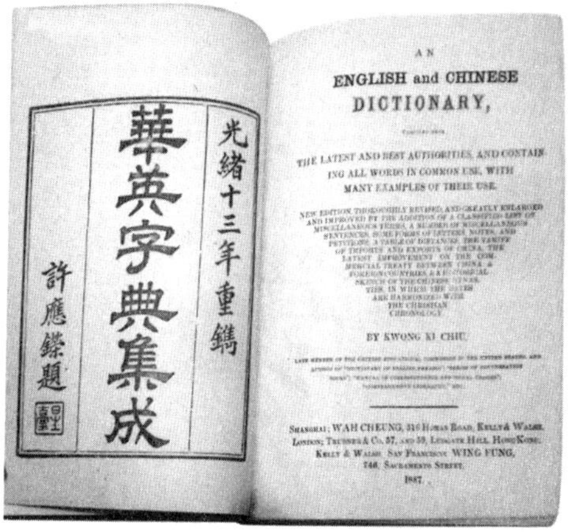

《华英字典集成》

于是，邝其照萌生了一个念头：要自编英汉字典，帮助民众迅速推广外语尤其是掌握英语的能力。他决定着手编写一本叫《字典集成》的英语学习字典。邝其照把对外工作中接触学习到的有关英语基础和常用的知识汇编成字典，经过反复修订，收集总结，花了几年时间，终于于1868年撰写成稿，由香港中华印务总局印刷出版，并在后来的第三版时改名为《华英字典集成》。这是第一本由中国人编著的英语学习字典。

《华英字典集成》的出版，在中国轰动一时，深受瞩目。1899年，商务印书馆对邝其照的《华英字典集成》加以修订、增补，出版了商务印书馆第一部英汉词典《商务印书馆华英字典》。这本字典也对日本产生了较大的影响。文学家周作人《翻译与字典》一文提到，当年福泽谕吉学英文就是用邝其照编的英汉字典。直到今天，日本还有人在研究《华英字典集成》。

冼

冼姓图腾

【源流】

出自沈姓，一名叫沈汭的人秦末随赵佗来南越，定居南雄珠玑巷，然后在宋代由珠玑巷分居珠江三角洲各地。具体过程如《岭南冼氏宗谱》所说："冼氏之先，盖出沈国，亦商或楚之苗裔。在秦，居真定郡（原注：今直隶正定府）。有名汭者，以义侠闻，为仇家所持，因秦法严，改今姓。始皇三十三年（公元前214年），遣赵佗将谪卒五十万人戍五岭，汭与佗同里，且有旧，往投其帐。至岭南，遂家焉。是为冼姓入粤之始。……自此子孙蕃衍于岭南。有居广西者，不甚显著，今镇南关内有冼村，亦俨然一都会也。以广东为大宗，分为二支：居广州者为南海冼氏，居高州者为高凉冼氏。虽郡望不同，乃汭公之后。"

冼姓在全国约有人口83万，占全国人口的0.06%。主要分布于两广地区。在广东主要分布于茂名、湛江、广州、阳江、江门、云浮、肇庆、佛山和珠海等地。

【家训】

忠君国，敬祖宗，孝父母，友弟兄，睦族邻，习文武，重礼义，端品行，严家规，训子弟，交益友，避坏俗，勤耕种，擅织绣，励俭朴，建家业，崇祀典，禁嫖赌，修祠墓，禁洋烟。

【名人】

冼劲，生卒年不详，字元吉，号景忠，广东南海人，晋代官员。自幼读书尚节操，为广州中兵参军。晋安帝元兴三年（404年）十月，卢循起事围困广州，冼劲率兵五百人出战，城陷被执。卢循欲释而用之，冼劲不屈，遂遇害。刺史吴隐之上奏其事，追赠始兴太守曲江县侯，谥忠义。郡人思其德，崇祀乡贤祠。

冼英（512—602），冼夫人之名。南北朝时岭南历史上的杰出女性，广东高凉郡（今阳江一带）人。家族“世为南越首领，部落十余万家”，十五岁时就成为部落酋长。一生怀集百越，力促统一。被周恩来誉为“中国巾帼英雄第一人”。

冼星海（1905—1945），作曲家，音乐教育家。曾用名黄训、孔宇，祖籍广东番禺，出身澳门贫苦船工家庭。《黄河大合唱》的谱曲作者。

【故事】

我事三代主，唯用一好心

冼夫人为高凉人（今高州市），“世为南越首领，跨据山洞，拥有部落十余万家，指挥六州军马”，一生经历了梁、陈、隋三朝。

这一时期，我国南北朝政权长期分立，人民饱受战乱之苦，渴望实现政治统一、社会安定、经济发展。时为俚人首领的冼夫人顺应历史潮流，多次发兵平叛，坚持民族团结。549—552年，梁将侯景叛乱，广州刺史元景仲、高州刺史李迁仕先后步其后尘。冼夫人与丈夫冯宝智袭高州城，李迁仕败走江西宁都，冼夫人带兵追击至赣石，与西江都护、高要太守陈霸先会师，擒杀李迁仕，平定了侯景之乱。

569年十月，广州刺史欧阳纥反叛，胁迫冼夫人儿子参叛。冼夫人拒绝威逼，发兵拒境，率领各郡酋长迎接陈将章昭达，内外夹击，粉碎了欧阳纥的分裂阴谋。589年正月，隋师统一北方，派将南下接管岭南。冼夫人召集各州郡首商议归顺，派孙子冯魂率兵前去迎接隋将入广州，结束了中国历史上历时近三百年的大分裂局面。590年十一月，番禺俚帅王仲宣和土著酋长陈佛智反隋，兵围广州。冼夫人发兵救援，击杀陈佛智，并与隋将联手击败王仲宣。

冼夫人像

生逢乱世，冼夫人经常教导儿孙：“我事三代主，唯用一好心。”

原

原姓图腾

【源流】

原氏始祖为姬原叔，是周文王十六子，受封于原建立原国（今山西沁水）。原伯后裔以原为姓。

当代原姓的人口大约有27万，约占全国人口的0.02%。在全国主要集中于山西、河南、山东三省，山西为原姓第一大省。其次分布于陕西、辽宁、福建、青海、甘肃、河北等地。

【家训】

祖宗不可不敬，父母不可不赡，子女不可不孝，诗书不可不读，宗谱不可不续，子孙不可不传；忠厚诚信做人，勤俭和睦持家。

【名人】

原黯（？—前651），姬姓，名黯，字息，本为原氏，称原氏黯、荀叔，翼城县息城人，春秋时代晋国大夫。晋武公灭翼国后，曾任武公大夫。晋武公灭荀国后，以荀国旧地赏赐原氏为邑，从此改为荀姓，史称荀黯、荀息，是晋国荀氏始祖。

原壤，春秋时鲁国人，孔子之故旧。孔子曾批评他小时候不谦逊尊长，长大又无可称述，老了又不死，这是浪荡子，并用手杖轻敲他的小腿。

原宪（前515—？），字子思，宋国（今属河南商丘）人。孔子弟子，孔门七十二贤之一。出身贫寒，个性狷介，一生安贫乐道，不肯与世俗合流。孔子为鲁司寇时，曾做过孔子的家宰，孔子给他九百斛的俸禄，他推辞不要。孔子死后，原宪遂隐居，茅屋瓦牖，粗茶淡饭，生活极为清苦。

原复，唐代人，开元年间官冀州刺史，政令严明，境内太平。

【故事】

原宪甘贫

原宪像

原宪是孔门中的一个贤者，以安贫乐道而著称。他比孔子小三十六岁，曾当过孔子家的总管，但不贪财，不把物质的东西看得太重。《论语·雍也》就记载："原宪（思），为之宰，与之粟九百，辞。子曰：毋！以与尔邻里乡党乎？"也就是孔子做鲁国司寇时，原宪做他属邑的长官，有点类似家臣的总管。孔子要给他九百粟的俸禄，是当时很高的工资，原思却推辞不要。孔子告诉他，不要推辞，也可以分给你的周边邻居朋友。

另外《仲尼弟子列传》也记载了一件事，孔子去世，原宪就流亡隐居在荒郊野地之中。屋里周围都被杂物堵满了，用芦草搭的屋顶也长出了草，用草和树枝搭成的门户都破烂不完整了，拿桑条做门的转轴，用瓮做窗户。两间屋子，用布条补墙缝，下雨的时候屋顶漏雨，地下湿滑，但原宪端坐在里面边弹琴边唱歌。

子贡出任卫国之相，随从的车马前呼后拥，分开高过人头的野草，进入僻陋的里巷，探望问候原宪。原宪整理好所穿戴的破旧衣帽会见子贡。子贡为此感到羞耻，说："夫子难道也病了吗？"原宪说："我听说过这样一句话：没有财产叫作贫，学习道义而不能实行才叫作病。像我这样，是贫，而不是病啊。"后来又说："迎合世俗行事，比附周旋交友，读书是为取悦他人，教书是为炫耀自己，不见仁义，只见高车大马，我不忍心做呀。"子贡觉得惭愧，不高兴地离去，一生都因为这次言语的过失而感羞耻。

显然，原宪不愿出仕，甘于贫困，并自认为这种近乎怪异的行为更合乎孔子的真精神。

麦

麦姓图腾

【源流】

麦氏是一个古老姓氏，在岭南为望族。传系出成汤姓子氏，初封于宋，后改为麴。梁四公麴鳟，系浙江翁州府松阳县人。承扬子孙，俱擢任显官而为公卿大夫，又为刺史守令等官职。人口不多，宋版《百家姓》里没有将其列入。

宋朝时期，麦氏从珠玑巷南迁珠三角，这是一次大迁移，与当时政治有关。他们来到珠江三角后，各“辟土以种食，辟草以结庐”，开辟基地，互相扶持，共结婚姻，和睦相处。址山麦氏是必雄公之后裔。今天麦姓人口集中分布在广东番禺、东莞、深圳、清远、河源、中山、珠海、顺德、南海、肇庆等地以及澳门、香港、海南、台湾、广西，此外四川、云南、贵州、湖北、湖南、河南、福建、江西等省也有零星分布。

【家训】

记住家和万事兴，无须终日口不停；爱惜我们小天地，永远充满着太平；相亲相爱同相敬，家庭才会有温馨；谦虚人人都仰慕，礼让个个受欢迎。

——广东河源连平麦氏家训

【名人】

麦铁杖（558—612），名饶丰，号铁杖，原姓曾，广东始兴人。为隋出力，屡立战功，封开府仪同三司、右柱国、迁右屯卫大将军，赐麦姓，曾任莱州刺史、汝南太守。

麦廷章（？—1841），广东鹤山人。近代杰出的爱国将领。行伍出身，历任把总、千总、守备、都司等职。道光十九年（1839年）在广东水师中任署提标左营游击，曾参加九龙的前哨战和九月的穿鼻洋之战，表现颇英勇，击退了来犯的英舰。道光二十一年（1841年）二月在英舰大举进攻虎门的战役中，协助水师提督关天培驻守靖远炮台，坚持到最后，壮烈牺牲。林则徐称二人为“双忠”。

麦孟华（1875—1915），字孺博，广东顺德人。清末维新派成员。1891年入万木草堂，成为康有为的忠实弟子。少时与梁启超齐名，有“梁麦”之称。戊戌政变后，逃亡日本，协助梁启超创办《清议报》。次年代梁主持该报，提倡学习日本维新，增强国力以救亡。1902年任《新民丛报》撰述，1907年任政闻社常务员。1915年2月25日死于上海。

【故事】

行侠仗义麦铁杖

据史载，麦铁杖身材魁梧，臂力过人，举重若轻，能扛起三百斤的重物行走如飞；他可日行五百里，夜驰八百里，并能开五石之弓，箭箭中靶。由于他挥舞一把四十多公斤重的铁杖不费吹灰之力，有万夫不敌之勇，乡亲们干脆称他为“铁杖”。

其时，广州刺史欧阳頠获知他骁勇过人，便把他招入朝廷，专门为陈朝皇帝执御伞。然而，放纵不羁的麦铁杖，身在宫廷仍野性不改。他白天为皇帝执伞，夜间则离开宫廷，到百里之外的徐州府做强盗，天亮时又神不知鬼不觉地返回。后来终于被人发现，但是皇帝念他矫健骁勇，免其死罪，刀下留人，训诚后把他放了。

陈朝灭亡后，麦铁杖在隋朝重臣杨素军中效力，他曾多次受杨素派遣，孤胆单枪，头戴草束，夜泅过江，侦察乱军敌情。有一次，他被乱军擒获，三十名士兵押送他前往营防。押送途中，他出其不意，夺过士兵手中大刀，一阵狂砍乱劈，把押送他的士兵统统斩死，还割下他们的鼻子揣在怀里回到军中领赏。杨素大为震惊，连说这厮骁勇！

杨素向皇帝启奏铁杖战功，请皇上为他封官。皇上便问铁杖："你说，给你封个什么官好呢？"铁杖不假思索道："我经常练武，消耗太大了，且家境贫寒，求得一饱就是最大的满足了。"皇上一听暗喜，又问："你要吃多少才饱呢？"铁杖老老实实说："每天大概要吃三斗三升三合的麦子才行。"

皇上听罢哈哈大笑说："这事不难。我每天就给你三斗三升三合的麦子，让你吃饱肚子。你既然如此吃得，给你赐个'麦'姓吧！今后就叫你'麦铁杖'得了。"

从此，麦铁杖名声大振。

香

【源流】

香氏出于查姓，一世祖为南宋末年的查开祥。查开祥曾与文天祥、陆秀夫、张世杰护主南下，随主入粤。后文、张、陆相继就义，南宋灭亡。负伤的查开祥解甲散兵隐居茶山（今广东东莞），改“查”姓为“香”。现已传二十六代。

香氏人口主要分布地为广东、广西、湖北、四川、安徽、山西、甘肃、内蒙古、新疆、香港等。

【家训】

忠公祖德，千秋彪炳。繁衍后裔，效仿先人。耕读传家，忠孝义信。百世共昌，万载传承。香氏后人，宗族相亲。勿忘祖德，铭记祖训。遵纪守法，爱国爱民。克己奉公，忠厚为人。淫邪远离，毒赌勿近。伤风败俗，须当警醒。信义至上，淳朴率真。严于律己，以宽待人。礼让大度，待人真诚。互让互谅，尔雅温文。礼义廉耻，养性修身。言行举止，经纬分明。孝敬长辈，人之常伦。养育恩典，终生永铭。侍奉周详，乃吾本分。曾否尽孝，反躬自问。虐待父母，无义无情。檐前滴水，必有报应。夫妇和谐，相敬如宾。家庭和睦，万事俱兴。兄友弟恭，彰显亲情。煮豆燃萁，勿效曹兄。以和为贵，善待睦邻。远亲虽好，不急近邻。交朋结友，良莠须分。酒肉之交，必藏祸根。子女成才，苦心耕耘。让梨温席，从小教训。力磨锋出，持之以恒。寒雪梅香，励志发奋。凿壁悬梁，以振家声。囊萤锥股，大旗必成。警世恒言，家传组训。同宗子弟，合族乡亲。莫为缺德，莫坏家声。流芳百世，万古长青。

——《香氏家训》

【名人】

香翰屏（1890—1970），广东合浦（今属广西浦北）人。二十三岁时入读广州法政学校，三十岁入广东护国军第五军军官讲武堂学习。三十九岁成为国民党“铁四军”十二师师长，并逐渐成为掌有粤军实权的粤系二号人物。后曾任广州国民政府军事委员会委员，国民党第九集团军总司令，国民党中央监察委员，1946年正式退役。

香植球（1927—2003），广东东莞人，20世纪70—90年代风行香港的“股坛怪杰”。年轻时仰慕马列主义，又在广州工作过。到香港后，创造过香港股市的一段传奇，享有股坛“怪侠”“香大侠”之美名。曾拥有香港第一大豪宅，5.5亿港元“天价”豪宅，被列为《吉尼斯纪录大全》的全球最贵豪宅。

【故事】

叱咤香港的“股坛怪杰”

香植球早年在家族所开设的香港泰盛染织厂当学徒，向叔父学习染印技术。1949年后，香植球从香港毅然返回广州主理该厂。后来因父亲年事渐老，申请返港，后来在香港股市叱咤风云，创造了一个时代的神话。

香植球返港不久，发觉香港地方有限，但人口的密度很高，便建议父亲以及叔父从事地产生意，得到他们大力支持，成立了泰盛置业有限公司，创始资金为100万港元。在香植球的努力经营之下，公司在十一年中用100万港元的本钱赚到约1亿港元。不过，股东之间意见不合，结果泰盛置业在1971年宣告结束，香植球分得的资金约有600万港元，而其弟香建球则分到300多万港元。于是香植球与其弟携手合作，使泰盛符合当时在远东以及金银证券交易所上市的最低要求，通过这一渠道发行350万港元股票。公司上市后，一直以投资股票为主，而且眼光独到。

炒股不足三年，香植球已“炒”出名堂。当时他刚将自家投资证券的泰盛发展，在远东及金银交易所挂牌上市，旋即趁旺市炒高泰盛股价，然后发行3000多万港元新股，收购中环瑞兴大厦，开“印股票换资产”的先河，震动股坛。

钻研股票多年的香植球炒的都是新世界、新地等地产股。有人认为，香植球赢大钱的原因，是他自行盘算的一套股市分析理论。他对每间公司都做过分析，把无数的数据过滤，累积最有效制胜的信息。

香植球可说是认真分析股票的首个华资炒股人，每间公司过去数年盈利、市值、营业额，甚至职员人工、建筑物特色、老板脾性也了解得非常透彻。炒股专注又“贴市”，加上当时长实、新地、新世界等只只重头地产股，都在20世纪70年代初上市，地产兴旺令股价节节上升，香植球也随之身家暴涨。